进出口商品归类方法与技巧

Importing/Exporting Merchandise Classific Method

(第2版)

主　编　张援越
副主编　肖　譞　常文欣
参　编　张路畅　汪　凯　王桂英

天津大学出版社
TIANJIN UNIVERSITY PRESS

内容简介

本书作为培养高技能人才专业用书，有自己鲜明的特点：以服务为宗旨，以就业为导向，以培养实际归类能力为核心；理论知识以够用为度，注重实际归类能力的培养。本书由八部分组成，分别是：基础知识、基本理论、基本原则、案例分析、归类技巧、技巧练习、提高练习及附录。其中包括了《协调制度》归类六个总规则及各类进出口商品的归类技巧，主要涉及纺织品类、机械电器类、食品类、医药类等例题分析，详细介绍了查询编码的步骤，总结出了商品归类的心得。另外，本书还配有大量习题及归类师考试试卷，以便读者能得到快速提高。

图书在版编目(CIP)数据

进出口商品归类方法与技巧/张援越主编. —天津：天津大学出版社，2008.9(2010.3 重印)
ISBN 978-7-5618-2780-2

Ⅰ.进…　Ⅱ.张…　Ⅲ.①进口商品-分类　②出口商品-分类　Ⅳ.F760.2

中国版本图书馆 CIP 数据核字(2008)第 137179 号

组稿编辑：赵宏志
责任编辑：赵宏志
装帧设计：谷英卉

出版发行　天津大学出版社
出 版 人　杨欢
地　　址　天津市卫津路 92 号天津大学内(邮编：300072)
电　　话　发行部：022-27403647　邮购部：022-27402742
网　　址　www.tjup.com
印　　刷　天津泰宇印务有限公司
经　　销　全国各地新华书店
开　　本　169mm×239mm
印　　张　21.5
字　　数　540 千
版　　次　2008 年 9 月第 1 版　2010 年 3 月第 2 版
印　　次　2010 年 3 月第 2 次
印　　数　3 001-6 000
定　　价　42.00 元

二版前言

商品归类的依据是《商品名称及编码协调制度》、《进出口税则》、《商品及品目注释》、《本国子目注释》及海关归类决定。

在教学中,我们发现,教师及学生很少涉及《进出口税则》、《商品及品目注释》、《本国子目注释》及海关归类决定方面的内容。这就给正确归类造成了困难。同时,也会使教师在教学及学生在学习过程中产生疑惑和麻烦。

为了便于教学的顺利进行,2 版教材既增加了《商品及品目注释》的相关内容,还增加了各章货品分布等内容,以便更好地对货品进行归类。

第 2 版教材的内容基本为:

第一部分为基础知识,《商品名称及编码协调制度》及《商品及品目注释》;第二部分为基本理论,《商品名称及编码协调制度》归类总规则;第三部分为基本原则,各类进出口商品的归类;第四部分为案例分析,例题分析及技巧;第五部分为归类技巧,商品归类规律;第六部分为技巧练习,商品归类练习题及答案;第七部分为提高练习,归类师试卷。

张援越负责第一部分、第四部分、第五部分编写,肖譞负责第六部分、第七部分编写,常文欣负责第二部分、第三部分编写,张路畅负责视频、图片资料收集,汪凯负责全书商品知识资料收集,王桂英负责全书校对。

本书特点之一是,既可以满足报关行业在职人员的工作需要,也可以满足参加报关员资格考试学员的需求。

本书还可以作为高职院校报关专业的相关教材。本书为授课教师提供了细致周到的增值服务。对采用本书的教师将提供一套包括教学大纲(含实训大纲)、课程标准、授课计划、课程教案、实训指导书、优质课件、各阶段考试参考试卷等在内的教学辅助资料。

本次 2 版修订得到了天津海关归类中心关员、天津报关企业专家等单位及个人的大力协助。在此向给予帮助的各界人士深表致谢。

编者

2010 年 2 月

前言

进出口商品归类是海关监管、海关征税及海关统计的基础,归类的正确与否与进出口货物收发货人的切身利益密切相关,直接影响进出口货物的通关。

本书结合报关实际工作和全国报关员资格考试的需要,深入浅出地对进出口商品归类进行总结和分析,并加入了作者多年实际工作的心得及报关员资格考试辅导培训的经验。

本书共分八个部分:

第一部分为基础知识,《商品名称及编码协调制度》;

第二部分为基本理论,《商品名称及编码协调制度》归类总规则;

第三部分为基本原则,各类进出口商品的归类技巧;

第四部分为案例分析,例题分析及技巧;

第五部分为归类技巧,商品归类规律;

第六部分为技巧练习,商品归类练习题及其答案;

第七部分为提高练习,归类师试卷及其参考答案;

第八部分为附录,常用进出口商品名称与编码摘录。

本书既可以满足报关行业在职人员的工作需要,也可以满足参加全国报关员资格考试的读者需求,还可以作为高职院校报关专业的相关教材。

为了帮助任课教师更好地备课,按照教学计划顺利完成教学任务,对选用本教材的授课教师免费提供一套包括教学大纲(含实训大纲)、课程标准、授课计划、课程教案、实训指导书、优质课件、各阶段考试参考试卷等在内的完整的教学解决方案,从而为读者提供全方位的、细致周到的教学资源增值服务。

本书在编写过程中,参考了海关总署报关员资格考试教材中的相关内容,借鉴了全国归类师培训的有关资料。同时本书得到了行业专家和业内人士的大力支持。在此深表感谢。本书在编号过程中尽量做到尽善尽美,但由于水平所限难免有疏漏及不当之处,敬请读者批评指正。

(索取教师专用版光盘的联系电话:022－85977234。电子信箱:zhaohongzhi1958@126.com)

编者

2008年7月

目　录

1

《商品名称及编码协调制度》

1.1 《协调制度》

《商品名称及编码协调制度》(Harmonized Commodity Description and Coding System,简称《协调制度》或 HS)将国际贸易涉及的各种商品按照生产类别、自然属性和不同功能用途等分为 21 类 97 章,每一章由若干品目构成,品目项下又细分出若干一级子目和二级子日。为了避免各品日和子目所列商品发生交叉归类,在类、章下加有类注释、章注释和子目注释。为了使每一项商品的归类具有充分的依据,设立了归类总规则,作为整个《协调制度》商品归类的总原则。

从类来看,它基本上按社会生产的分工分类。例如:农业在第一、二类;化学工业在第六类;纺织工业在第十一类;冶金工业在第十五类;机电制造业在第十六类等。

从章来看,基本上按商品的自然属性或功能、用途来划分。第 1 章至第 83 章(第 64 章至第 66 章除外)基本上是按商品的自然属性来分章。例如:第 1 章至第 5 章是活动物和动物产品;第 6 章至第 14 章是活植物和植物产品;第 25 章至第 27 章是矿产品。又如:第十一类包括了动、植物和化学纤维的纺织原料及其产品,其中,第 50 章和第 51 章是蚕丝、羊毛及其他动物毛,第 52 章和第 53 章是棉花、麻及其他植物纺织纤维,第 54 章和第 55 章为化学纤维。商品之所以按自然属性分类是因为其种类成分或原料比较容易区分,同时也因为商品价值的高低往往取决于构成商品本身的原材料。另外,第 64 章至第 66 章和第 84 章至第 97 章则是按货物的用途或功能来分章的,其中,第 64 章是鞋,第 65 章是帽,第 84 章是机械设备,第 85 章是电气设备,第 87 章是车辆,第 88 章是航空航天器,第 89 章是船舶等。这样分类的原因:一是因为这些物品往往由多种材料构成,难以将这些物品作为某一种材料制成的物品来分类;二是因为商品的价值主要体现在生产该物品的社会必要劳动时间上,如一台机器,其价值一般主要看生产这台机器所耗费的社会必要劳动时间,而不是看机器用了多少贱金属等。

从品目的排列看,一般也是原材料先于成品,加工程度低的产品先于加工程度高的产品,列名具体的品种先于列名一般的品种。例如:在第 39 章内,品目 39.01 ~ 39.14 是初级形状的塑料;品目 39.16 ~ 39.21 是塑料半制品;品目 39.22 ~ 39.26 是塑料制成品。

1.2 商品编码编排规律

商品编码(俗称税号)的编排是有一定规律的,以 0306.2990"活的淡水小龙虾"为例说明如下。

编码:	0	3	0	6	2	9	9	0
位数:	1	2	3	4	5	6	7	8
含义:	章号		顺序号		一级子目	二级子目	三级子目	四级子目
	品目							

第 1、2 位编码代表本货品在第 3 章,第 3、4 位编码代表货品在第 3 章中顺序排列在第 6 位。前 4 位也被称为"品目",如果前 4 位相同,则可以称为"同一品目"。

第 5 位编码代表一级子目(也称为"一杠子目",以下同),第 6 位编码代表二级子目,第 7、8 位依次类推。如果第 5 ~ 8 位上出现数字"9",则通常情况下代表未具体列名的商品,即在"9"的前面一般留有空序号,以便用于修订时增添新商品。

《协调制度》中的货品中文名称不仅具有一般的货品品名的定义,而且还包括了该货品的规格、成分、外形、形态、加工方式、加工深度、功能、功率、用途及包装方式等特定的内容。

1.3 《协调制度》关于商品的分类和编排

第一类 活动物;动物产品
(第 1 章至第 5 章)

(一)主要内容

本类共 5 章(第 1 章至第 5 章),包括了除特殊情况外的所有种类的活动物以及经过有限度的一些简单加工的动物产品。

(二)排列结构

第 1 章排列结构

第 1 章包括所有活的动物(食用或其他用途),但下列各项除外:

一、鱼、甲壳动物、软体动物及其他水生无脊椎动物；

二、品目30.02的培养微生物及其他产品；

三、流动马戏团、动物园或其他类似巡回展出用的动物(品目95.08)。

运输途中死亡的动物，如果适合供人食用的归入品目02.01至02.05、02.07或02.08，其余的归入品目05.11。

01.01 马、驴、骡：
10—改良种用
90—其他
01.02 牛：
10—改良种用
90—其他
01.03 猪：
10—改良种用
—其他
01.04 绵羊、山羊：
10—绵羊
20—山羊
01.05 家禽，即鸡、鸭、鹅、火鸡及珍珠鸡：
—重量不超过185克
—其他
01.06 其他活动物：
—哺乳动物
—鸟
90—其他

第2章排列结构

本章包括所有适合供人食用的整头动物(即有头或无头的动物躯体)、半头动物(整头纵向切开而得)、连腿块肉、肉块等，还包括食用杂碎、肉及食用杂碎粗粉或细粉(第3章的鱼、甲壳动物、软体动物及其他水生无脊椎动物除外)。

本章不包括不适合供人食用的肉及杂碎(品目05.11)，也不包括不适合供人食用的肉及杂碎的细粉、粗粉和团粒(品目23.01)。

杂碎通常可以分为以下四类：

一、主要供人食用的杂碎〔例如，头及头块(包括耳)、脚、尾、心、舌、厚横隔膜、薄横隔膜、胎膜、咽喉、胸腺〕。

二、专供制药用的杂碎(例如，胆囊、肾上腺、胎盘)。

三、既可供人食用,又可供制药用的杂碎(例如,肝、肾、肺、脑、胰腺、脾、脊髓、卵巢、子宫、睾丸、乳房、甲状腺、脑下腺)。

四、可供人食用或有其他用途的杂碎(例如,皮张,供制革用)。

以上第一款所述的鲜、冷、冻、干、熏、盐腌或盐渍的杂碎,除不适合供人食用的应归入品目05.11以外,其余均归入本章。

以上第二款所述的杂碎,如为鲜、冷、冻或用其他方法临时保藏的,归入品目05.10;如经干制的则归入品目30.01。

以上第三款所述的杂碎,其归类如下:

(一)临时保藏(例如,用甘油、丙酮、酒精、甲醛、硼酸钠临时保藏)以供药用的,归入品目05.10。

(二)干制的归入品目30.01。

(三)适合供人食用的,归入本章;不适合供人食用的,归入品目05.11。

以上第四款所述的杂碎,如果适合供人食用的可归入本章;如果不适合供人食用的一般归入品目05.11或第41章。

动物(鱼除外)的肠、膀胱、胃不论是否可供食用,均归入品目05.04。

本章不包括单独报验的动物脂肪(第15章)(未炼制或用其他方法提取的不带瘦肉的肥猪肉、猪脂肪及家禽脂肪,即使仅适于工业用途,仍归入品目02.09),但报验时仍在动物躯体内的脂肪或附在肉上的脂肪,应视为肉的组成部分。

本章与第16章的肉及食用杂碎的区别:

本章仅包括下列状态的肉及食用杂碎(不论其是否烫洗或作类似处理,但未经烹煮的):

一、鲜的(包括运输途中用盐临时保藏的肉及食用杂碎)。

二、冷的,即产品温度一般降至0℃左右,但未冻结的。

三、冻的,即冷却到产品的冰点以下,使产品全部冻结的。

四、盐腌、盐渍、干制或熏制的。

面上撒糖或糖水的肉及食用杂碎,也归入本章。

以上第一至四所述的肉及食用杂碎,不论是否用解朊酶(例如,木瓜酶)进行过嫩化处理,也不论是否切割、剁碎(绞碎),均归入本章。此外,本章内不同品目产品的混合(组合)物(例如,品目02.07的家禽肉用品目02.09的肥猪肉包裹)仍归入本章。

不能归入本章任何品目的肉及食用杂碎应归入第16章,例如:

(一)香肠及类似产品,不论是否烹煮(品目16.01)。

(二)用任何方法烹煮(煮、蒸、烤、炸、炒)及用非本章所列加工方法制作或保藏的肉或食用杂碎,包括仅用面糊或面包屑包裹、加香蕈或用胡椒和盐等调味的肉及食用杂碎,以及肝酱(品目16.02)。

本章还包括适合供人食用的肉及食用杂碎细粉或粗粉,不论其是否经烹煮。

必须注意,本章的肉及食用杂碎,即使经密封包装(例如,听装干肉),也归入本章。但在大多数情形下,密封包装的产品一般用本章各品目所列加工范围以外的方法制作或保藏,因此,它们应归入第16章。

同样,本章的肉及食用杂碎,经过改性空气包装(MAP)加工方法包装的,仍归入本章(例如,鲜或冷藏的牛肉)。在采用MAP方法进行加工时,产品周围的气体已被改变或受到控制(例如,通过抽去或减少氧气的含量,并将其置换成氮气或二氧化碳,或增加氮气或二氧化碳的含量)。

02.01 鲜、冷牛肉:
10—整头及半头
20—带骨肉
30—去骨肉

02.02 冻牛肉:
10—整头及半头
20—带骨肉
30—去骨肉

02.03 鲜、冷、冻猪肉:
—鲜或冷的
—冻的

02.04 鲜、冷、冻绵羊肉或山羊肉:
10—鲜或冷的整头及半头羔羊
—其他鲜或冷的绵羊肉
30—冻的整头及半头羔羊
—其他冻的绵羊肉
50—山羊肉

02.05 鲜、冷、冻马、驴、骡肉

02.06 鲜、冷、冻牛、猪、绵羊、山羊、马、驴、骡的食用杂碎:
10—鲜、冷牛杂碎
—冻牛杂碎
30—鲜、冷猪杂碎
—冻猪杂碎
80—其他鲜或冷杂碎
90—其他冻杂碎

02.07 品目01.05所列家禽的鲜、冷、冻肉及食用杂碎:
—鸡
—火鸡

—鸭、鹅或珍珠鸡

02.08 其他鲜、冷、冻肉及食用杂碎：

10—家兔或野兔的

30—灵长目的

40—鲸、海豚及鼠海豚(鲸目哺乳动物)的；海牛及儒艮(海牛目哺乳动物)的

50—爬行动物(包括蛇及龟鳖)的

90—其他

02.09 未炼制或用其他方法提取的不带瘦肉的肥猪肉、猪脂肪及家禽脂肪，鲜、冷、冻、干、熏、盐腌或盐渍的

02.10 肉及食用杂碎，干、熏、盐腌或盐渍的；可供食用的肉或杂碎的细粉、粗粉：

—猪肉

20—牛肉

—其他，包括可供食用的肉或杂碎的细粉、粗粉

第3章排列结构

本章包括所有活的或死的鱼、甲壳动物、软体动物及其他水生无脊椎动物。这些动物可供直接食用、工业用(罐头工业等)、产卵用或观赏用。但不包括因其种类或鲜度不适合供人食用的死鱼(包括其肝及卵)、甲壳动物、软体动物及其他水生无脊椎动物(第5章)。

所称“冷”，是指产品的温度一般降至0℃左右，但产品尚未冻结的。所称“冻”，是指温度降至产品的冰点以下，使产品全部冻结的。

本章也包括未经制作、保藏或仅经本章规定方法制作、保藏的食用鱼卵(尚处于卵巢膜中的鱼卵)。经其他方法制作或保藏的食用鱼卵，不论其是否尚处于卵巢膜中，均归入品目16.04。

本章货品与第16章货品的区别：

本章仅限于本章各品目所列状况的鱼(包括肝及卵)、甲壳动物，软体动物及其他水生无脊椎动物。受此条件限制，上述货品不论是否切割、剁碎、绞碎、磨碎等，均应归入本章。此外，本章不同品目产品的混合(组合)物(例如，品目03.02至03.04的鱼与品目03.06的甲壳动物相混合)也归入本章。

然而，烹煮或未按本章规定方法制作或保藏的鱼、甲壳动物、软体动物及其他水生无脊椎动物(例如，仅用面糊或面包屑包裹的鱼片、煮过的鱼)应归入第16章。但必须注意，在熏制前或熏制过程中烹煮了的熏鱼及蒸过或用水煮过的带壳甲壳动物，仍应分别归入品目03.05及03.06，而用烹煮过的鱼、甲壳动物、软体动物或其他水生无脊椎动物制得的细粉、粗粉及团粒也仍应分别归入品目03.05、03.06及03.07。

还须注意，本章的鱼、甲壳动物、软体动物及其他水生无脊椎动物，即使采用密封包装(例如，听装熏鲑鱼)，仍归入本章。但在大多数情况下，密封包装的产品，一般

用本章各品目所列加工范围以外的方法制作或保藏，因此，它们应归入第16章。

同样，本章的鱼、甲壳动物、软体动物及其他水生无脊椎动物，经过改性空气包装（MAP）加工方法包装的，仍归入本章（例如，鲜或冷藏的鱼）。在采用MAP方法进行加工时，产品周围的气体已被改变或受到控制（例如，通过抽去或减少氧气的含量，并将其置换成氮气或二氧化碳，或增加氮气或二氧化碳的含量）。

除上述情况外，本章也不包括：

（一）品目01.06的哺乳动物；

（二）品目01.06的哺乳动物的肉（品目02.08或02.10）；

（三）鱼废料及不能食用的鱼卵（例如，用作鱼饵的咸鳕鱼卵）（品目05.11）；

（四）不适合供人食用的鱼、甲壳动物、软体动物及其他水生无脊椎动物的细粉、粗粉及团粒（品目23.01）。

03.01 活鱼：
10—观赏鱼
—其他活鱼
03.02 鲜、冷鱼，但品目03.04的鱼片及其他鱼肉除外：
—鲑鱼，但鱼肝及鱼卵除外
—比目鱼，但鱼肝及鱼卵除外
—金枪鱼、鲣鱼，但鱼肝及鱼卵除外
40—鲱鱼（大西洋鲱鱼、太平洋鲱鱼），但鱼肝及鱼卵除外
50—鳕鱼，但鱼肝及鱼卵除外
60—其他鱼，但鱼肝及鱼卵除外
70—鱼肝及鱼卵
03.03 冻鱼，但品目03.04的鱼片及其他鱼肉除外：
—大马哈鱼，但鱼肝及鱼卵除外
—其他鲑鱼，但鱼肝及鱼卵除外
—比目鱼，但鱼肝及鱼卵除外
—金枪鱼、鲣鱼，但鱼肝及鱼卵除外
—鲱鱼（大西洋鲱鱼、太平洋鲱鱼）及鳕鱼（大西洋鳕鱼、太平洋鳕鱼、格陵兰鳕鱼），但鱼肝及鱼卵除外
—剑鱼及南极犬牙鱼，但鱼肝及鱼卵除外
—其他鱼，但鱼肝及鱼卵除外：
80—鱼肝及鱼卵
03.04 鲜、冷、冻鱼片及其他鱼肉（不论是否绞碎）：
—鲜或冷的
—冻鱼片

—其他

03.05 干、盐腌或盐渍的鱼;熏鱼,不论在熏制前或熏制过程中是否烹煮;适合供人食用的鱼的细粉、粗粉及团粒:

10—适合供人食用的鱼的细粉、粗粉及团粒

20—干、熏、盐腌或盐渍的鱼肝及鱼卵

30—干、盐腌或盐渍的鱼片,但熏制的除外

—熏鱼,包括鱼片

—干鱼,不论是否盐腌,但熏制的除外

—盐腌及盐渍的鱼,但干或熏制的除外

03.06 带壳或去壳的甲壳动物,活、鲜、冷、冻、干、盐腌或盐渍的;蒸过或用水煮过的带壳甲壳动物,不论是否冷、冻、干、盐腌或盐渍的;适合供人食用的甲壳动物的细粉、粗粉及团粒:

—冻的

—未冻的

03.07 带壳或去壳的软体动物,活、鲜、冷、冻、干、盐腌或盐渍的;不属于甲壳动物和软体动物的水生无脊椎动物,活、鲜、冷、冻、干、盐腌或盐渍的;适合供人食用的水生无脊椎动物(甲壳动物除外)的细粉、粗粉及团粒:

10—牡蛎(蚝)

—扇贝,包括海扇

—贻贝

—墨鱼及鱿鱼

—章鱼:

60—蜗牛及螺

—其他,包括适合供人食用的水生无脊椎动物(甲壳动物除外)的细粉、粗粉及团粒

第4章排列结构

本章包括:

一、乳品。

(一)乳,例如,全脂乳及半脱脂或全脱脂的乳。

(二)奶油。

(三)酪乳、结块的乳及奶油、酸乳、酸乳酒及其他发酵或酸化的乳和奶油。

(四)乳清。

(五)天然乳为基本成分的未列名产品。

(六)黄油及其他从乳制得的脂和油;乳酱。

(七)乳酪及凝乳。

上述第(一)项至第(五)项的产品,除含有天然乳成分(例如,添加维生素或天然盐的乳)外,还可以含有乳品液态运输时为保持其天然浓度而加入的少量稳定剂(例如,磷酸二钠、柠檬酸三钠、氯化钙)及少量抗氧剂或乳中一般没有的维生素。这些乳品还可含有加工所需的少量化学品(例如,碳酸氢钠);成粉状或粒状的乳品可含有防结素(例如,磷脂、无定形二氧化硅)。

另一方面,本章不包括按重量计乳糖含量(以干燥无水乳糖计)超过95%的乳清制品(品目17.02)。在计算某一产品的乳糖重量百分比时,所称"干燥无水",是指既不含游离水,也不含结晶水。

此外,本章也不包括下列各项:

(一)以乳品为基本成分制成的食品(主要归入品目19.01)。

(二)以一种物质(例如,油酸脂)代替乳中一种或多种天然成分(例如,丁酸脂)而制得的产品(品目19.01或21.06)。

(三)冰淇淋及其他冰制食品(品目21.05)。

(四)第30章的药品。

(五)酪蛋白(品目35.01)、乳清蛋白(品目35.02)及硬化蛋白(品目39.13)。

二、禽蛋及蛋黄。

三、天然蜂蜜。

四、未列名食用动物产品。

04.01 未浓缩及未加糖或其他甜物质的乳及奶油:

10—按重量计脂肪含量不超过1%

20—按重量计脂肪含量超过1%,但不超过6%

30—按重量计脂肪含量超过6%

04.02 浓缩、加糖或其他甜物质的乳及奶油(+):

10—粉状、粒状或其他固体形状,按重量计脂肪含量不超过1.5%

—粉状、粒状或其他固体形状,按重量计脂肪含量超过1.5%

—其他

04.03 酪乳、结块的乳及奶油、酸乳、酸乳酒及其他发酵或酸化的乳和奶油,不论是否浓缩、加糖、加其他甜物质、加香料、加水果、加坚果或加可可:

10—酸乳

90—其他

04.04 乳清,不论是否浓缩、加糖或其他甜物质;其他品目未列名的含天然乳的产品,不论是否加糖或其他甜物质:

10—乳清及改性乳清,不论是否浓缩、加糖或其他甜物质

90—其他

04.05 黄油及其他从乳中提取的脂和油;乳酱:

10—黄油
20—乳酱
90—其他
04.06 乳酪及凝乳(+):
10—鲜乳酪(未熟化或未固化的),包括乳清乳酪;凝乳
20—各种磨碎或粉化的乳酪
30—经加工的乳酪,但磨碎或粉化的除外
40—蓝纹乳酪和娄地青霉生产的带有纹理的其他乳酪
90—其他乳酪
04.07 带壳禽蛋,鲜、腌制或煮过的
04.08 去壳禽蛋及蛋黄,鲜、干、冻、蒸过或水煮、制成型或用其他方法保藏的,不论是否加糖或其他甜物质:
—蛋黄:
—其他:
04.09 天然蜂蜜
04.10 其他品目未列名的食用动物产品

第5章排列结构

本章包括各种未经加工或仅经简单加工的各种动物质材料。这些材料一般不作食品(某些动物的肠、膀胱及胃除外),而且协调制度的其他章也不包括它们。

本章不包括:

一、动物脂肪(第2章或第15章)。

二、未烹煮的食用动物皮(第2章)或鱼皮(第3章)(烹煮的皮归入第16章)。

三、已干燥的治疗用腺体及其他器官,不论已否制成粉末(第30章)。

四、动物肥料(第31章)。

五、生皮及皮张(未加工或经洗涤、消毒或为了保藏而作过处理但未进一步加工的带有羽毛或羽绒的整张鸟皮或不完整鸟皮(第41章)。

六、毛皮(第43章)。

七、蚕丝、羊毛及其他动物纺织原料(马毛及废马毛除外)(第十一类)。

八、天然或养殖珍珠(第71章)。

05.01 未经加工的人发,不论是否洗涤;废人发
05.02 猪鬃、猪毛;獾毛及其他制刷用兽毛;上述鬃毛的废料:
10—猪鬃、猪毛及其废料
90—其他

05.03
05.04 整个或切块的动物(鱼除外)的肠、膀胱及胃,鲜、冷、冻、干、熏、盐腌或盐渍的
05.05 带有羽毛或羽绒的鸟皮及鸟体其他部分;羽毛及不完整羽毛(不论是否修边)、羽绒,仅经洗涤、消毒或为了保藏而作过处理,但未经进一步加工;羽毛或不完整羽毛的粉末及废料(+):
10—填充用羽毛;羽绒
90—其他
05.06 骨及角柱,未经加工或经脱脂、简单整理(但未切割成形)、酸处理或脱胶;上述产品的粉末及废料:
10—经酸处理的骨胶原及骨
90—其他
05.07 兽牙、龟壳、鲸须、鲸须毛、角、鹿角、蹄、甲、爪及喙,未经加工或仅简单整理但未切割成形;上述产品的粉末及废料:
10—兽牙;兽牙粉末及废料
90—其他
05.08 珊瑚及类似品,未经加工或仅简单整理但未经进一步加工;软体动物壳、甲壳动物壳、棘皮动物壳、墨鱼骨,未经加工或仅简单整理但未切割成形,上述壳、骨的粉末及废料
05.09
05.10 龙涎香、海狸香、灵猫香及麝香;斑蝥;胆汁,不论是否干制;供配制药用的腺体及其他动物产品,鲜、冷、冻或用其他方法暂时保藏的
05.11 其他品目未列名的动物产品;不适合供人食用的第1章或第3章的死动物:
10—牛的精液
—其他

第二类 植物产品
(第6章至第14章)

(一)主要内容

本类共9章(第6章至第14章),包括各种类的活植物及经过有限度的简单加工的植物产品。

(二)排列结构

第6章排列结构

本章包括由苗圃(包括园林)或花店供应的适于种植或装饰用的各种活植物以及菊苣植物及其根(即使其通常不由苗圃或花店提供),但不包括品目12.12的根。上述植物包括树、灌木、植物幼苗,还包括药用植物。本章不包括种子和水果以及某

些不能区别其为食用或种植用的块茎、鳞茎(马铃薯、洋葱、青葱及大蒜)。

本章还包括:

一、装饰用的插花和花蕾、簇叶、枝干及植物其他部分,鲜、干、染色、漂白、浸渍或用其他方法处理的。

二、花束、花圈、花篮及类似的花店制品。

06.01 鳞茎、块茎、块根、球茎、根颈及根茎,休眠、生长或开花的;菊苣植物及其根,但品目12.12的根除外:
10—休眠的鳞茎、块茎、块根、球茎、根颈及根茎
20—生长或开花的鳞茎、块茎、块根、球茎、根颈及根茎;菊苣植物及其根

06.02 其他活植物(包括其根)、插枝及接穗;蘑菇菌丝:
10—无根插枝及接穗
20—食用水果或食用坚果的树、灌木,不论是否嫁接
30—杜鹃,不论是否嫁接
40—玫瑰,不论是否嫁接
90—其他

06.03 制花束或装饰用的插花及花蕾,鲜、干、染色、漂白、浸渍或用其他方法处理的:
—鲜的
90—其他

06.04 制花束或装饰用的不带花及花蕾的植物枝、叶或其他部分、草、苔藓及地衣,鲜、干、染色、漂白、浸渍或用其他方法处理的:
10—苔藓及地衣
—其他:

第7章排列结构

本章的蔬菜,包括本章注释二所列各种蔬菜,不论是否鲜、冷、冻(未烹煮、蒸过或水煮)、干(包括脱水、蒸干或冻干)或经临时保藏处理的。必须注意,某些干制或研粉的蔬菜,虽有时用作香料,但仍归入品目07.12。

所称“冷藏”,是指产品的温度一般已降至0℃左右,但未冻结。然而,某些产品,例如,马铃薯,当温度降至并维持在10℃时,也可视作“冷藏”。

所称“冷冻”,是指产品已冷却到本身冰点以下并且已经全部冻结。

除条文另有规定的以外,本章的蔬菜可以是完整的,也可以是切片、切碎、切丝、捣碎、磨碎、去皮或去壳的。

本章还包括某些鲜、冷、冻或干的高淀粉或高菊粉块茎及块根,不论是否切片或制成团粒。

报验时不属于本章任何品目所列状态的蔬菜，应归入第11章或第四类。例如，干豆的细粉、粗粉及粉末和马铃薯的细粉、粗粉、粉末、粉片、颗粒及团粒归入第21章，超出本章所列加工方法制作或保藏的蔬菜归入第20章。

但是必须注意，本身经均化的产品不能作为本章产品归类，而应归入第20章的制品。

还必须注意，本章的蔬菜即使用密封容器包装（例如，听装洋葱粉），仍应归入本章。但多数这类包装的产品都经过超出本章各品目所列加工方法制作或保藏，因此不能归入本章（第20章）。

同样，本章的产品经过改性空气包装（MAP）加工方法包装的，仍归入本章（例如，鲜或冷藏的蔬菜）。在采用MAP方法进行加工时，产品周围的气体已被改变或受到控制（例如，通过抽去或减少氧气的含量，并将其置换成氮气或二氧化碳，或增加氮气或二氧化碳的含量）。

归入本章的鲜或干的蔬菜，可以供食用、种用或种植（例如，马铃薯、洋葱、青葱、大蒜、豆类蔬菜）。但本身不包括移植用的蔬菜秧（品目06.02）。

除上文及本章注释述及的以外，本章还不包括：

（一）菊苣植物或菊苣根（品目06.01或12.12）。

（二）食品工业中某些用作原料的植物产品，例如，谷物（第10章）、甜菜及甘蔗（品目12.12）。

（三）用品目07.14的根及块茎制成的细粉、粗粉及粉末（品目11.06）。

（四）有时也用于烹饪的某些草本植物（例如，罗勒、琉璃苣、海索草、各种薄荷、迷迭香、芸香、鼠尾草及牛蒡干根）（品目12.11）。

（五）食用海草及其他海藻（品目12.12）。

（六）芜菁甘蓝、饲料甜菜、饲料用根茎、干草、紫苜蓿、三叶草、驴喜豆、羽衣甘蓝、羽扇豆、巢菜及类似饲料（品目12.14）。

（七）甜菜叶或胡萝卜叶（品目23.08）。

07.01　鲜或冷藏的马铃薯：

10—种用

90—其他

07.02　鲜或冷藏的番茄

07.03　鲜或冷藏的洋葱、青葱、大蒜、韭葱及其他葱属蔬菜：

10—洋葱及青葱

20—大蒜

90—韭葱及其他葱属蔬菜

07.04　鲜或冷藏的卷心菜、菜花、球茎甘蓝、羽衣甘蓝及类似的食用芥菜类蔬菜：

10—菜花及硬花甘蓝

20—抱子甘蓝
90—其他
07.05 鲜或冷藏的莴苣及菊苣：
—莴苣：
—菊苣：
07.06 鲜或冷藏的胡萝卜、萝卜、色拉甜菜根、婆罗门参、块根芹、小萝卜及类似的食用根茎：
10—胡萝卜及萝卜
90—其他
07.07 鲜或冷藏的黄瓜及小黄瓜
07.08 鲜或冷藏的豆类蔬菜，不论是否脱荚：
10—豌豆
20—豇豆及菜豆
90—其他豆类蔬菜
07.09 鲜或冷藏的其他蔬菜：
20—芦笋
30—茄子
40—芹菜，但块根芹除外
—蘑菇及块菌：
60—辣椒，包括甜椒
70—菠菜
90—其他
07.10 冷冻蔬菜（不论是否蒸煮）：
10—马铃薯
—豆类蔬菜，不论是否脱荚
30—菠菜
40—甜玉米
80—其他蔬菜
90—什锦蔬菜
07.11 暂时保藏（例如，使用二氧化硫气体、盐水、亚硫酸水或其他防腐液）的蔬菜，但不适于直接食用的：
20—油橄榄
40—黄瓜及小黄瓜
—蘑菇及块菌
90—其他蔬菜；什锦蔬菜
07.12 干蔬菜，整个、切块、切片、破碎或制成粉状，但未经进一步加工的：

20—洋葱

—蘑菇、木耳、银耳及块菌

90—其他蔬菜;什锦蔬菜

07.13 脱荚的干豆,不论是否去皮或分瓣:

10—豌豆

20—鹰嘴豆

—豇豆及菜豆

40—扁豆

50—蚕豆

90—其他

07.14 鲜、冷、冻或干的木薯、竹芋、兰科植物块茎、菊芋、甘薯及含有高淀粉或菊粉的类似根茎,不论是否切片或制成团粒;西谷茎髓:

10—木薯

20—甘薯

90—其他

第8章排列结构

本章包括通常供人食用(不论是报验时即可食用或经加工后方可食用)的水果、坚果及柑桔属果皮或甜瓜(包括西瓜)皮。它们可以是新鲜的(包括冷藏的)、冻的(不论是否事先蒸过或用水煮过或含有甜物质)或干制的(包括脱水、蒸干或冻干);也可以作不适合直接食用的暂时保藏(例如,使用二氧化硫气体、盐水、亚硫酸水或其他防腐液)。

所称“冷藏”,是指产品的温度一般降至0 ℃左右,但未冻结的。但是有些产品(例如,甜瓜及某些柑桔属果实),其温度降至并维持在10 ℃时,也可视作“冷藏”。所称“冷冻”,是指温度降至产品的冰点以下,产品已全部冻结。

本章的水果及坚果可以是完整的,也可以切片、切碎、切丝、去核、捣浆、磨碎、去皮或去壳。

必须注意,本身经均化的产品不能作为本章产品归类,而应归入第20章的制品。

本章的果实如果仅加入少量的糖,不影响其商品归类。本章还包括干果(例如,椰枣及梅脯),干果外部覆有一层干的天然糖粉,外表看上去与品目20.06的裹糖果实有些相似。

但本章不包括用渗透脱水法保藏的水果。所称“渗透脱水”,是指将果块浸入浓缩糖浆中较长一段时间,从而使水果中的大部分水分及天然糖分被糖浆中的糖分所取代的加工过程。随后可将水果风干以进一步降低其水分。这些水果应归入第20章(品目20.08)。

但本章不包括在其他章已具体列名的植物产品,虽然其在植物学上也作为果实。

例如：

（一）油橄榄、番茄、黄瓜、小黄瓜、菜葫芦、南瓜、茄子及辣椒（第7章）。

（二）第9章的咖啡、香草果、杜松果及其他产品。

（三）花生及其他含油果实，主要供药用或制香料用的果实、刺槐豆、杏仁及类似果实（第12章）。

（四）可可豆（品目18.01）。

本章也不包括：

（一）果粉（品目11.06）。

（二）超出上述方法制作或保藏的食用水果、坚果、甜瓜皮及柑桔属的果皮（第20章）。

（三）烘焙果实及坚果（例如，栗子、杏仁及无花果），不论是否磨碎，一般用作咖啡代用品（品目21.01）。

必须注意，本章的水果及坚果即使用密封包装（例如，听装梅脯或干坚果），仍应归入本章。但在多数情况下，密封包装的果品是经过超出本章各品目所列范围以外的方法加工或保藏的，因而不能归入本章（第20章）。

本章的产品经过改性空气包装（MAP）加工方法包装的，仍归入本章（例如，鲜草莓）。在采用MAP方法进行加工时，产品周围的气体已被改变或受到控制（例如，通过抽去或减少氧气的含量，并将其置换成氮气或二氧化碳，或增加氮气或二氧化碳的含量）。

08.01 鲜或干的椰子、巴西果及腰果，不论是否去壳或去皮：

—椰子

—巴西果

—腰果

08.02 鲜或干的其他坚果，不论是否去壳或去皮：

—巴旦杏

—榛子

—核桃

40—栗子

50—阿月浑子果（开心果）

60—马卡达姆坚果（夏威夷果）

90—其他

08.03 鲜或干的香蕉，包括芭蕉

08.04 鲜或干的椰枣、无花果、菠萝、鳄梨、番石榴、芒果及山竹果：

10—椰枣

20—无花果

30—菠萝
40—鳄梨
50—番石榴、芒果及山竹果

08.05 鲜或干的柑桔属水果：
10—橙
20—柑桔；杂交柑桔
40—葡萄柚，包括柚
50—柠檬及酸橙

08.06 鲜或干的葡萄：
10—鲜的
20—干的

08.07 鲜的甜瓜（包括西瓜）及木瓜：
—甜瓜，包括西瓜
20—木瓜

08.08 鲜的苹果、梨及榅桲：
10—苹果
20—梨及榅桲

08.09 鲜的杏、樱桃、桃（包括油桃）、梅及李：
10—杏
20—樱桃
30—桃，包括油桃
40—梅及李

08.10 其他鲜果：
10—草莓
20—木莓、黑莓、桑椹及罗甘莓
40—蔓越桔及越桔
50—猕猴桃
60—榴莲
90—其他

08.11 冷冻水果及坚果，不论是否蒸煮、加糖或其他甜物质：
10—草莓
20—木莓、黑莓、桑椹、罗甘莓、黑、白或红的醋栗（加仑子）及鹅莓
90—其他

08.12 暂时保藏（例如，使用二氧化硫气体、盐水、亚硫酸水或其他防腐液）的水果及坚果，但不适于直接食用的：
10—樱桃

90—其他

08.13 品目08.01至08.06以外的干果;本章的什锦坚果或干果:

10—杏

20—梅及李

30—苹果

40—其他干果

50—本章的什锦坚果或干果

08.14 柑桔属水果或甜瓜(包括西瓜)的果皮,鲜、冻、干或用盐水、亚硫酸水或其

第9章排列结构

本章包括:

一、咖啡、茶及马黛茶。

二、调味香料,即富含精油及芳香素的一组植物产品(包括籽仁等),由于其特有的味道,主要用作调味品。

这类产品可以是完整的,也可以捣碎或制成粉末。

关于品目09.04至09.10所列产品的混合物如何归类问题,参见本章注释一。该注释规定,品目09.04至09.10所列的产品〔或该注释(一)或(二)项内的混合物〕如果加添了其他物质,只要所得的混合物保持了这些品目所列产品的基本特性,其归类应不受影响。

这一规定主要适用于加有以下物质的调味香料及混合调味香料:

(一)稀释剂(干剂)(例如,谷物粉、面包干粉、右旋糖等),加入后便于调制食品时确定所加份量及香料均匀度。

(二)食物着色剂(例如,叶黄素)。

(三)增强香料味道的物质(增效剂),例如,谷氨酸钠。

(四)盐或化学抗氧剂等,通常少量加入,用以保存香料并延长其调味效力。

加有本身有调味作用的其他章所列物质的调味香料(包括混合调味香料),如果所加物质份量并不影响其调味香料的基本特征,仍应归入本章。

本章还包括由归入不同章(例如,第7章、第9章、第11章、第12章)的香料作物及其部分品、香料子仁或香料果实(完整、切开、捣碎、磨碎或研粉)组成的混合物。这些混合物可直接用作饮料香精或用于制造饮料的调制精汁,并且:

1.其基本特征来源于品目09.04至09.10中某一品目所列的一种或多种产品(酌情归入品目09.04至09.10)。

2.其基本特征来源于品目09.04至09.10所列两种及两种以上产品的混合物(品目09.10)。

但本章不包括其基本特征不是来源于以上1项所述产品或2项所述混合物的混合品(品目21.06)。

本章也不包括：

(一)第7章的蔬菜(例如，欧芹、细叶芹、龙蒿、水芹、甜茉乔栾那、芫荽及莳萝)。

(二)芥末籽(品目12.07)；芥末粉，不论是否调制(品目21.03)。

(三)啤酒花(品目12.10)。

(四)虽能用作调味香料，但多用于制造香料及药物的某些果实、籽仁及植物部分(品目12.11)(例如，肉桂果、迷迭香、野茉乔栾那、罗勒、琉璃苣、海索草、各种薄荷、芸香及鼠尾草)。

(五)混合调味品(品目21.03)。

09.01 咖啡，不论是否焙炒或浸除咖啡碱；咖啡豆荚及咖啡豆皮；含咖啡的咖啡代用品：
—未焙炒的咖啡
—已焙炒的咖啡
90—其他

09.02 茶，不论是否加香料：
10—绿茶(未发酵)，内包装每件净重不超过3公斤
20—其他绿茶(未发酵)
30—红茶(已发酵)及半发酵茶，内包装每件净重不超过3公斤
40—其他红茶(已发酵)及半发酵茶

09.03 马黛茶

09.04 胡椒；辣椒干及辣椒粉：
—胡椒：
20—辣椒干及辣椒粉

09.05 香子兰豆

09.06 肉桂及肉桂花：
—未磨
20—已磨

09.07 丁香(母丁香、公丁香及丁香梗)

09.08 肉豆蔻、肉豆蔻衣及豆蔻：
10—肉豆蔻
20—肉豆蔻衣
30—豆蔻

09.09 茴芹子、八角茴香、小茴香子、芫荽子、枯茗子及蒿子；杜松果：
10—茴芹子或八角茴香
20—芫荽子
30—枯茗子

40—蒿子
50—小茴香子;杜松果
09.10 姜、番红花、姜黄、麝香草、月桂叶、咖喱及其他调味香料:
10—姜
20—番红花
30—姜黄
—其他调味香料

第10章排列结构

本章仅包括谷物,不论是否成捆或成穗。从未成熟的谷类植物打下的带壳谷粒按普通谷粒归类。新鲜谷物(第7章的甜玉米除外),不论是否适合作蔬菜用,仍归入本品目。

去壳、碾磨、上光、磨光、半熟或破碎的稻米,如果未经其他加工,仍归入品目10.06。但其他谷物,如果去壳或经其他加工,例如,经品目11.04所列的加工,则不归入本章(参见相应的注释)。

10.01 小麦及混合麦:
10—硬粒小麦
90—其他
10.02 黑麦
10.03 大麦
10.04 燕麦
10.05 玉米:
10—种用
90—其他
10.06 稻谷、大米:
10—稻谷
20—糙米
30—精米,不论是否磨光或上光
40—碎米
10.07 食用高粱
10.08 荞麦、谷子及加那利草子;其他谷物:
10—荞麦
20—谷子
30—加那利草子
90—其他谷物

第 11 章排列结构

本章包括：

一、碾磨第 10 章的谷物及第 7 章的甜玉米所得的产品，但品目 23.02 的制粉工业残渣除外。归入本章的小麦、黑麦、大麦、燕麦、玉米(包括带或不带子粒皮连芯碾磨的)、食用高粱、大米及荞麦的碾磨产品，应按照本章注释二(一)规定的淀粉及灰分含量标准与品目 23.02 的残渣区别开来。

对于本章内以上列名的谷物，品目 11.01 或 11.02 的细粉与品目 11.03 或 11.04 所列产品的区别，应按照本章注释二(二)规定过筛率指标来确定。同时，品目 11.03 的所有谷物粗粒及粗粉必须符合本章注释三规定的过筛率指标。

二、将第 10 章的谷物按本章各品目所列方法(例如，麦粒发芽、提取淀粉或面筋等)加工的产品。

三、其他各章的原材料(干豆类、马铃薯、果实等)经过类似以上一款或二款所述方法加工的产品。

本章主要不包括：

(一)作咖啡代用品的烘焙麦芽(品目 09.01 或 21.01)。

(二)谷壳(品目 12.13)。

(三)品目 19.01 的经制作的细粉、粗粒、粗粉或淀粉。

(四)珍粉(品目 19.03)。

(五)经膨化或烘炒而得的爆米花、玉米片及类似产品和成谷物加工形状的布尔古小麦(品目 19.04)。

(六)品目 20.01、20.04 及 20.05 的经制作或保藏的蔬菜。

(七)谷物或豆类植物在筛、碾或其他加工过程中所剩的残渣(品目 23.02)。

(八)药品(第 30 章)。

(九)第 33 章的产品(参见第 33 章的注释三及四)。

11.01 小麦或混合麦的细粉

11.02 其他谷物细粉，但小麦或混合麦的细粉除外：

10—黑麦细粉

20—玉米细粉

90—其他

11.03 谷物的粗粒、粗粉及团粒：

—粗粒及粗粉

20—团粒

11.04 经其他加工的谷物(例如，去壳、滚压、制片、制成粒状、切片或粗磨)，但品目 10.06 的稻谷、大米除外；谷物胚芽，整粒、滚压、制片或磨碎的：

—滚压或制片的谷物

　　一经其他加工的谷物(例如,去壳、制成粒状、切片或粗磨)
　　30—谷物胚芽,整粒、滚压、制片或磨碎的
11.05 马铃薯的细粉、粗粉、粉末、粉片、颗粒及团粒:
　　10—细粉、粗粉及粉末
　　20—粉片、颗粒及团粒
11.06 用品目07.13的干豆或品目07.14的西谷茎髓及植物根茎、块茎制成的细粉、粗粉及粉末;用第8章的产品制成的细粉、粗粉及粉末:
　　10—用品目07.13的干豆制成的
　　20—用品目07.14的西谷茎髓及植物根茎、块茎制成的
　　30—用第8章的产品制成的
11.07 麦芽,不论是否焙制:
　　10—未焙制
　　20—已焙制
11.08 淀粉;菊粉:
　　—淀粉
　　20—菊粉
11.09 面筋,不论是否干制

第12章排列结构

品目12.01至12.07包括供提取(用压榨或溶剂方法提取)食用或工业用油脂的各种子仁及果实,不论其报验时是否准备用于榨油、播种或其他用途。但不包括品目08.01或08.02的产品、油橄榄(第7章或第20章)或某些可以榨油但主要作其他用途的子仁及果实,例如,杏仁、桃仁、李仁(品目12.12)及可可豆(品目18.01)。

本章各品目包括的子仁及果实可以是完整的,也可以是破碎、压碎、去衣或去壳的。它们也可以进行适当热处理,主要是为了便于储存(例如,使解脂酶失去活性并部分除湿)、去苦味及便于使用。但热处理后子仁及果实的天然特征不得改变,也不得使子仁及果实改变一般用途而适用于某一特定用途。

本章各品目不包括从含油子仁及果实提取植物油后剩下的固体残渣(包括脱脂细粉及粗粉)(品目23.04、23.05或23.06)。

12.01 大豆,不论是否破碎
12.02 未焙炒或未烹煮的花生,不论是否去壳或破碎:
　　10—未去壳
　　20—去壳,不论是否破碎
12.03 干椰子肉
12.04 亚麻子,不论是否破碎

12.05 油菜子,不论是否破碎:
10—低芥子酸油菜子
90—其他
12.06 葵花子,不论是否破碎
12.07 其他含油子仁及果实,不论是否破碎:
20—棉子
40—芝麻
50—芥子
—其他
12.08 含油子仁或果实的细粉及粗粉,但芥子粉除外:
10—大豆粉
90—其他
12.09 种植用的种子、果实及孢子:
10—糖甜菜子
—饲料植物种子
30—草本花卉植物种子
—其他
91—蔬菜种子
99—其他
12.10 鲜或干的啤酒花,不论是否研磨或制成团粒;蛇麻腺:
10—啤酒花,未经研磨也未制成团粒
20—啤酒花,经研磨或制成团粒;蛇麻腺
12.11 主要用作香料、药料、杀虫、杀菌或类似用途的植物或这些植物的某部分(包括子仁及果实),鲜或干的,不论是否切割、压碎或研磨成粉:
20—人参
30—古柯叶
40—罂粟杆
90—其他
12.12 鲜、冷、冻或干的刺槐豆、海草及其他藻类、甜菜及甘蔗,不论是否碾磨;主要供人食用的其他品目未列名的果核、果仁及植物产品(包括未焙制的菊苣根):
20—海草及其他藻类
—其他
12.13 未经处理的谷类植物的茎、秆及谷壳,不论是否切碎、碾磨、挤压或制成团粒
12.14 芜菁甘蓝、饲料甜菜、饲料用根、干草、紫苜蓿、三叶草、驴喜豆、饲料羽衣甘蓝、羽扇豆、巢菜及类似饲料,不论是否制成团粒:

10—紫苜蓿粗粉及团粒

90—其他

第 13 章排列结构

13.01 虫胶；天然树胶、树脂、树胶脂及油树脂（例如，香树脂）：

20—阿拉伯胶

90—其他

13.02 植物液汁及浸膏；果胶、果胶酸盐及果胶酸酯；从植物产品制得的琼脂、其他胶液及增稠剂，不论是否改性：

—植物液汁及浸膏：

20—果胶、果胶酸盐及果胶酸酯

—从植物产品制得的胶液及增稠剂，不论是否改性：

第 14 章排列结构

本章包括：

一、主要用于编结、制帚、制刷或作填塞、衬垫用的未经加工或简单加工的植物材料。

二、用于雕刻、制扣及其他花哨小商品的子、核、壳、果。

三、未列名的其他植物产品。

本章不包括主要用于制造纺织品的植物材料（不管如何制过）及其他加工成纺织材料用的植物物料（第十一类）。

14.01 主要作编结用的植物材料（例如，竹、藤、芦苇、灯芯草、柳条、酒椰叶，已净、漂白或染色的谷类植物的茎秆，椴树皮）：

10—竹

20—藤

90—其他

14.02

14.03

14.04 其他品目未列名的植物产品：

20—棉短绒

90—其他

第三类 动、植物油、脂及其分解产品；精制的食用油脂；动、植物蜡
（第 15 章）

第 15 章排列结构

一、本章包括：

（一）动、植物油、脂，不论是否初榨、纯净、精制或用某些方法处理的（例如，熟炼、硫化或氢化）。

（二）从油、脂所得的某些产品，特别是油、脂的分解产品（例如，粗甘油）。

（三）混合食用油、脂（例如，人造黄油）。

（四）动、植物蜡。

（五）处理油脂物质或动、植物蜡所剩的残渣。

但不包括：

（一）品目02.09的未炼制或用其他方法提取的不带瘦肉的肥猪肉、猪脂肪及家禽脂肪。

（二）黄油及其他从乳提取的脂和油（品目04.05）；品目04.05的乳酱。

（三）可可油及可可脂（品目18.04）。

（四）油渣（品目23.01）；提取植物油脂所剩的油渣饼、橄榄渣及其他残渣（油脚除外）（品目23.04至23.06）。

（五）脂肪酸、精炼所得的酸性油、脂肪醇、甘油（粗甘油除外）、调制蜡、药品、涂料、清漆、肥皂、芳香料制品、化妆盥洗品、磺化油或其他第六类的货品。

（六）从油类提取的油膏（品目40.02）。

除鲸油及希蒙得木油以外，动、植物油、脂都是含脂肪酸（例如，软脂酸、硬脂酸及油酸）甘油的酯类。

它们呈固态或液态，而且都比水轻，长期暴露于空气中会因水解和氧化而酸败。加热会分解，发出一股辛辣刺鼻的气味。不溶于水，但可完全溶于二乙醚、二硫化碳、四氯化碳、苯等。蓖麻油可溶于酒精，而其他动、植物油、脂仅稍溶于酒精。它们在纸上会留下难以除去的油迹。

构成含甘油三酯脂肪的酯类可通过过热蒸汽、稀酸、酶或催化剂的作用分解产生甘油及脂肪酸，或者通过碱的作用分解产生甘油及脂肪酸碱金属盐（肥皂）。

品目15.04及15.06至15.15还包括这些品目所列油脂的分离品，只要这些分离品在协调制度其他品目未具体列名（例如，鲸蜡应归入品目15.21）。以下是分离的主要方法：

1. 通过压榨、倾析、冬化及过滤进行干分离；

2. 溶剂分离；

3. 借助表面活性剂分离。

分离不会引起上述油、脂化学结构的任何变化。

本章注释三所述“变性的油、脂及其分离品”，是指加入了变性剂，例如，鱼油、酚、石油、松节油、甲苯、水杨酸甲酯（冬青油）、迷迭香油，使其不能供食用的油、脂。所加物质剂量很小（通常不超过1%），但能使油、脂或其分离品酸败、发酸、发苦、刺鼻。应注意到，本章注释三不适用于油、脂或其分离品的变性混合物及制品（品目

15.18)。

除本章注释一所列不包括的货品外,动、植物油、脂及其分离品不论是供食用,或是供技术或工业用(例如,供制肥皂、蜡烛、润滑剂、清漆或涂料用),均归入本章。

动、植物蜡主要由含有某些醇(鲸蜡醇之类的丙三醇除外)的某些高级脂肪酸(软脂酸、蜡酸、肉豆蔻酸)的酯类组成,并含有一定比例的游离状态的上述酸和醇,还含有某些碳氢化合物。

这些蜡水解时不产生甘油,加热时不散发油脂加热应有的辛辣味,也不会酸败。蜡通常比油脂硬。

二、品目15.07至15.15包括这些品目所列的单一(即未与其他性质的油、脂混合)固定植物油、脂及其分离品,不论是否精制,但未经化学改性。

植物油、脂广泛存在于自然界中,含于植物某些部分(例如,子仁和果实)的细胞内,通过压榨或溶剂可将其提取出来。

归入这些品目的植物油、脂是固定油、脂,即具有不分解不易被蒸馏、不会挥发以及不被过热蒸汽带走(但会被分解及皂化)等特征。

除了诸如希蒙得木油之类的油以外,其他植物油、脂都是甘油酯的混合物。固体油主要含常温下呈固态的软脂及硬脂甘油酯;而液体油主要含常温下呈液态的甘油酯(例如,油酸、亚油酸、亚麻酸的甘油酯)。

这些品目包括初榨油、脂或其分离品,精制或纯净的(例如,澄清、洗涤、过滤、脱色、脱酸、脱臭的)也包括在内。

炼油副产品,如"油脚"及皂料,归入品目15.22。精炼所得的酸性油归入品目38.23。酸性油是对精炼初榨油过程中所得的皂料用无机酸分解制得。

这些品目所包括的油、脂主要来源于品目12.01至12.07的含油子仁及果实,也有从归入其他品目的植物原料制得(例如,橄榄油、从品目12.12的桃、杏或李的仁制取的油、从品目08.02的杏仁、核桃、食用松子、阿月浑子果等制得的油及从谷物胚芽制得的油)。

这些品目不包括食用或非食用的混合物及制品和经化学改性的植物油、脂〔归入品目15.16、15.17或15.18;如果已经具有其他品目(例如,品目30.03、30.04、33.03至33.07、34.03)所列货品的特征,则应分别归入有关品目〕。

15.01 猪脂肪(包括已炼制的猪油)及家禽脂肪,但品目02.09及15.03的货品除外

15.02 牛、羊脂肪,但品目15.03的货品除外

15.03 猪油硬脂、液体猪油、油硬脂、食用或非食用脂油,未经乳化、混合或其他方法制作

15.04 鱼或海生哺乳动物的油、脂及其分离品,不论是否精制,但未经化学改性:

10—鱼肝油及其分离品

20—除鱼肝油以外的鱼油、脂及其分离品

30—海生哺乳动物的油、脂及其分离品
15.05 羊毛脂及从羊毛脂制得的脂肪物质(包括纯净的羊毛脂)
15.06 其他动物油、脂及其分离品,不论是否精制,但未经化学改性
15.07 豆油及其分离品,不论是否精制,但未经化学改性:
10—初榨的,不论是否脱胶
90—其他
15.08 花生油及其分离品,不论是否精制,但未经化学改性:
10—初榨的
90—其他
15.09 油橄榄油及其分离品,不论是否精制,但未经化学改性:
10—初榨的
90—其他
15.10 其他橄榄油及其分离品,不论是否精制,但未经化学改性,包括掺有品目15.09的油或分离品的混合物
15.11 棕榈油及其分离品,不论是否精制,但未经化学改性:
10—初榨的
90—其他
15.12 葵花油、红花油或棉子油及其分离品,不论是否精制,但未经化学改性:
—葵花油或红花油及其分离品
—棉子油及其分离品
15.13 椰子油、棕榈仁油或巴巴苏棕榈果油及其分离品,不论是否精制,但未经化学改性:
—椰子油及其分离品
—棕榈仁油或巴巴苏棕榈果油及其分离品
15.14 菜子油或芥子油及其分离品,不论是否精制,但未经化学改性:
低芥子酸菜子油及其分离品
—其他
15.15 其他固定植物油、脂(包括希蒙得木油)及其分离品,不论是否精制,但未经化学改性:
—亚麻子油及其分离品
—玉米油及其分离品
30—蓖麻油及其分离品
50—芝麻油及其分离品
90—其他
15.16 动、植物油、脂及其分离品,全部或部分氢化、相互酯化、再酯化或反油酸化,不论是否精制,但未经进一步加工:

10—动物油、脂及其分离品
20—植物油、脂及其分离品

15.17 人造黄油;本章各种动、植物油、脂及其分离品混合制成的食用油、脂或制品,但品目 15.16 的食用油、脂及其分离品除外:
10—人造黄油,但不包括液态的
90—其他

15.18 动、植物油、脂及其分离品,经过熟炼、氧化、脱水、硫化、吹制或在真空、惰性气体中加热聚合及用其他化学方法改性的,但品目 15.16 的产品除外;本章各种油、脂及其分离品混合制成的其他品目未列名的非食用油、脂或制品

15.19

15.20 粗甘油;甘油水及甘油碱液

15.21 植物蜡(甘油三酯除外)、蜂蜡、其他虫蜡及鲸蜡,不论是否精制或着色:
10—植物蜡
90—其他

15.22 油鞣回收脂;加工处理油脂物质及动、植物蜡所剩的残渣

第四类　食品;饮料、酒及醋;烟草、烟草及烟草代用品的制品
(第 16 章至第 24 章)

(一)主要内容

本类共 9 章(第 16 章至第 24 章),包括以动物、植物为原料加工得到的食品、饮料、酒、醋、动物饲料、烟草等。

(二)排列结构

第 16 章排列结构:

本章包括通过加工肉、食用杂碎(例如,脚、皮、心、舌、肝、肠、胃)、血、鱼(包括鱼皮)、甲壳动物、软体动物及其他水生无脊椎动物所得的食品。本章包括超出第 2 章、第 3 章及品目 05.04 所列加工范围以外的经制作或保藏的产品,其加工方法列举如下:

一、香肠及类似产品的制作。

二、煮、蒸、烤、煎、炸、炒或其他方法烹饪,但在熏制前或熏制过程中制熟的熏鱼(品目 03.05)、蒸过或用水煮过的带壳甲壳动物(品目 03.06)以及从制熟的鱼、甲壳动物、软体动物或其他水生无脊椎动物制得的细粉、粗粉及团粒(分别归入品目 03.05、03.06 及 03.07)除外。

三、加工成精、汁,制成鲟鱼子酱或鲟鱼子酱代用品,表面仅涂面浆、撒面包屑、加香草、放作料(例如,放胡椒和盐)等。

四、精细均化及仅以本章所列产品为基料制成(即,经制作或保藏的肉、食用杂碎、血、鱼、甲壳动物、软体动物或其他水生无脊椎动物)。这些均化食品可含有少量

可见的肉、鱼等碎块和少量为调味、保藏或其他目的加入的配料。但是,均化本身并不是产品可作为第16章食品归类的依据。

第2章或第3章的产品与第16章所列产品的区分界限,参见第2章及第3章的总注释。

本章还包括由香肠、肉、食用杂碎、血、鱼、甲壳动物、软体动物或其他水生无脊椎动物与蔬菜、面条、调味汁等组成的配制食品(包括所谓"配餐"),但所含香肠、肉、食用杂碎、血、鱼、甲壳动物、软体动物或其他水生无脊椎动物及其混合物按重量计超过20%的。对于含有两种或两种以上所述产品的配制食品(例如,含肉和鱼),应按其所含重量最大的配料归入第16章的相应品目。所述的重量,是指报验时配制食品所含肉、鱼等的重量,而不是配制前肉、鱼等的重量。但应注意,品目19.02所列的包馅食品、品目21.03所列的调味汁及其制品、混合调味品和品目21.04所列的汤料及其制品、均化混合食品,仍应分别归入上述有关品目。

本章也不包括:

(一)适合供人食用的肉或食用杂碎的细粉及粗粉(包括海生哺乳动物的在内)(品目02.10)及鱼粉(品目03.05)。

(二)不适合供人食用的肉粉及团粒(包括海生哺乳动物的在内)及鱼、甲壳动物、软体动物或其他水生无脊椎动物的粉及团粒(品目23.01)。

(三)以肉、杂碎、鱼等为基料的配制动物饲料(品目23.09)。

(四)第30章的药品。

16.01 肉、食用杂碎或动物血制成的香肠及类似产品;用香肠制成的食品

16.02 其他方法制作或保藏的肉、食用杂碎或动物血:

10—均化食品

20—动物肝

—品目01.05的家禽的

—猪的

50—牛的

90—其他,包括动物血的食品

16.03 肉、鱼、甲壳动物、软体动物或其他水生无脊椎动物的精及汁

16.04 制作或保藏的鱼;鲟鱼子酱及鱼卵制的鲟鱼子酱代用品:

—鱼,整条或切块,但未绞碎

20—其他制作或保藏的鱼

30—鲟鱼子酱及鲟鱼子酱代用品

16.05 制作或保藏的甲壳动物、软体动物及其他水生无脊椎动物:

10—蟹

20—小虾及对虾

30—龙虾

40—其他甲壳动物

90—其他

第17章排列结构

本章不仅包括糖本身(例如,蔗糖、乳糖、麦芽糖、葡萄糖及果糖),还包括糖浆、人造蜜、焦糖、提取或精炼糖时所剩的糖蜜以及糖食。本章的固体糖及糖蜜可含有添加的香料和色料。

本章不包括:

(一)含任何比例可可或巧克力(白巧克力除外)的糖食及甜可可粉(品目18.06)。

(二)第19章至第22章的甜食品。

(三)甜饲料(品目23.09)。

(四)化学纯糖(蔗糖、乳糖、麦芽糖、葡萄糖及果糖除外)及其水溶液(品目29.40)。

(五)含糖药品(第30章)。

17.01 固体甘蔗糖、甜菜糖及化学纯蔗糖:

—未加香料或着色剂的原糖

—其他

17.02 其他固体糖,包括化学纯乳糖、麦芽糖、葡萄糖及果糖;未加香料或着色剂的糖浆;人造蜜,不论是否掺有天然蜂蜜;焦糖:

—乳糖及乳糖浆

20—槭糖及槭糖浆

30—葡萄糖及葡萄糖浆,不含果糖或按重量计干燥状态的果糖含量在20%以下

40—葡萄糖及葡萄糖浆,按重量计干燥状态的果糖含量在20%及以上,但在50%以下,转化糖除外

50—化学纯果糖

60—其他果糖及果糖浆,按重量计干燥状态的果糖含量在50%以上,转化糖除外

90—其他,包括转化糖及其他按重量计干燥状态的果糖含量为50%的糖及糖浆混合物

17.03 制糖后所剩的糖蜜:

10—甘蔗糖蜜

90—其他

17.04 不含可可的糖食(包括白巧克力):

10—口香糖,不论是否裹糖

90—其他

第18章排列结构

本章包括各种形状的可可(包括可可豆)、可可脂、可可油及任何含量的可可食品,但不包括:

(一)品目04.03的酸奶及其他产品。

(二)白巧克力(品目17.04)。

(三)按重量计含全脱脂可可在40%以下的细粉、粗粒、粗粉、淀粉或麦精食品,以及按重量计含全脱脂可可在5%以下的品目04.01至04.04所列食品(品目19.01)。

(四)按重量计含全脱脂可可不超过6%的膨化或焙炒谷物(品目19.04)。

(五)含可可的糕饼点心、饼干及类似焙烘品(品目19.05)

(六)含有任何比例可可的冰淇淋及其他冰制食品(品目21.05)。

(七)即可饮用的含可可饮料(例如,可可奶油),不论是否含酒精(第22章)。

(八)药品(品目30.03或30.04)。

本品目也不包括从可可提取的一种生物碱,即可可碱(品目29.39)。

18.01 整颗或破碎的可可豆,生的或焙炒的

18.02 可可荚、壳、皮及废料

18.03 可可膏,不论是否脱脂:

10—未脱脂

20—全脱脂或部分脱脂

18.04 可可脂、可可油

18.05 未加糖或其他甜物质的可可粉

18.06 巧克力及其他含可可的食品:

10—加糖或其他甜物质的可可粉

20—其他重量超过2公斤的块状或条状含可可食品,或液状、膏状、粉状、粒状或其他散装形状的含可可食品,容器包装或内包装每件净重超过2公斤的

—其他块状或条状的含可可食品

90—其他

第19章排列结构

本品目包括通常用作食品的许多调制产品,这些调制产品直接从第10章的谷

物、第 11 章的产品、其他章的植物质食物粉（例如，谷物细粉、粗粒及粗粉、淀粉、果粉、其他植物粉）或品目 04. 01 至 04. 04 的货品制得。本章还包括糕饼点心及饼干，不论是否含细粉、淀粉或其他谷物产品。

对于本章注释三及品目 19. 01，产品的可可含量一般可通过将可可碱和咖啡因含量相加后乘以因数 31 而计算出来。必须注意，所称“可可”，适用于各种形态的可可，包括膏状和固体形状。

本章不包括：

（一）含香肠、肉、食用杂碎、动物血、鱼、甲壳动物、软体动物或其他水生无脊椎动物及其混合物重量超过 20% 的调制食品（品目 19. 02 所列包馅产品除外）（第 16 章）。

（二）按重量计含脱脂可可在 40% 及以上的细粉、粗粒、粗粉、淀粉或麦精调制食品和按重量计含脱脂可可在 5% 及以上的品目 04. 01 至 04. 04 所列产品的调制食品（品目 18. 06）。

（三）含任何比例咖啡的焙炒咖啡代用品（品目 09. 01）及其他焙炒咖啡代用品（例如，焙炒大麦）（品目 21. 01）。

（四）非以细粉、粗粉、淀粉、麦精或品目 04. 01 至 04. 04 所列产品为基料的奶制蛋糕、餐末甜点、冰淇淋或类似食品的食用粉（通常归入品目 21. 06）。

（五）用细粉或淀粉专门配制的动物饲料（例如，狗食饼干）（品目 23. 09）。

（六）第 30 章的药品及其他产品。

19. 01 麦精；细粉、粗粒、粗粉、淀粉或麦精制的其他品目未列名的食品，不含可可或按重量计全脱脂可可含量低于 40%；品目 04. 01 至 04. 04 所列货品制的其他品目未列名的食品，不含可可或按重量计全脱脂可可含量低于 5%：

10—供婴幼儿食用的零售包装食品

20—供烘焙品目 19. 05 所列面包糕饼用的调制品及面团

90—其他

19. 02 面食，不论是否煮熟、包馅（肉馅或其他馅）或其他方法制作，例如，通心粉、面条、汤团、馄饨、饺子、奶油面卷；古斯古斯面食，不论是否制作：

—生的面食，未包馅或未经其他方法制作

20—包馅面食，不论是否烹煮或经其他方法制作

30—其他面食

40—古斯古斯面食

19. 03 珍粉及淀粉制成的珍粉代用品，片、粒、珠、粉或类似形状的

19. 04 谷物或谷物产品经膨化或烘炒制成的食品（例如，玉米片）；其他品目未列名的预煮或经其他方法制作的谷粒（玉米除外）、谷物片或经其他加工的谷粒（细粉、粗粒及粗粉除外）：

10—谷物或谷物产品经膨化或烘炒制成的食品
20—未烘炒谷物片制成的食品及未烘炒的谷物片与烘炒的谷物片或膨化的谷物混合制成的食品
30—碾碎的干小麦
90—其他

19.05 面包、糕点、饼干及其他烘焙糕饼,不论是否含可可;圣餐饼、装药空囊、封缄、糯米纸及类似制品:
10—黑麦脆面包片
20—姜饼及类似品
—甜饼干;华夫饼及圣餐饼
40—面包干、吐司及类似的烤面包
90—其他

第20章排列结构

本章包括:

一、用醋或醋酸制作或保藏的蔬菜、水果、坚果及植物其他食用部分。

二、用糖保藏的蔬菜、水果、坚果、果皮及植物其他部分。

三、烹煮制成的果酱、果冻、柑桔酱、果(包括坚果)泥、果(包括坚果)膏。

四、经均化的制作或保藏蔬菜及水果。

五、水果汁或蔬菜汁,未经发酵,也未加酒精的,或所含酒精浓度按容量计不超过0.5%的。

六、蔬菜、水果、坚果及植物其他食用部分,其制作或保藏程度超出第7章、第8章、第11章及协调制度其他章所列加工范围的。

七、用品目07.14、11.05或11.06所列货品制成的产品(用第8章的产品制成的细粉、粗粉及粉末除外),其制作或保藏程度超出第7章或第11章所列加工范围的。

八、用渗透脱水法保藏的水果。

上述产品可以是完整的,也可以是切开或捣碎的。

本章不包括:

(一)按重量计含香肠、肉、食用杂碎、动物血、鱼、甲壳动物、软体动物、其他水生无脊动物及其混合物超过20%的食品(第16章)。

(二)用面粉制的糕点,例如,果馅饼(品目19.05)。

(三)品目21.04的汤料及其制品和均化混合食品。

(四)按容量计酒精浓度超过0.5%的水果汁或蔬菜汁(第22章)。

20.01 蔬菜、水果、坚果及植物的其他食用部分,用醋或醋酸制作或保藏的:
10—黄瓜及小黄瓜

90—其他

20.02 番茄,用醋或醋酸以外的其他方法制作或保藏的:

10—番茄,整个或切片

90—其他

20.03 蘑菇及块菌,用醋或醋酸以外的其他方法制作或保藏的:

10—伞菌属蘑菇

20—块菌

90—其他

20.04 其他冷冻蔬菜,用醋或醋酸以外的其他方法制作或保藏的,但品目20.06的产品除外:

10—马铃薯

90—其他蔬菜及什锦蔬菜

20.05 其他未冷冻蔬菜,用醋或醋酸以外的其他方法制作或保藏的,但品目20.06的产品除外:

10—均化蔬菜

20—马铃薯

40—豌豆

—豇豆及菜豆

60—芦笋

70—油橄榄

80—甜玉米

—其他蔬菜及什锦蔬菜

20.06 糖渍蔬菜、水果、坚果、果皮及植物的其他部分(沥干、糖渍或裹糖的)

20.07 烹煮制得的果酱、果冻、柑桔酱、果泥及果膏,不论是否加糖或其他甜物质:

10—均化食品

—其他

20.08 用其他方法制作或保藏的其他品目未列名水果、坚果及植物的其他食用部分,不论是否加酒、加糖或其他甜物质:

—坚果、花生及其他子仁,不论是否混合

20—菠萝

30—柑桔属水果

40—梨

50—杏

60—樱桃

70—桃,包括油桃

80—草莓

—其他,包括子目2008.19以外的什锦果实:

20.09 未发酵及未加酒精的水果汁(包括酿酒葡萄汁)、蔬菜汁,不论是否加糖或其他甜物质:

—橙汁

—葡萄柚(包括柚)汁

—其他未混合的柑桔属水果汁

—菠萝汁

50—番茄汁

—葡萄汁,包括酿酒葡萄汁

—苹果汁

80—其他未混合的水果汁或蔬菜汁

90—混合汁

第21章排列结构

21.01 咖啡、茶、马黛茶的浓缩精汁及以其为基本成分或以咖啡、茶、马黛茶为基本成分的制品;烘焙菊苣和其他烘焙咖啡代用品及其浓缩精汁:

—咖啡浓缩精汁及以其为基本成分或以咖啡为基本成分的制品

20—茶、马黛茶浓缩精汁及以其为基本成分或以茶、马黛茶为基本成分的制品

30—烘焙菊苣和其他烘焙咖啡代用品及其浓缩精汁

21.02 酵母(活性或非活性);已死的其他单细胞微生物(不包括品目30.02的疫苗);发酵粉:

10—活性酵母

20—非活性酵母;已死的其他单细胞微生物

30—发酵粉

21.03 调味汁及其制品;混合调味品;芥子粉及其调制品:

10—酱油

20—番茄沙司及其他番茄调味汁

30—芥子粉及其调制品

90—其他

21.04 汤料及其制品;均化混合食品:

10—汤料及其制品

20—均化混合食品

21.05 冰淇淋及其他冰制食品,不论是否含可可

21.06 其他品目未列名的食品:

10—浓缩蛋白质及组织化蛋白质

90—其他

第22章排列结构

本章所包括的产品与协调制度本章以前各章的食品种类完全不同。

它们分为四个大类：

一、水、其他无酒精饮料及冰。

二、经发酵的酒精饮料（啤酒、葡萄酒、苹果酒等）。

三、经蒸馏的酒和酒精饮料（利口酒、烈性酒等）及乙醇。

四、醋及其代用品。

本章不包括：

（一）第4章的液体乳制品。

（二）本章的产品（品目22.09的产品除外）经配制后，用于烹饪而不适于作为饮料的制品（例如，料酒及烹饪用干邑酒）（通常归入品目21.03）。

（三）品目30.03或30.04的药品。

（四）香水或盥洗品（第33章）。

22.01　未加糖或其他甜物质及未加味的水，包括天然或人造矿泉水及汽水；冰及雪：

10—矿泉水及汽水

90—其他

22.02　加味、加糖或其他甜物质的水，包括矿泉水及汽水，其他无酒精饮料，但不包括品目20.09的水果汁或蔬菜汁：

10—加味、加糖或其他甜物质的水，包括矿泉水及汽水

90—其他

22.03　麦芽酿造的啤酒

22.04　鲜葡萄酿造的酒，包括加酒精的；品目20.09以外的酿酒葡萄汁：

10—汽酒

—其他酒；加酒精抑制发酵的酿酒葡萄汁

30—其他酿酒葡萄汁

22.05　味美思酒及其他加植物或香料的用鲜葡萄酿造的酒：

10—装入2升及以下容器的

90—其他

22.06　其他发酵饮料（例如，苹果酒、梨酒、蜂蜜酒）；其他品目未列名的发酵饮料的混合物及发酵饮料与无酒精饮料的混合物

22.07　未改性乙醇，按容量计酒精浓度在80%及以上；任何浓度的改性乙醇及其他酒精：

10—未改性乙醇，按容量计酒精浓度在80%及以上

22.08 未改性乙醇,按容量计酒精浓度在80%以下;蒸馏酒、利口酒及其他酒精饮料:
20—蒸馏葡萄酒制得的烈性酒
30—威士忌酒
40—朗姆酒及蒸馏已发酵甘蔗产品制得的其他烈性酒
50—杜松子酒
60—伏特加酒
70—利口酒及柯迪尔酒
90—其他
22.09 醋及用醋酸制得的醋代用品

第23章排列结构

本章包括食品加工业所用植物原料的残渣及废料,还包括某些动物质产品。这些产品的大部分单独或与其他物料混合,主要用作动物饲料,但有些也适于供人食用。某些产品(例如,酒糟、粗酒石、油渣饼)则用于工业。

本章所称的"团粒",是指直接挤压或加入按重量计比例不超过3%的粘合剂(糖蜜、淀粉物质等)制成的粒状产品。

23.01 不适于供人食用的肉、杂碎、鱼、甲壳动物、软体动物或其他水生无脊椎动物的渣粉及团粒;油渣:
10—肉、杂碎的渣粉及团粒;油渣
20—鱼、甲壳动物、软体动物或其他水生无脊椎动物的渣粉及团粒
23.02 谷物或豆类植物在筛、碾或其他加工过程中所产生的糠、麸及其他残渣,不论是否制成团粒:
10—玉米的
30—小麦的
40—其他谷物的
50—豆类植物的
23.03 制造淀粉过程中的残渣及类似的残渣,甜菜渣、甘蔗渣及制糖过程中的其他残渣,酿造及蒸馏过程中的糟粕及残渣,不论是否制成团粒:
10—制造淀粉过程中的残渣及类似的残渣
20—甜菜渣、甘蔗渣及制糖过程中的其他残渣
30—酿造及蒸馏过程中的糟粕及残渣
23.04 提炼豆油所得的油渣饼及其他固体残渣,不论是否碾磨或制成团粒
23.05 提炼花生油所得的油渣饼及其他固体残渣,不论是否碾磨或制成团粒
23.06 品目23.04或23.05以外的提炼植物油脂所得的油渣饼及其他固体残渣,不

论是否碾磨或制成团粒：
10—棉子的
20—亚麻子的
30—葵花子的
—油菜子的：
50—椰子或干椰肉的
60—油棕果或油棕仁的
90—其他

23.07 葡萄酒渣；粗酒石

23.08 动物饲料用的其他品目未列名的植物原料、废料、残渣及副产品，不论是否制成团粒：

23.09 配制的动物饲料：
10—零售包装的狗食或猫食
90—其他

第24章排列结构

烟草是从各种种植的茄科植物所得。不同种属的烟草，其烟叶的大小和形状各异。

烟草的收获方法及烤制工艺，要视烟草种类而定。有在烟草普遍成熟时将植物整株砍下的（割茎），也有按烟叶成熟情况将叶分别摘下的（摘叶）。因而，烟草有整株（叶连茎）制作，也有烟叶（不连茎）制作。

制作方法有多种，有晒烟（露天晒制）、晾烟（在空气自由流通的封闭棚内制得）、烘烤烟（通过热气烟道烤制）、熏烤烟（用明火烤制）。

在包装发运前，干烟叶需经处理，以防变质。有用经控制的自然发酵方法进行处理（例如，爪哇、苏门答腊、哈瓦那、巴西、远东等地的烟），也有用人工再干燥方法进行处理。这些处理和制作会影响烟草的香味，包装后会自然陈化。

处理过的烟草捆成扎、打成包（各种形状）或装入大桶或板条箱。经包装的烟草，其烟叶或并排（远东烟），或成束（几张烟叶用绳子或另一张烟叶扎起），或不加捆绑。烟叶总是压得很紧，以防变质。

有时除发酵外，还加入香料或湿润物质（加香混合剂），以提高烟草香味或保持烟草质量，也有用此法代替发酵的。

本章不仅包括烟草及烟草制品，还包括不含烟草的烟草代用品的制品。

24.01 烟草；烟草废料：
10—未去梗的烟草
20—部分或全部去梗的烟草

30—烟草废料

24.02 烟草或烟草代用品制成的雪茄烟及卷烟：

10—烟草制的雪茄烟

20—烟草制的卷烟

90—其他

24.03 其他烟草及烟草代用品的制品；“均化”或“再造”烟草；烟草精汁：

10—供吸用的烟草，不论是否含有任何比例的烟草代用品

—其他

第五类 矿产品
(第25章至第27章)

(一)主要内容

本类共3章(第25章至第27章)，包括原矿及经过一定程度加工的矿产品。

(二)排列结构

第25章排列结构

正如本章注释一所规定的，一般来说，本章仅包括天然的或经洗涤(包括用化学物质清除杂质但不改变产品本身结构的洗涤)、砸碎、磨碎、研粉、淘洗、细筛、粗筛以及用浮选、磁选或其他机械或物理方法(不包括结晶法)精选的矿产品。本章产品可经加热，以除去水分、杂质或达到其他目的，但此种热处理不应改变产品的化学或晶形结构。但是，除了品目条文有明确规定的以外，其他热处理(例如，焙烧、熔融或煅烧)是不允许的。据此，譬如，促使品目25.13及品目25.17的产品发生化学或晶形结构变化的热处理是允许的，因为这些品目的品目条文已列明可进行热处理。

本章产品可含有添加的防尘剂，其所加剂料并不使产品改变其一般用途而适用于某种特殊用途。经其他方法加工的矿物(例如，通过再结晶法提纯的产品、将本章同品目或不同品目的矿物加以混合获得的产品、经模制或雕刻的产品等)一般归入以后的各章(例如，第28章或第68章)。

但是在特定情况下，有关品目仍包括：

一、天然状态就已超出本章注释一所述加工方法的具体列名货品。例如，纯氯化钠(品目25.01)、某些形状的精制硫(品目25.03)、陶渣(品目25.08)、熟石膏(品目25.20)、生石灰(品目25.22)及水凝水泥(品目25.23)。

二、其状况或加工方法虽然已超出本章注释一所允许范围，但在品目上已列名的货品。例如，毒重石(品目25.11)、硅质化石粗粉和类似的硅质土(品目25.12)及白云石(品目25.18)可经煅烧；菱镁矿及镁氧矿(品目25.19)可经熔凝或煅烧〔僵烧(烧结)或轻烧〕。对于僵烧(烧结)镁氧矿，为了便于烧结，可加入其他氧化物(例如，氧化铁、氧化铬)。同样，品目25.06、25.14、25.15、25.16、25.18及25.26的材料可用锯或其他工具修整或简单切割成矩形(包括正方形)板、块状。

对于既可归入品目25.17,又可归入本章其他品目的产品,一律归入品目25.17。本章不包括第71章的宝石或半宝石。

25.01 盐(包括精制盐及变性盐)及纯氯化钠,不论是否为水溶液,也不论是否添加抗结块剂或松散剂;海水

25.02 未焙烧的黄铁矿

25.03 各种硫磺,但升华硫磺、沉淀硫磺及胶态硫磺除外

25.04 天然石墨:

10—粉末或粉片

90—其他

25.05 各种天然砂,不论是否着色,但第26章的含金属矿砂除外:

10—硅砂及石英砂

90—其他

25.06 石英(天然砂除外);石英岩,不论是否粗加修整或仅用锯或其他方法切割成矩形(包括正方形)的板、块:

10—石英

20—石英岩

25.07 高岭土及类似土,不论是否煅烧

25.08 其他粘土(不包括品目68.06的膨胀粘土)、红柱石、蓝晶石及硅线石,不论是否煅烧;富铝红柱石;火泥及第纳斯土:

10—膨润土

30—耐火粘土

40—其他粘土

50—红柱石、蓝晶石及硅线石

60—富铝红柱石

70—火泥及第纳斯土

25.09 白垩

25.10 天然磷酸钙、天然磷酸铝钙及磷酸盐白垩:

10—未碾磨

20—已碾磨

25.11 天然硫酸钡(重晶石);天然碳酸钡(毒重石),不论是否煅烧,但品目28.16的氧化钡除外:

10—天然硫酸钡(重晶石)

20—天然碳酸钡(毒重石)

25.12 硅质化石粗粉(例如,各种硅藻土)及类似的硅质土,不论是否煅烧,其表观比重不超过1

25.13 浮石;刚玉岩;天然刚玉砂;天然石榴石及其他天然磨料,不论是否热处理:

10—浮石

20—刚玉岩、天然刚玉砂、天然石榴石及其他天然磨料

25.14 板岩,不论是否粗加修整或仅用锯或其他方法切割成矩形(包括正方形)的板、块

25.15 大理石、石灰华及其他石灰质碑用或建筑用石,表观比重为2.5及以上,蜡石,不论是否粗加修整或仅用锯或其他方法切割成矩形(包括正方形)的板、块:

—大理石及石灰华

20—其他石灰质碑用或建筑用石;蜡石

25.16 花岗岩、斑岩、玄武岩、砂岩以及其他碑用或建筑用石,不论是否粗加修整或仅用锯或其他方法切割成矩形(包括正方形)的板、块:

—花岗岩

20—砂岩

90—其他碑用或建筑用石

25.17 通常作混凝土粒料、铺路、铁道路基或其他路基用的卵石、砾石及碎石,圆石子及燧石,不论是否热处理;矿渣、浮渣及类似的工业残渣,不论是否混有本品目第一部分所列的材料;沥青碎石,品目25.15、25.16所列各种石料的碎粒、碎屑及粉末,不论是否热处理

10—通常作混凝土粒料、铺路、铁道路基或其他路基用的卵石、砾石及碎石,圆石子及燧石,不论是否热处理

20—矿渣、浮渣及类似的工业残渣,不论是否混有子目2517.10所列的材料

30—沥青碎石

—品目25.15及25.16所列各种石料的碎粒、碎屑及粉末,不论是否热处理

25.18 白云石,不论是否煅烧或烧结、粗加修整或仅用锯或其他方法切割成矩形(包括正方形)的板、块;夯混白云石:

10—未煅烧或未烧结的白云石

20—已煅烧或烧结的白云石

30—夯混白云石

25.19 天然碳酸镁(菱镁矿);熔凝镁氧矿;烧结镁氧矿,不论烧结前是否加入少量其他氧化物;其他氧化镁,不论是否纯净:

10—天然碳酸镁(菱镁矿)

90—其他

25.20 生石膏;硬石膏;熟石膏(由煅烧的生石膏或硫酸钙构成),不论是否着色,也不论是否带有少量促凝剂或缓凝剂:

10—生石膏;硬石膏

20—熟石膏

25.22 生石灰、熟石灰及水硬石灰,但品目28.25的氧化钙及氢氧化钙除外:

10—生石灰

20—熟石灰

30—水硬石灰

25.23 硅酸盐水泥、矾土水泥、矿渣水泥、富硫酸盐水泥及类似的水凝水泥,不论是否着色,包括水泥熟料:

10—水泥熟料

—硅酸盐水泥

30—矾土水泥

90—其他水凝水泥

25.24 石棉:

10—青石棉

90—其他

25.25 云母,包括云母片;云母废料:

10—原状云母及劈开的云母片

20—云母粉

30—云母废料

25.26 天然冻石,不论是否粗加修整或仅用锯或其他方法切割成矩形(包括正方形)的板、块;滑石:

10—未破碎及未研粉

20—已破碎或已研粉

25.27

25.28 天然硼酸盐及其精矿(不论是否煅烧),但不包括从天然盐水析离的硼酸盐;天然粗硼酸,含硼酸干重不超过85%:

10—天然硼砂及其精矿(不论是否煅烧)

90—其他

25.29 长石;白榴石;霞石及霞石正长岩;萤石(氟石):

10—长石

—萤石

30—白榴石;霞石及霞石正长岩

25.30 其他品目未列名的矿产品:

10—未膨胀的蛭石、珍珠岩及绿泥石

20—硫镁矾矿及泻盐矿(天然硫酸镁)

90—其他

第26章排列结构

品目26.01至26.17仅限于下列金属矿砂及精矿：

一、其种类用于冶金工业中提炼第十四类或第十五类的金属、水银及品目28.44所列金属的矿物，即使这些矿物实际上不用于冶金工业。

二、未经非冶金工业正常方法处理的。

所称“矿砂”，适用于含金属矿物。这些矿物与相关的物质共存于矿藏之中并被一起开采出来。同时还适用于在脉石中的天然金属（例如，含金属砂）。

矿砂极少未经冶炼前预加工就出售的。最重要的预加工是矿砂的精选。

品目26.01至26.17所称“精矿”，适用于用专门方法部分或全部除去异物的矿砂。这样做是因为异物有可能影响日后的冶炼或增加运输费用。

品目26.01至26.17的产品可经过包括物理、物理—化学或化学加工，只要这些工序在提炼金属上是正常的。除煅烧、焙烧或燃烧（不论是否烧结）引起的变化外，这类加工不得改变所要提炼金属的基本化合物的化学成分。

物理或物理—化学加工包括破碎、磨碎、磁选、重力分离、浮选、筛选、分级、矿粉造块（例如，通过烧结或挤压等制成粒、球、砖、块状，不论是否加入少量粘合剂）、干燥、煅烧、焙烧以使矿砂氧化、还原或使矿砂磁化等（但不得使矿砂硫酸盐化或氯化等）。

化学加工（例如，溶解加工）主要为了清除不需要的物质。

本品目不包括经煅烧或焙烧以外其他处理后改变了基本矿砂的化学成分或晶体结构的精矿（通常归入第28章），也不包括由于多次物理变化（分级结晶、升华作用等）制得的几乎纯净的产品，即使其基本矿砂的化学成分并未发生变化。

品目26.01至26.17的矿砂在商业上用于提取：

（一）第71章所述的贵金属（即，银、金、铂、铱、锇、钯、铑或钌）。

（二）第十五类所述冶金工业的贱金属〔即，铁、铜、镍、铝、铅、锌、锡、钨、钼、钽、钴、铋、镉、钛、锆、锑、锰、铬、锗、钒、铍、镓、铪、铟、铌（钶）、铼、铊〕。

（三）品目28.05的水银。

（四）品目28.44的金属。

在某些情况下，矿砂用于提取锰铁或铬铁之类的合金。

除条文另有规定的以外，含有一种以上矿物的矿砂及精矿，应根据归类总规则第三条（二）款或（三）款归入品目26.01至26.17中的相应品目。

品目26.01至26.17不包括：

（一）虽含上述金属，但属以下情况的矿砂：

1. 其他品目已经列名的，例如，未焙烧黄铁矿（品目25.02）、天然冰晶石及天然锥冰晶石（品目25.30）。

2. 所含金属无商业提炼价值的，例如，土色料、明矾石（品目25.30）、宝石或半宝石(第71章)。

(二)报验时为用于提炼镁的矿物,即白云石(品目25.18)、菱镁矿(品目25.19)及光卤石(品目31.04)。

(三)品目28.05所列碱金属或碱土金属(即,锂、钠、钾、铷、铯、钙、锶及钡)的矿物;含盐的上述矿物(品目25.01)、重晶石及毒重石(品目25.11)、菱锶矿、天青石、冰洲晶石及霰石(品目25.30)。

(四)从其脉石或杂矿石中分选出来的天然金属(例如,金属块或金属粒)及天然合金,它们归入第十四类或第十五类。

(五)品目25.30的稀土金属矿砂。

26.01 铁矿砂及其精矿,包括焙烧黄铁矿:
—铁矿砂及其精矿,但焙烧黄铁矿除外
20—焙烧黄铁矿
26.02 锰矿砂及其精矿,包括以干重计含锰量在20%及以上的锰铁矿及其精矿
26.03 铜矿砂及其精矿
26.04 镍矿砂及其精矿
26.05 钴矿砂及其精矿
26.06 铝矿砂及其精矿
26.07 铅矿砂及其精矿
26.08 锌矿砂及其精矿
26.09 锡矿砂及其精矿
26.10 铬矿砂及其精矿
26.11 钨矿砂及其精矿
26.12 铀或钍矿砂及其精矿:
10—铀矿砂及其精矿
20—钍矿砂及其精矿
26.13 钼矿砂及其精矿:
10—已焙烧
90—其他
26.14 钛矿砂及其精矿
26.15 铌、钽、钒或锆矿砂及其精矿:
10—锆矿砂及其精矿
90—其他
26.16 贵金属矿砂及其精矿:
10—银矿砂及其精矿
90—其他

26.17 其他矿砂及其精矿：
10—锑矿砂及其精矿
90—其他
26.18 冶炼钢铁所产生的粒状熔渣(熔渣砂)
26.19 冶炼钢铁所产生的熔渣、浮渣(粒状熔渣除外)、氧化皮及其他废料
26.20 含有金属、砷及其化合物的矿渣、矿灰及残渣(冶炼钢铁所产生的灰、渣除外)：
—主要含锌
—主要含铅
30—主要含铜
40—主要含铝
60—含有砷、汞、铊及其混合物,用于提取或生产砷、汞、铊及其化合物
—其他
26.21 其他矿渣及矿灰,包括海藻灰(海草灰)；焚化城市垃圾所产生的灰、渣：
10—焚化城市垃圾所产生的灰、渣
90—其他

第27章排列结构

总的来说,本章包括煤及其他天然矿物燃料、石油及从沥青矿物提取的油、这些油的蒸馏产品以及用任何其他方法获得的类似产品,也包括矿物蜡及天然沥青物质。本章的货品可以是天然的,也可以是精制的；除甲烷及丙烷以外,其余的如果是单独的已有化学定义的有机化合物或处于商业纯状态的,应归入第29章。对于某些这类化合物(例如,乙烷、苯、酚、吡啶),品目29.01、29.07及29.33的注释列有其具体纯度标准。甲烷及丙烷,即使是纯净的,也归入品目27.11。

本章注释二及品目27.07所称“芳族成分”,是指含有芳香素的整个分子(不论其侧链多少及长短)而不是仅指这些分子的芳香部分。

本章不包括：

(一)品目30.03或30.04的药品。

(二)芳香料制品、化妆品或盥洗品(品目33.03至33.07)。

(三)香烟打火机及类似打火器充气用的液体燃料或液化气体燃料,其包装容器的容量不超过300立方厘米的(品目36.06)。

27.01 煤；煤砖、煤球及用煤制成的类似固体燃料：
27.01 煤；煤砖、煤球及用煤制成的类似固体燃料：
—煤,不论是否粉化,但未制成型
20—煤砖、煤球及用煤制成的类似固体燃料

27.02 褐煤,不论是否制成型,但不包括黑玉:

10—褐煤,不论是否粉化,但未制成型

20—制成型的褐煤

27.03 泥煤(包括肥料用泥煤),不论是否制成型

27.04 煤、褐煤或泥煤制成的焦炭及半焦炭,不论是否制成型;甑炭

27.05 煤气、水煤气、炉煤气及类似气体,但石油气及其他烃类气除外

27.06 从煤、褐煤或泥煤蒸馏所得的焦油及其他矿物焦油,不论是否脱水或部分蒸馏,包括再造焦油

27.07 蒸馏高温煤焦油所得的油类及其他产品;芳族成分重量超过非芳族成分的类似产品:

10—粗苯

20—粗甲苯

30—粗二甲苯

40—萘

50—其他芳烃混合物,温度在250℃时蒸馏出的芳烃含量以体积计(包括损耗)在65%及以上(以美国标准试验法D86为准)

—其他

27.08 从煤焦油或其他矿物焦油所得的沥青及沥青焦:

10—沥青

20—沥青焦

27.09 石油原油及从沥青矿物提取的原油

27.10 石油及从沥青矿物提取的油类,但原油除外;以上述油为基本成分(按重量计不低于70%)的其他品目未列名制品;废油:

—石油及从沥青矿物提取的油类(但原油除外),以及以上述油为基本成分(按重量计不低于70%)的其他品目未列名制品,但废油除外

—废油

27.11 石油气及其他烃类气:

—液化的

—气态的

27.12 凡士林;石蜡、微晶石蜡、疏松石蜡、地蜡、褐煤蜡、泥煤蜡、其他矿物蜡及用合成或其他方法制得的类似产品,不论是否着色:

10—凡士林

20—石蜡,按重量计含油量小于0.75%

90—其他

27.13 石油焦、石油沥青及其他石油或从沥青矿物提取的油类的残渣:

—石油焦

20—石油沥青

90—其他石油或从沥青矿物提取的油类的残渣

27.14 天然沥青(地沥青)、沥青页岩、油页岩及焦油砂;沥青岩:

10—沥青页岩、油页岩及焦油砂

90—其他

27.15 以天然沥青(地沥青)、石油沥青、矿物焦油或矿物焦油沥青为基本成分的沥青混合物(例如,沥青胶粘剂、稀释沥青)

27.16 电力(选择性品目)

第六类 化学工业及其相关工业的产品
(第 28 章至第 38 章)

(一)主要内容

本类共 11 章(第 28 章至第 38 章),可分成两部分。第一部分为第 28 章至第 29 章,主要为单独的已有化学定义的化学品(其中元素和无机化合物归第 28 章,有机化合物归第 29 章);第二部分为第 30 章至第 38 章,主要为按用途分类的化工品。

本类第一部分与第二部分在归类时的区别:一般情况下,如果一种化工品是单独的化学元素及单独的已有化学定义的化合物(包括无机化合物和有机化合物),则应归入第 28 或 29 章;如果不符合这一点,而是由几种不同化学成份混合配制而成的,则主要按其用途归类,应归入第 30 章至第 38 章,如果按其用途找不到相符的品目条文时,则按照未列名化工产品归入子目 3824.9090。当然,品目条文、章注、类注另有规定的除外。

(二)排列结构

第 28 章排列结构

28.01 氟、氯、溴及碘:

10—氯

20—碘

30—氟;溴

28.02 升华硫磺、沉淀硫磺;胶态硫磺

28.03 碳(碳黑及其他品目未列名的其他形态的碳)

28.04 氢、稀有气体及其他非金属:

10—氢

—稀有气体

30—氮

40—氧

50—硼;碲

—硅

70—磷
80—砷
90—硒
28.05 碱金属、碱土金属;稀土金属、钪及钇,不论是否相互混合或相互熔合;汞:
—碱金属及碱土金属
30—稀土金属、钪及钇,不论是否相互混合或相互熔合
40—汞

第二分章 无机酸及非金属无机氧化物

28.06 氯化氢(盐酸);氯磺酸:
10—氯化氢(盐酸)
20—氯磺酸
28.07 硫酸;发烟硫酸
28.08 硝酸;磺硝酸
28.09 五氧化二磷;磷酸;多磷酸,不论是否已有化学定义:
10—五氧化二磷
20—磷酸及多磷酸
28.10 硼的氧化物;硼酸
28.11 其他无机酸及非金属无机氧化物:
—其他无机酸
—其他非金属无机氧化物

第三分章 非金属卤化物及硫化物

28.12 非金属卤化物及卤氧化物:
10—氯化物及氯氧化物
90—其他
28.13 非金属硫化物;商品三硫化二磷:
10—二硫化碳
90—其他

第四分章 无机碱和金属氧化物、氢氧化物及过氧化物

28.14 氨及氨水:
10—氨
20—氨水
28.15 氢氧化钠(烧碱);氢氧化钾(苛性钾);过氧化钠及过氧化钾:
—氢氧化钠(烧碱)
20—氢氧化钾(苛性钾)
30—过氧化钠及过氧化钾
28.16 氢氧化镁及过氧化镁;锶或钡的氧化物、氢氧化物及过氧化物:

10—氢氧化镁及过氧化镁
40—锶或钡的氧化物、氢氧化物及过氧化物
28.17 氧化锌及过氧化锌
28.18 人造刚玉,不论是否已有化学定义;氧化铝;氢氧化铝:
10—人造刚玉,不论是否已有化学定义
20—氧化铝,但人造刚玉除外
30—氢氧化铝
28.19 铬的氧化物及氢氧化物:
10—三氧化铬
90—其他
28.20 锰的氧化物:
10—二氧化锰
90—其他
28.21 铁的氧化物及氢氧化物;土色料,按重量计三氧化二铁含量在70%及以上:
10—铁的氧化物及氢氧化物
20—土色料
28.22 钴的氧化物及氢氧化物;商品氧化钴
28.23 钛的氧化物
28.24 铅的氧化物;铅丹及铅橙:
10——氧化铅(铅黄、黄丹)
28.25 肼(联氨)、胲(羟胺)及其无机盐;其他无机碱;其他金属氧化物、氢氧化物及过氧化物:
10—肼(联氨)、胲(羟胺)及其无机盐
20—锂的氧化物及氢氧化物
30—钒的氧化物及氢氧化物
40 镍的氧化物及氢氧化物
50—铜的氧化物及氢氧化物
60—锗的氧化物及二氧化锆
70—钼的氧化物及氢氧化物
80—锑的氧化物
90—其他

第五分章 无机酸盐、无机过氧酸盐及金属酸盐、金属过氧酸盐

28.26 氟化物;氟硅酸盐、氟铝酸盐及其他氟络盐:
—氟化物
30—六氟铝酸钠(人造冰晶石)
90—其他

28.27 氯化物、氯氧化物及氢氧基氯化物;溴化物及溴氧化物;碘化物及碘氧化物:
10—氯化铵
20—氯化钙
—其他氯化物
—氯氧化物及氢氧基氯化物
—溴化物及溴氧化物
60—碘化物及碘氧化物
28.28 次氯酸盐;商品次氯酸钙;亚氯酸盐;次溴酸盐:
10—商品次氯酸钙及其他钙的次氯酸盐
90—其他
28.29 氯酸盐及高氯酸盐;溴酸盐及过溴酸盐;碘酸盐及高碘酸盐:
—氯酸盐
90—其他
28.30 硫化物;多硫化物,不论是否已有化学定义:
10—钠的硫化物
90—其他
28.31 连二亚硫酸盐及次硫酸盐:
10—钠的连二亚硫酸盐及次硫酸盐
90—其他
28.32 亚硫酸盐;硫代硫酸盐:
10—钠的亚硫酸盐
20—其他亚硫酸盐
30—硫代硫酸盐
28.33 硫酸盐;矾;过硫酸盐:
—钠的硫酸盐
—其他硫酸盐
30—矾
40—过硫酸盐
28.34 亚硝酸盐;硝酸盐:
10—亚硝酸盐
—硝酸盐
21—硝酸钾
29—其他
28.35 次磷酸盐、亚磷酸盐及磷酸盐;多磷酸盐,不论是否已有化学定义:
10—次磷酸盐及亚磷酸盐
—磷酸盐

—多磷酸盐

28.36 碳酸盐;过碳酸盐;含氨基甲酸铵的商品碳酸铵:

20—碳酸钠(纯碱)

30—碳酸氢钠(小苏打)

40—钾的碳酸盐

50—碳酸钙

60—碳酸钡

—其他

28.37 氰化物、氧氰化物及氰络合物:

—氰化物及氧氰化物

20—氰络合物

28.38

28.39 硅酸盐;商品碱金属硅酸盐:

—钠盐

90—其他

28.40 硼酸盐及过硼酸盐:

—四硼酸钠(精炼硼砂)

20—其他硼酸盐

30—过硼酸盐

28.41 金属酸盐及过金属酸盐:

30—重铬酸钠

50—其他铬酸盐及重铬酸盐;过铬酸盐

—亚锰酸盐、锰酸盐及高锰酸盐

70—钼酸盐

80—钨酸盐

90—其他

28.42 其他无机酸盐或过氧酸盐(包括不论是否已有化学定义的硅铝酸盐),但叠氮化物除外:

10—硅酸复盐或硅酸络盐,包括不论是否已有化学定义的硅铝酸盐

90—其他

第六分章　杂项产品

28.43 胶态贵金属;贵金属的无机或有机化合物,不论是否已有化学定义;贵金属汞齐:

10—胶态贵金属

—银化合物

30—金化合物

90—其他贵金属化合物;贵金属汞齐

28.44 放射性化学元素及放射性同位素(包括可裂变或可转换的化学元素及同位素)及其化合物;含上述产品的混合物及残渣:

10—天然铀及其化合物;含天然铀或天然铀化合物的合金、分散体(包括金属陶瓷)、陶瓷产品及混合物

20—U_{235}浓缩铀及其化合物;钚及其化合物;含U_{235}浓缩铀、钚或它们的化合物的合金、分散体(包括金属陶瓷)、陶瓷产品及混合物

30—U_{235}贫化铀及其化合物;钍及其化合物;含U_{235}贫化铀、钍或它们的化合物的合金、分散体(包括金属陶瓷)、陶瓷产品及混合物

40—除子目2844.10、2844.20及2844.30以外的放射性元素、同位素及其化合物;含这些元素、同位素及其化合物的合金、分散体(包括金属陶瓷)、陶瓷产品及混合物

50—核反应堆已耗尽(已辐照)的燃料元件(释热元件)

28.45 品目28.44以外的同位素;这些同位素的无机或有机化合物,不论是否已有化学定义:

10—重水(氧化氘)

90—其他

28.46 稀土金属、钇、钪及其混合物的无机或有机化合物:

10—铈的化合物

90—其他

28.47 过氧化氢,不论是否用尿素固化

28.48 磷化物,不论是否已有化学定义,但不包括磷铁

28.49 碳化物,不论是否已有化学定义:

10—碳化钙

20—碳化硅

90—其他

28.50 氢化物、氮化物、叠氮化物、硅化物及硼化物,不论是否已有化学定义,但可归入品目28.49的碳化物除外

28.51

28.52 汞的无机或有机化合物,汞齐除外

28.53 其他无机化合物(包括蒸馏水、导电水及类似的纯净水);液态空气(不论是否除去稀有气体)

第29章排列结构

第一分章　烃类及其卤化、磺化、硝化或亚硝化衍生物

29.01 无环烃:

10—饱和

—不饱和

29.02 环烃：

—环烷烃、环烯及环萜烯

20—苯

30—甲苯

—二甲苯

50—苯乙烯

60—乙苯

70—异丙基苯

90—其他

29.03 烃的卤化衍生物：

—无环烃的饱和氯化衍生物

—无环烃的不饱和氯化衍生物

—无环烃的氟化、溴化或碘化衍生物

—含有两种或两种以上不同卤素的无环烃卤化衍生物

—环烷烃、环烯烃或萜烯烃的卤化衍生物

—芳烃卤化衍生物

29.04 烃的磺化、硝化或亚硝化衍生物，不论是否卤化：

10—仅含磺基的衍生物及其盐和乙酯

20—仅含硝基或亚硝基的衍生物

90—其他

第二分章 醇类及其卤化、磺化、硝化或亚硝化衍生物

29.05 无环醇及其卤化、磺化、硝化或亚硝化衍生物：

—饱和一元醇

—不饱和一元醇

—二元醇

—其他多元醇

—无环醇的卤化、磺化、硝化或亚硝化衍生物

29.06 环醇及其卤化、磺化、硝化或亚硝化衍生物：

—环烷醇、环烯醇及环萜烯醇

—芳香醇

第三分章 酚、酚醇及其卤化、磺化、硝化或亚硝化衍生物

29.07 酚；酚醇：

——元酚

—多元酚；酚醇

29.08 酚及酚醇的卤化、磺化、硝化或亚硝化衍生物：
—仅含卤素取代基的衍生物及其盐
—其他

第四分章 醚、过氧化醇、过氧化醚、过氧化酮、三节环环氧化物、缩醛及半缩醛及其卤化、磺化、硝化或亚硝化衍生物

29.09 醚、醚醇、醚酚、醚醇酚、过氧化醇、过氧化醚、过氧化酮（不论是否已有化学定义）及其卤化、磺化、硝化或亚硝化衍生物：
—无环醚及其卤化、磺化、硝化或亚硝化衍生物
—醚醇及其卤化、磺化、硝化或亚硝化衍生物
50—醚酚、醚醇酚及其卤化、磺化、硝化或亚硝化衍生物
60—过氧化醇、过氧化醚、过氧化酮及其卤化、磺化、硝化或亚硝化衍生物

29.10 三节环环氧化物、环氧醇、环氧酚、环氧醚及其卤化、磺化、硝化或亚硝化衍生物：
10—环氧乙烷（氧化乙烯）
20—甲基环氧乙烷（氧化丙烯）
30—1 - 氯 - 2,3 - 环氧丙烷（表氯醇）
40—狄氏剂（ISO,INN）
90—其他

29.11 缩醛及半缩醛，不论是否含有其他含氧基，及其卤化、磺化、硝化或亚硝化衍生物

第五分章 醛基化合物

29.12 醛，不论是否含有其他含氧基；环聚醛；多聚甲醛：
—不含其他含氧基的无环醛
—不含其他含氧基的环醛
—醛醚、醛酚及含其他含氧基的醛
50—环聚醛
60—多聚甲醛

29.13 品目 29.12 所列产品的卤化、磺化、硝化或亚硝化衍生物

第六分章 酮基化合物及醌基化合物

29.14 酮及醌，不论是否含有其他含氧基，及其卤化、磺化、硝化或亚硝化衍生物：
—不含其他含氧基的无环酮
—不含其他含氧基的环烷酮、环烯酮或环萜烯酮
—不含其他含氧基的芳香酮
40—酮醇及酮醛
50—酮酚及含有其他含氧基的酮
—醌：

70—卤化、磺化、硝化或亚硝化衍生物

第七分章 羧酸及其酸酐、酰卤化物、过氧化物和过氧酸以及它们的卤化、磺化、硝化或亚硝化衍生物

29.15 饱和无环一元羧酸及其酸酐、酰卤化物、过氧化物和过氧酸以及它们的卤化、磺化、硝化或亚硝化衍生物:

—甲酸及其盐和酯

—乙酸及其盐;乙酸酐

—乙酸酯

40—氯代乙酸、二氯乙酸或三氯乙酸及其盐和酯

50—丙酸及其盐和酯

60—丁酸、戊酸及其盐和酯

70—棕榈酸、硬脂酸及其盐和酯

90—其他

29.16 不饱和无环一元羧酸、环一元羧酸及其酸酐、酰卤化物、过氧化物和过氧酸以及它们的卤化、磺化、硝化或亚硝化衍生物:

—不饱和无环一元羧酸及其酸酐、酰卤化物、过氧化物和过氧酸以及它们的衍生物

20—环烷一元羧酸、环烯一元羧酸或环萜烯一元羧酸及其酸 酐、酰卤化物、过氧化物和过氧酸以及它们的衍生物

—芳香一元羧酸及其酸酐、酰卤化物、过氧化物和过氧酸以及它们的衍生物

29.17 多元羧酸及其酸酐、酰卤化物、过氧化物和过氧酸以及它们的卤化、磺化、硝化或亚硝化衍生物:

—无环多元羧酸及其酸酐、酰卤化物、过氧化物和过氧酸以及它们的衍生物

20—环烷多元羧酸、环烯多元羧酸、环萜烯多元羧酸及其酸酐、酰卤化物,过氧化物和过氧酸以及它们的衍生物

—芳香多元羧酸及其酸酐、酰卤化物、过氧化物和过氧酸以及它们的衍生物

29.18 含附加含氧基的羧酸及其酸酐、酰卤化物、过氧化物和过氧酸以及它们的卤化、磺化、硝化或亚硝化衍生物:

—含醇基但不含其他含氧基的羧酸及其酸酐、酰卤化物、过氧化物和过氧酸以及它们的衍生物

—含酚基但不含其他含氧基的羧酸及其酸酐、酰卤化物、过氧化物和过氧酸以及它们的衍生物

30—含醛基或酮基但不含其他含氧基的羧酸及其酸酐、酰卤化物、过氧化物

和过氧酸以及它们的衍生物

—其他

第八分章　非金属无机酸酯及其盐以及它们的卤化、磺化、硝化或亚硝化衍生物

29.19　磷酸酯及其盐，包括乳磷酸盐，以及它们的卤化、磺化、硝化或亚硝化衍生物：

10—三(2,3－二溴丙基)磷酸酯

90—其他

29.20　其他非金属无机酸酯(不包括卤化氢的酯)及其盐以及它们的卤化、磺化、硝化或亚硝化衍生物

—硫代磷酸酯及其盐以及它们的卤化、磺化、硝化或亚硝化衍生物

90—其他

第九分章　含氮基化合物

29.21　氨基化合物：

—无环单胺及其衍生物以及它们的盐

—无环多胺及其衍生物以及它们的盐

30—环烷单胺或多胺、环烯单胺或多胺、环萜烯单胺或多胺及其衍生物以及它们的盐

—芳香单胺及其衍生物以及它们的盐

—芳香多胺及其衍生物以及它们的盐

29.22　含氧基氨基化合物：

—氨基醇(但含有一种以上含氧基的除外)及其醚和酯，以及它们的盐

—氨基萘酚和其他氨基酚(但含有一种以上含氧基的除外)及其醚和酯，以及它们的盐

—氨基醛、氨基酮和氨基醌，但含有一种以上含氧基的除外，以及它们的盐

—氨基酸(但含有一种以上含氧基的除外)及其酯以及它们的盐

50—氨基醇酚、氨基酸酚及其他含氧基氨基化合物

29.23　季铵盐及季铵碱；卵磷脂及其他磷氨基类脂，不论是否已有化学定义：

10—胆碱及其盐

20—卵磷脂及其他磷氨基类脂

90—其他

29.24　羧基酰胺基化合物；碳酸酰胺基化合物：

—无环酰胺(包括无环氨基甲酸酯)及其衍生物以及它们的盐

—环酰胺(包括环氨基甲酸酯)及其衍生物以及它们的盐

29.25　羧基酰亚胺化合物(包括糖精及其盐)及亚胺基化合物：

—酰亚胺及其衍生物以及它们的盐

—亚胺及其衍生物以及它们的盐

29.26 腈基化合物：

10—丙烯腈

20—1－氰基胍（双氰胺）

30—芬普雷司（INN）及其盐；美沙酮（INN）中间体（4－氰基－2－二甲氨基－4,4－二苯基丁烷）

90—其他

29.27 重氮化合物、偶氮化合物及氧化偶氮化合物

29.28 肼（联氨）及胲（羟胺）的有机衍生物

29.29 其他含氮基化合物：

10—异氰酸酯

90—其他

第十分章　有机－无机化合物、杂环化合物、核酸及其盐以及磺（酰）胺

29.30 有机硫化合物：

20—硫代氨基甲酸盐（或酯）及二硫代氨基甲酸盐

30—一硫化二烃氨基硫羰、二硫化二烃氨基硫羰及四硫化二烃氨基硫羰

40—甲硫氨酸（蛋氨酸）

50—敌菌丹（ISO）及甲胺磷（ISO）

90—其他

29.31 其他有机－无机化合物

29.32 仅含氧杂原子的杂环化合物

—结构上含有一个非稠合呋喃环（不论是否氢化）的化合物

—内酯

—其他

29.33 仅含氮杂原子的杂环化合物：

—结构上含有一个非稠合吡唑环（不论是否氢化）的化合物

—结构上含有一个非稠合咪唑环（不论是否氢化）的化合物

—结构上含有一个非稠合吡啶环（不论是否氢化）的化合物

—结构上含有一个喹啉或异喹啉环系（不论是否氢化）的化合物，但未经进一步稠合的

—结构上含有一个嘧啶环（不论是否氢化）或哌嗪环的化合物

—结构上含有一个非稠合三嗪环（不论是否氢化）的化合物

—内酰胺

—其他

29.34 核酸及其盐，不论是否已有化学定义；其他杂环化合物：

10—结构上含有一个非稠合噻唑环（不论是否氢化）的化合物

20—结构上含有一个苯并噻唑环系(不论是否氢化)的化合物,但未经进一步稠合的

30—结构上含有一个吩噻嗪环系(不论是否氢化)的化合物,但未经进一步稠合的

—其他

29.35 磺(酰)胺

第十一分章 维生素原、维生素及激素

29.36 天然或合成再制的维生素原和维生素(包括天然浓缩物)及其主要用作维生素的衍生物,上述产品的混合物,不论是否溶于溶剂:

—未混合的维生素及其衍生物

90—其他,包括天然浓缩物

29.37 天然或合成再制的激素、前列腺素、血栓烷和白细胞三烯以及它们的衍生物和结构类似物,包括主要用作激素的改性链多肽:

—多肽激素、蛋白激素和糖蛋白激素以及它们的衍生物和结构类似物

—甾族激素及其衍生物及结构类似物

—儿茶酚胺激素及其衍生物和结构类似物

40—氨基酸衍生物

50—前列腺素、血栓烷和白细胞三烯及其衍生物和结构类似物

90—其他

第十二分章 天然或合成再制的苷(配糖物)、植物碱及其盐、醚、酯和其他衍生物

29.38 天然或合成再制的苷(配糖物)及其盐、醚、酯和其他衍生物:

10—芸香苷及其衍生物

90—其他

29.39 天然或合成再制的生物碱及其盐、醚、酯和其他衍生物:

—鸦片碱及其衍生物以及它们的盐

20—金鸡纳生物碱及其衍生物以及它们的盐

30—咖啡因及其盐

—麻黄碱类及其盐

—茶碱和氨茶碱及其衍生物以及它们的盐

—麦角生物碱及其衍生物以及它们的盐

—其他

第十三分章 其他有机化合物

29.40 化学纯糖,但蔗糖、乳糖、麦芽糖、葡萄糖及果糖除外;糖醚、糖缩醛和糖酯及其盐,但不包括品目29.37、29.38及29.39的产品

29.41 抗菌素:

10—青霉素和具有青霉烷酸结构的青霉素衍生物及其盐
20—链霉素及其衍生物以及它们的盐
30—四环素及其衍生物以及它们的盐
40—氯霉素及其衍生物以及它们的盐
50—红霉素及其衍生物以及它们的盐
90—其他

29.42 其他有机化合物

第30章排列结构

30.01 已干燥的器官疗法用腺体及其他器官,不论是否制成粉末;器官疗法用腺体、其他器官及其分泌物的提取物;肝素及其盐;其他供治疗或预防疾病用的其他品目未列名的人体或动物制品:
20—腺体、其他器官及其分泌物的提取物
90—其他

30.02 人血;治病、防病或诊断用的动物血制品;抗血清、其他血份及修饰免疫制品,不论是否通过生物工艺加工制得;疫苗、毒素、培养微生物(不包括酵母)及类似产品:
10—抗血清、其他血份及修饰免疫制品,不论是否通过生物工艺加工制得
20—人用疫苗
30—兽用疫苗
90—其他

30.03 两种或两种以上成分混合而成的治病或防病用药品(不包括品目30.02、30.05或30.06的货品),未配定剂量或制成零售包装:
10—含有青霉素及具有青霉烷酸结构的青霉素衍生物或链霉素及其衍生物
20—含有其他抗菌素
—含有激素或品目29.37的其他产品,但不含抗菌素
40—含有生物碱及其衍生物,但不含抗菌素及品目29.37的激素或其他产品
90—其他

30.04 由混合或非混合产品构成的治病或防病用药品(不包括品目30.02、30.05或30.06的货品),已配定剂量(包括制成皮肤摄入形式的)或制成零售包装:
10—含有青霉素及具有青霉烷酸结构的青霉素衍生物或链霉素及其衍生物
20—含有其他抗菌素
—含有激素或品目29.37的其他产品,但不含抗菌素
40—含有生物碱及其衍生物,但不含抗菌素及品目29.37的激素或其他产品
50—含有维生素或品目29.36所列产品的其他药品
90—其他

30.05 软填料、纱布、绷带及类似物品(例如,敷料、橡皮膏、泥罨剂),经过药物浸涂或制成零售包装供医疗、外科、牙科或兽医用:

10—胶粘敷料及有胶粘涂层的其他物品

90—其他

30.06 本章注释四所规定的医药用品:

10—无菌外科肠线、类似的无菌缝合材料(包括外科或牙科用无菌可吸收缝线)及外伤创口闭合用的无菌粘合胶布;无菌昆布及无菌昆布塞条;外科或牙科用无菌吸收性止血材料;外科或牙科用无菌抗粘连阻隔材料,不论是否可吸收

20—血型试剂

30—X 光检验造影剂;用于病人的诊断试剂

40—牙科粘固剂及其他牙科填料;骨骼粘固剂

50—急救药箱、药包

60—以激素、品目 29.37 其他产品或杀精子剂为基本成分的化学避孕药物

70—专用于人类或兽药的凝胶制剂,作为外科手术或体检时躯体部位的润滑剂,或者作为躯体和医疗器械之间的偶合剂

—其他

第 31 章排列结构

本章包括通常作天然或人造肥料用的绝大多数产品。

另一方面,本章不包括用于改良土壤,而非使土壤肥沃的产品,例如:

(一)石灰(品目 25.22)。

(二)泥灰及沃土(不论是否天然含有少量的肥效元素氮、磷或钾)(品目 25.30)。

(三)泥煤(品目 27.03)。

本章也不包括适用于种子、植物或土壤中用以帮助种子发芽及植物生长的微量营养素制品。它们可含有少量的肥效元素氮、磷、钾,但不作为基本成分(例如,品目 38.24)。

本章还不包括已制成的植物生长培养介质,例如,盆栽土,以泥煤、泥煤与砂的混合物、泥煤与粘土的混合物(品目 27.03)或泥土、砂、粘土等的混合物(品目 38.24)为基料制成。所有这些产品均可含有少量的氮、磷或钾肥效元素。

31.01 动物或植物肥料,不论是否相互混合或经化学处理;动植物产品经混合或化学处理制成的肥料

31.02 矿物氮肥及化学氮肥:

10—尿素,不论是否水溶液

—硫酸铵;硫酸铵和硝酸铵的复盐及混合物:

30—硝酸铵,不论是否水溶液

40—硝酸铵与碳酸钙或其他无肥效无机物的混合物

50—硝酸钠

60—硝酸钙和硝酸铵的复盐及混合物

80—尿素及硝酸铵混合物的水溶液或氨水溶液

90—其他,包括上述子目未列名的混合物

31.03 矿物磷肥及化学磷肥:

10—过磷酸钙

90—其他

31.04 矿物钾肥及化学钾肥:

20—氯化钾

30—硫酸钾

90—其他

31.05 含氮、磷、钾中两种或三种肥效元素的矿物肥料或化学肥料;其他肥料;制成片及类似形状或每包毛重不超过10公斤的本章各项货品:

10—制成片及类似形状或每包毛重不超过10公斤的本章各项货品

20—含氮、磷、钾三种肥效元素的矿物肥料或化学肥料

30—磷酸氢二铵

40—磷酸二氢铵及磷酸二氢铵与磷酸氢二铵的混合物

—其他含氮、磷两种肥效元素的矿物肥料或化学肥料

60—含磷、钾两种肥效元素的矿物肥料或化学肥料

90—其他

第32章排列结构

本章包括用于鞣制及软化皮革的制剂〔植物鞣膏、合成鞣料(不论是否与天然鞣料混合)以及人造脱灰碱液〕。

本章也包括植物、动物或矿物着色料及有机合成着色料;以及用这些着色料制成的大部分制剂(油漆、陶瓷着色颜料、墨水等)。还包括清漆、干燥剂及油灰等各种其他制品。

除品目32.03及32.04的货品、用作发光体的无机产品(品目32.06)、品目32.07所述形状的熔融石英或其他熔融硅石制成的玻璃、制成零售形式或包装的染料及其他着色料(品目32.12)外,本章不包括由已有化学定义的化学元素或化合物构成的产品,这些产品一般归入第28章或第29章。

品目32.08至32.10的某些油漆及清漆或品目32.14的胶粘剂,如果各种混合组分或某些添加组分(例如,硬化剂)必须在使用时才进行调配的,其组分若符合下

列条件仍应归入上述品目：

一、其包装形式足以表明这些成分不需经过改装就可一起使用的；

二、一起报验的；

三、这些成分的属性及相互比例足以表明是相互配用的。

但是对于使用时应加入硬化剂的产品，如报验时无硬化剂，只要这些产品的组分或包装形式足以表明用于调制油漆、清漆或胶粘剂，则仍应归入这些品目。

32.01 植物鞣料浸膏；鞣酸及其盐、醚、酯和其他衍生物：
10—坚木浸膏
20—荆树皮浸膏
90—其他

32.02 有机合成鞣料；无机鞣料；鞣料制剂，不论是否含有天然鞣料；预鞣用酶制剂：
10—有机合成鞣料
90—其他

32.03 动植物质着色料（包括染料浸膏，但动物碳黑除外），不论是否已有化学定义；本章注释三所述的以动植物质着色料为基本成分的制品

32.04 有机合成着色料，不论是否已有化学定义；本章注释三所述的以有机合成着色料为基本成分的制品；用作荧光增白剂或发光体的有机合成产品，不论是否已有化学定义：
—有机合成着色料及本章注释三所述的以有机合成着色料为基本成分的制品
20—用作荧光增白剂的有机合成产品
90—其他

32.05 色淀；本章注释三所述的以色淀为基本成分的制品

32.06 其他着色料；本章注释三所述的制品，但品目32.03、32.04及32.05的货品除外；用作发光体的无机产品，不论是否已有化学定义：
—以二氧化钛为基本成分的颜料及制品
20—以铬化合物为基本成分的颜料及制品
—其他着色料及其他制品：
50—用作发光体的无机产品

32.07 陶瓷、搪瓷及玻璃工业用的调制颜料、遮光剂、着色剂、珐琅和釉料、釉底料（泥釉）、光瓷釉以及类似产品；搪瓷玻璃料及其他玻璃，呈粉、粒或粉片状的：
10—调制颜料、遮光剂、着色剂及类似制品
20—珐琅和釉料、釉底料（泥釉）及类似制品
30—光瓷釉及类似制品

40—搪瓷玻璃料及其他玻璃,呈粉、粒或粉片状的

32.08 以合成聚合物或化学改性天然聚合物为基本成分的油漆及清漆(包括瓷漆及大漆),分散于或溶于非水介质的;本章注释四所述的溶液:

10—以聚酯为基本成分

20—以丙烯酸聚合物或乙烯聚合物为基本成分

90—其他

32.09 以合成聚合物或化学改性天然聚合物为基本成分的油漆及清漆(包括瓷漆及大漆),分散于或溶于水介质的:

10—以丙烯酸聚合物或乙烯聚合物为基本成分

32.10 其他油漆及清漆(包括瓷漆、大漆及水浆涂料);加工皮革用的水性颜料

32.11 配制的催干剂

32.12 制造油漆(含瓷漆)用的颜料(包括金属粉末或金属粉片),分散于非水介质中呈液状或浆状的;压印箔;零售形状及零售包装的染料或其他着色料:

10—压印箔

90—其他

32.13 艺术家、学生和广告美工用的颜料、调色料、文娱颜料及类似品,片状、管装、罐装、瓶装、扁盒装以及类似形状或包装的:

10—成套的颜料

90—其他

32.14 安装玻璃用油灰、接缝用油灰、树脂胶泥、嵌缝胶及其他类似胶粘剂;漆工用填料;非耐火涂面制剂,涂门面、内墙、地板、天花板等用:

10—安装玻璃用油灰、接缝用油灰、树脂胶泥、嵌缝胶及其他类似胶粘剂;漆工用填料

90—其他

32.15 印刷油墨、书写或绘图墨水及其他墨类,不论是否固体或浓缩:

—印刷油墨

90—其他

第33章排列结构

品目33.01的精油及提取的油树脂全部是从植物材料中提取制得的。所用的提取方法将决定所得产品的种类。例如,用蒸汽蒸馏或有机溶剂处理某些植物(例如,肉桂)即可制得精油或提取的油树脂。

品目33.03至33.07包括适合作这些品目所列用途的零售包装产品;不论是否混合(精油水馏液及水溶液除外)(参见本章注释三)。

品目33.03至33.07的产品,不论是否含有起辅助作用的药物或消毒成分,也不论是否具有辅助治疗或预防作用,都应归入这些品目〔参见第30章注释一(四)〕。

但室内除臭剂即使其消毒性能已超出辅助作用，仍应归入品目33.07。

除适合作上述用途外还适合作其他用途的制剂（例如，清漆）及未混合产品（例如，未加香料的滑石粉、漂白土、丙酮、明矾），如果符合下列任一条件，仍应归入上述品目：

一、零售包装并贴有标签、说明或其他标志，表明用作芳香料制品、化妆盥洗品或室内除臭剂。

二、包装形式足以表明专供这些用途的（例如，配有涂指甲用小刷子的小瓶装指甲油）。

本章不包括：

（一）凡士林，但制成零售包装供润肤用的除外（品目27.12）。

（二）具有芳香料制品、化妆品或盥洗品等辅助用途的药品（品目30.03或30.04）。

（三）用于人类或兽药的凝胶制剂，作为外科手术或体检时躯体部位的润滑剂，或者作为躯体和医疗器械之间的偶合剂（品目30.06）。

（四）肥皂及用肥皂或洗涤剂浸渍、涂布、包覆的纸、絮胎、毡呢及无纺织物（品目34.01）。

33.01 精油（无萜或含萜），包括浸膏及净油；香膏；提取的油树脂；用花香吸取法或浸渍法制成的含浓缩精油的脂肪、固定油、蜡及类似品；精油脱萜时所得的萜烯副产品；精油水馏液及水溶液：

—柑桔属果实的精油

—非柑桔属果实的精油

30—香膏

90—其他

33.02 工业原料用的芳香物质的混合物及以一种或多种芳香物质为基本成分的混合物（包括酒精溶液）；生产饮料用的以芳香物质为基本成分的其他制品：

10—食品或饮料工业用

90—其他

33.03 香水及花露水

33.04 美容品或化妆品及护肤品（药品除外），包括防晒油或晒黑油；指（趾）甲化妆品：

10—唇用化妆品

20—眼用化妆品

30—指（趾）甲化妆品

—其他

33.05 护发品：

10—洗发剂(香波)
20—烫发剂
30—定型剂
90—其他

33.06 口腔及牙齿清洁剂,包括假牙模膏及粉;清洁牙缝用的纱线(牙线),单独零售包装的:
10—洁齿品
20—清洁牙缝用的纱线(牙线)
90—其他

33.07 剃须用制剂、人体除臭剂、沐浴用制剂、脱毛剂和其他品目未列名的芳香料制品及化妆盥洗品;室内除臭剂,不论是否加香水或消毒剂:
10—剃须用制剂
20—人体除臭剂及止汗剂
30—香浴盐及其他沐浴用制剂
—室内散香或除臭制品,包括宗教仪式用的香
90—其他

第 34 章排列结构

本章主要包括通过工业处理各种油、脂或蜡而得的产品(例如,肥皂、某些润滑剂、调制蜡、某些光洁剂、蜡烛),也包括某些人造产品,例如,表面活性剂、表面活性制品及人造蜡。

本章不包括单独的已有化学定义的化合物,也不包括未混合或未经处理的天然产品。

34.01 肥皂;作肥皂用的有机表面活性产品及制品,条状、块状或模制形状的,不论是否含有肥皂;洁肤用的有机表面活性产品及制剂,液状或膏状并制成零售包装的,不论是否含有肥皂;用肥皂或洗涤剂浸渍、涂面或包覆的纸、絮胎、毡呢及无纺织物
—肥皂及有机表面活性产品及制品,条状、块状或模制形状的,以及用肥皂或洗涤剂浸渍、涂面或包覆的纸、絮胎、毡呢及无纺织物
20—其他形状的肥皂
30—洁肤用的有机表面活性产品及制剂,液状或膏状并制成零售包装的,不论是否含有肥皂

34.02 有机表面活性剂(肥皂除外);表面活性剂制品、洗涤剂(包括助洗剂)及清洁剂,不论是否含有肥皂,但品目 34.01 的产品除外:
—有机表面活性剂,不论是否零售包装

20—零售包装的制品

90—其他

34.03 润滑剂(包括以润滑剂为基本成分的切削油制剂、螺栓或螺母松开剂、防锈或防腐蚀制剂及脱模剂)及用于纺织材料、皮革、毛皮或其他材料油脂处理的制剂,但不包括以石油或从沥青矿物提取的油类为基本成分(按重量计不低于70%)的制剂:

—含有石油或从沥青矿物提取的油类

—其他

34.04 人造蜡及调制蜡:

20—聚氧乙烯(聚乙二醇)蜡

90—其他

34.05 鞋靴、家具、地板、车身、玻璃或金属用的光洁剂、擦洗膏、去污粉及类似制品(包括用这类制剂浸渍、涂面或包覆的纸、絮胎、毡呢、无纺织物、泡沫塑料或海绵橡胶),但不包括品目34.04的蜡:

10—鞋靴或皮革用的上光剂及类似制品

20—保养木制家具、地板或其他木制品用的上光剂及类似制品

30—车身用的上光剂及类似制品,但金属用的光洁剂除外

40—擦洗膏、去污粉及类似制品

90—其他

34.06 各种蜡烛及类似品

34.07 塑型用膏,包括供儿童娱乐用的在内;通称为"牙科用蜡"或"牙科造形膏"的制品,成套、零售包装或制成片状、马蹄形、条状及类似形状的;以熟石膏(煅烧石膏或硫酸钙)为基本成分的牙科用其他制品

第35章排列结构

35.01 酪蛋白、酪蛋白酸盐及其他酪蛋白衍生物;酪蛋白胶:

10—酪蛋白

90—其他

35.02 白蛋白(包括按重量计干质成分的乳清蛋白含量超过80%的两种或两种以上的乳清蛋白浓缩物)、白蛋白盐及其他白蛋白衍生物:

—卵清蛋白

20—乳白蛋白,包括两种或两种以上的乳清蛋白浓缩物

90—其他

35.03 明胶(包括长方形、正方形明胶薄片,不论是否表面加工或着色)及其衍生物;鱼鳔胶;其他动物胶,但不包括品目35.01的酪蛋白胶

35.04 蛋白胨及其衍生物;其他品目未列名的蛋白质及其衍生物;皮粉,不论是否加

入铬矾

35.05 糊精及其他改性淀粉（例如，预凝化淀粉或酯化淀粉）；以淀粉、糊精或其他改性淀粉为基本成分的胶：

10—糊精及其他改性淀粉

20—胶

35.06 其他品目未列名的调制胶及其他调制粘合剂；适于作胶或粘合剂用的产品，零售包装每件净重不超过1公斤：

10—适于作胶或粘合剂用的产品，零售包装每件净重不超过1公斤

—其他

35.07 酶；其他品目未列名的酶制品：

10—粗制凝乳酶及其浓缩物

90—其他

第36章排列结构

本章包括发射药及配制炸药，即以本身含有燃烧所必需的氧气并在燃烧中产生大量高温气体为特征的混合物。

本章还包括引爆时所需的辅助产品（雷管或火帽、引爆管等）。

用爆炸、发火、易燃或可燃的材料制成的用以产生光、声、烟、火焰或火花的制品（例如，烟火制品、火柴、铈铁及某些易燃材料制品）也归入本章。

除品目36.06注释二（一）、二（二）1及二（二）2所述的某些燃料外，本章不包括单独的已有化学定义的化合物（通常归入第28章或第29章）。本章也不包括第93章的弹药。

36.01 发射药

36.02 配制炸药，但发射药除外

36.03 安全导火索；导爆索；火帽或雷管；引爆器；电雷管

36.04 烟花、爆竹、信号弹、降雨火箭、浓雾信号弹及其他烟火制品：

10—烟花、爆竹

90—其他

36.05 火柴，但品目36.04的烟火制品除外

36.06 各种形状的铈铁及其他引火合金；本章注释二所述的易燃材料制品：

10—直接灌注香烟打火机及类似打火器用的液体燃料或液化气体燃料，其包装容器的容积不超过300立方厘米

90—其他

第37章排列结构

第37章的感光硬片、软片、纸、纸板及纺织物都涂有一层或多层对光线、其他具有足够能量使感光材料起必要反应的射线(即在电磁光谱中波长不超过1 300纳米的射线,包括γ-射线、X-射线、紫外线及近红外线)及粒子(或核子)射线敏感的乳剂,不论其是单色还是彩色显像的。但某些感光硬片不涂感光乳剂而是全部或基本由可附于基板上的感光塑料构成。

最普通的乳剂是以卤化银(溴化银、溴碘化银等)或其他贵金属盐为基本成分的,但也有使用其他材料的,例如,供蓝图用的铁氰酸钾或其他铁化合物,照相制版雕刻用的重铬酸钾及重铬酸铵,重氮乳剂用的重氮盐等。

一、归入本章的硬片及软片有:

(一)未曝光,即未受光或其他射线的作用;

(二)已曝光,不论是否冲洗(即经化学处理使图像显现)。

归入本章硬片及软片可以是负片(即明暗相反)、正片(包括用以复制正片用的翻正片)或反转片(即涂有特种乳剂直接产生正片的片子)。

二、未冲洗的感光纸、纸板及布,不论是未曝光或曝光(负片或正片),均归入本章;但它们冲洗后则应归入第49章或第十一类。

根据品目37.07的注释解释,本章也包括符合该注释规定条件的摄影用化学产品及闪光灯材料。

本章不包括废碎料。主要用于回收贵金属的含贵金属或贵金属化合物的摄影或电影废碎料应归入品目71.12。其他的摄影或电影废碎料应根据其构成材料归类(例如,塑料的应归入品目39.15,纸的应归入品目47.07)。

37.01 未曝光的摄影感光硬片及平面软片,用纸、纸板及纺织物以外任何材料制成;未曝光的一次成像感光平片,不论是否分装:

10—X光用

20—一次成像平片

30—其他硬片及软片,任何一边超过255毫米

—其他

37.02 成卷的未曝光摄影感光胶片,用纸、纸板及纺织物以外任何材料制成;未曝光的一次成像感光卷片:

10—X光用

—无齿孔的其他胶片,宽度不超过105毫米

—无齿孔的其他胶片,宽度超过105毫米

—彩色摄影用的其他胶片

—其他

37.03 未曝光的摄影感光纸、纸板及纺织物:

10—成卷,宽度超过 610 毫米

20—其他,彩色摄影用

90—其他

37.04 已曝光未冲洗的摄影硬片、软片、纸、纸板及纺织物

37.05 已曝光已冲洗的摄影硬片及软片,但电影胶片除外

10—供复制胶版用

90—其他

37.06 已曝光已冲洗的电影胶片,不论是否配有声道或仅有声道:

10—宽度在 35 毫米及以上

90—其他

37.07 摄影用化学制剂(不包括上光漆、胶水、粘合剂及类似制剂);摄影用未混合产品,定量包装或零售包装可立即使用的:

10—感光乳液

90—其他

第 38 章排列结构

本章包括许多化学产品及相关产品。

本章不包括单独的已有的化学定义的元素及化合物(通常归入第 28 章或第 29 章),但下列除外:

(一)人造石墨(品目 38.01)。

(二)制成品目 38.08 所述形状或包装的杀虫剂、杀鼠剂、杀菌剂、除草剂、抗萌剂、植物生长调节剂、消毒剂及类似产品。

(三)灭火器的装配药及已装药的灭火弹(品目 38.13)。

(四)每颗重量不低于 2.5 克的氧化镁、碱金属或碱土金属卤化物制成的培养晶体(光学元件除外)(品目 38.24)。

(五)零售包装的除墨剂(品目 38.24)。

本章注释一(二)所称"食物或其他营养物质",主要包括第一类至第四类的食用产品。

所称"食物或其他营养物质",也包括某些其他产品,例如,用于食品中作矿物添加剂的第 28 章产品、品目 29.05 的糖醇、品目 29.22 的人体所需的氨基酸、品目 29.23 的卵磷脂、品目 29.36 的维生素原及维生素、品目 29.40 的糖、品目 30.02 的用于食品的动物血份、品目 35.01 的酪蛋白及酪蛋白酸盐、品目 35.02 的白蛋白、品目 35.03 的食用明胶、品目 35.04 的食用蛋白质、品目 35.05 的糊精及其他食用改性淀粉、品目 38.24 的山梨醇、第 39 章的食用产品(例如,品目 39.13 的支链淀粉及直链淀粉)。但应注意,上述所列产品仅是简单举例而已,不应视作有关产品已全部列出。

引用本章注释一(二)的规定时,混合物中含有"食物或其他营养物质"不一定就不能归入第38章。本章注释一(二)所限定不能归入第38章的仅是那些用于配制食品的混合物。

38.01 人造石墨;胶态或半胶态石墨,以石墨或其他碳为基本成分的糊状、块状、板状制品或半制品:
10—人造石墨
20—胶态或半胶态石墨
30—电极用碳糊及炉衬用的类似糊
90—其他
38.02 活性碳;活性天然矿产品;动物炭黑,包括废动物炭黑:
10—活性碳
90—其他
38.03 妥尔油,不论是否精炼
38.04 木浆残余碱液,不论是否浓缩、脱糖或经化学处理,包括木素磺酸盐,但不包括品目38.03的妥尔油
38.05 脂松节油、木松节油和硫酸盐松节油及其他萜烯油,用蒸馏或其他方法从针叶木制得;粗制二聚戊烯;亚硫酸盐松节油及其他粗制对异丙基苯甲烷;以α萜品醇为基本成分的松油:
10—脂松节油、木松节油和硫酸盐松节油
90—其他
38.06 松香和树脂酸及其衍生物;松香精及松香油;再熔胶:
10—松香及树脂酸
20—松香盐、树脂酸盐及松香或树脂酸衍生物的盐,但松香加合物的盐除外
30—酯胶
90—其他
38.07 木焦油;精制木焦油;木杂酚油;粗木精;植物沥青;以松香、树脂酸或植物沥青为基本成分的啤酒桶沥青及类似制品
38.08 杀虫剂、杀鼠剂、杀菌剂、除草剂、抗萌剂、植物生长调节剂、消毒剂及类似产品,零售形状、零售包装或制成制剂及成品(例如,经硫磺处理的带子、杀虫灯芯、蜡烛及捕蝇纸):
50—本章子目注释一所规定的货品
—其他:
38.09 纺织、造纸、制革及类似工业用的其他品目未列名的整理剂、染料加速着色或固色助剂及其他产品和制剂(例如,修整剂及媒染剂):
10—以淀粉物质为基本成分

—其他

38.10 金属表面酸洗剂;焊接用的焊剂及其他辅助剂;金属及其他材料制成的焊粉或焊膏;作焊条芯子或焊条涂料用的制品:

10—金属表面酸洗剂;金属及其他材料制成的焊粉或焊膏

90—其他

38.11 抗震剂、抗氧剂、防胶剂、粘度改良剂、防腐蚀制剂及其他配制添加剂,用于矿物油(包括汽油)或与矿物油同样用途的其他液体:

—抗震剂

—润滑油添加剂

90—其他

38.12 配制的橡胶促进剂;其他品目未列名的橡胶或塑料用复合增塑剂;橡胶或塑料用抗氧制剂及其他复合稳定剂:

10—配制的橡胶促进剂

20—橡胶或塑料用复合增塑剂

30—橡胶或塑料用抗氧制剂及其他复合稳定剂

38.13 灭火器的装配药;已装药的灭火弹

38.14 其他品目未列名的有机复合溶剂及稀释剂;除漆剂

38.15 其他品目未列名的反应引发剂、反应促进剂、催化剂:

—载体催化剂

90—其他

38.16 耐火的水泥、灰泥、混凝土及类似耐火混合制品,但品目38.01的产品除外

38.17 混合烷基苯及混合烷基萘,但品目27.07及29.02的货品除外

38.18 经掺杂用于电子工业的化学元素,已切成圆片、薄片或类似形状;经掺杂用于电子工业的化合物

38.19 闸用液压油及其他液压传动用液体,不含石油或从沥青矿物提取的油类,或者按重量计石油或从沥青矿物提取的油类含量低于70%

38.20 防冻剂及解冻剂

38.21 制成的供微生物(包括病毒及类似品)或植物细胞、人体细胞、动物细胞生长或维持用的培养基

38.22 附于衬背上的诊断或实验用试剂及不论是否附于衬背上的诊断或实验用配制试剂,但品目30.02及30.06的货品除外;检定参照物

38.23 工业用单羧脂肪酸;精炼所得的酸性油;工业用脂肪醇:

—工业用单羧脂肪酸;精炼所得的酸性油

70—工业用脂肪醇

38.24 铸模及铸芯用粘合剂;其他品目未列名的化学工业及其相关工业的化学产品及配制品(包括由天然产品混合组成的):

10—铸模及铸芯用粘合剂

30—自身混合或与金属粘合剂混合的未烧结金属碳化物

40—水泥、灰泥及混凝土用添加剂

50—非耐火的灰泥及混凝土

60—子目 2905. 44 以外的山梨醇

—含有甲烷、乙烷或丙烷的卤化衍生物的混合物

—含环氧乙烷(氧化乙烯)、多溴联苯(PBBs)、多氯联苯(PCBs)、多氯三联苯(PCTs)或三(2,3 - 二溴丙基)磷酸酯的混合物及制品

90—其他

38. 25 其他品目未列名的化学工业及其相关工业的副产品;城市垃圾;下水道淤泥;本章注释六所规定的其他废物:

10—城市垃圾

20—下水道淤泥

30—医疗废物

—废有机溶剂

50—废的金属酸洗液、液压油、制动油及防冻液

—其他化学工业及相关工业的废物

90—其他

第七类 塑料及其制品;橡胶及其制品

(第 39 章至第 40 章)

(一)主要内容

本类共 2 章(第 39 章至第 40 章),是由高分子聚合物组成的塑料与橡胶以及它们的制品。

(二)排列结构

第 39 章排列结构

类注一:

本注释是关于由两种或两种以上单独成分配套而成,其部分或全部组分属于第七类的货品的归类问题;并仅适用于其各组分准备于混合后构成第六类或第七类产品的配套货品。这类配套货品只要其组分符合本类注释一(一)至(三)款的条件,则应按其混合后的产品归入相应的品目。

必须注意,本类注释一不包括虽由两种或两种以上单独成分配套而成,其部分或全部组分也属于第七类范围以内,但在使用时却是相继加入而不是预先混合的货品。这些货品如属零售包装,应按归类总规则〔一般按规则三(二)〕归类;如属非零售包装,则按各单独成分分别归类。

类注二:

品目39.18的货品(塑料地衣品或糊墙品)及品目39.19的货品(胶粘塑料板等),即使以所印的花纹、字符或图画为其主要用途,仍归入上述品目而不归入第49章。但所有其他本类所列的塑料或橡胶货品,如以所印花纹、字画作为主要用途,均应归入第49章。

第一分章 初级形状

39.01 初级形状的乙烯聚合物:
10—聚乙烯,比重小于0.94
20—聚乙烯,比重在0.94及以上
30—乙烯-乙酸乙烯酯共聚物
90—其他

39.02 初级形状的丙烯或其他烯烃聚合物:
10—聚丙烯
20—聚异丁烯
30—丙烯共聚物
90—其他

39.03 初级形状的苯乙烯聚合物:
—聚苯乙烯
20—苯乙烯-丙烯腈(SAN)共聚物
30—丙烯腈-丁二烯-苯乙烯(ABS)共聚物
90—其他

39.04 初级形状的氯乙烯或其他卤化烯烃聚合物:
10—聚氯乙烯,未掺其他物质
—其他聚氯乙烯
30—氯乙烯-乙酸乙烯酯共聚物
40—其他氯乙烯共聚物
50—偏二氯乙烯聚合物
—氟聚合物
90—其他

39.05 初级形状的乙酸乙烯酯或其他乙烯酯聚合物;初级形状的其他乙烯基聚合物:
—聚乙酸乙烯酯
—乙酸乙烯酯共聚物
30—聚乙烯醇,不论是否含有未水解的乙酸酯基
—其他

39.06 初级形状的丙烯酸聚合物:
10—聚甲基丙烯酸甲酯

90—其他

39.07 初级形状的聚缩醛、其他聚醚及环氧树脂;初级形状的聚碳酸酯、醇酸树脂、聚烯丙基酯及其他聚酯:

10—聚缩醛

20—其他聚醚

30—环氧树脂

40—聚碳酸酯

50—醇酸树脂

60—聚对苯二甲酸乙二酯

70—聚乳酸

—其他聚酯

39.08 初级形状的聚酰胺:

10—聚酰胺-6、-11、-12,-6,6、-6,9、-6,10或-6,12

90—其他

39.09 初级形状的氨基树脂、酚醛树脂及聚氨酯类:

10—尿素树脂;硫脲树脂

20—蜜胺树脂

30—其他氨基树脂

40—酚醛树脂

50—聚氨基甲酸酯

39.10 初级形状的聚硅氧烷

39.11 初级形状的石油树脂、苯并呋喃-茚树脂、多萜树脂、多硫化物、聚砜及本章注释三所规定的其他品目未列名产品:

10—石油树脂、苯并呋喃树脂、茚树脂、苯并呋喃-茚树脂及多萜树脂

90—其他

39.12 初级形状的其他品目未列名的纤维素及其化学衍生物:

—乙酸纤维素

20—硝酸纤维素(包括胶棉)

—纤维素醚

90—其他

39.13 初级形状的其他品目未列名的天然聚合物(例如,藻酸)及改性天然聚合物(例如,硬化蛋白、天然橡胶的化学衍生物):

10—藻酸及其盐和酯

90—其他

39.14 初级形状的离子交换剂,以品目39.01至39.13的聚合物为基本成分的

第二分章　废碎料及下脚料；半制品；制成品

39.15　塑料的废碎料及下脚料：

10—乙烯聚合物的

20—苯乙烯聚合物的

30—氯乙烯聚合物的

90—其他塑料的

39.16　塑料制的单丝（截面直径超过1毫米）、条、杆、型材及异型材，不论是否经表面加工，但未经其他加工：

10—乙烯聚合物制

20—氯乙烯聚合物制

90—其他塑料制

39.17　塑料制的管子及其附件（例如，接头、肘管、法兰）：

10—硬化蛋白或纤维素材料制的人造肠衣（香肠用肠衣）

—硬管

—其他管

40—管子附件

39.18　块状或成卷的塑料铺地制品，不论是否胶粘；本章注释九所规定的塑料糊墙品：

10—氯乙烯聚合物制

90—其他塑料制

39.19　自粘的塑料板、片、膜、箔、带、扁条及其他扁平形状材料，不论是否成卷：

10—成卷，宽度不超过20厘米

90—其他

39.20　其他非泡沫塑料的板、片、膜、箔及扁条，未用其他材料强化、层压、支撑或用类似方法合制：

10—乙烯聚合物制

20—丙烯聚合物制

30—苯乙烯聚合物制

—氯乙烯聚合物制

—丙烯酸聚合物制

—聚碳酸酯、醇酸树脂、聚烯丙酯或其他聚酯制

—纤维素及其化学衍生物制

—其他塑料制

39.21　其他塑料板、片、膜、箔、扁条：

—泡沫塑料的

90—其他

39.22 塑料浴缸、淋浴盘、洗涤槽、盥洗盆、坐浴盆、便盆、马桶座圈及盖、抽水箱及类似卫生洁具：
10—浴缸、淋浴盘、洗涤槽及盥洗盆
20—马桶座圈及盖
90—其他

39.23 供运输或包装货物用的塑料制品；塑料制的塞子、盖子及类似品：
10—盒、箱(包括板条箱)及类似品
—袋及包(包括锥形的)
30—坛、瓶及类似品
40—卷轴、纡子、筒管及类似品
50—塞子、盖子及类似品
90—其他

39.24 塑料制的餐具、厨房用具、其他家庭用具及卫生或盥洗用具：
10—餐具及厨房用具
90—其他

39.25 其他品目未列名的建筑用塑料制品：
10—囤、柜、罐、桶及类似容器，容积超过300升
20—门、窗及其框架、门槛
30—窗板、百叶窗(包括威尼斯式百叶窗)或类似制品及其零件
90—其他

39.26 其他塑料制品及品目39.01至39.14所列其他材料的制品：
10—办公室或学校用品
20—衣服及衣着附件(包括分指手套、连指手套及露指手套)
30—家具、车厢或类似品的附件
40—小雕塑品及其他装饰品
90—其他

第40章排列结构

本章包括符合上述定义的橡胶原料或半制品，不论是否硫化或硬化，以及完全由橡胶制成或以橡胶为基本特征的制品，但本章注释二所列不包括的产品除外。

各品目的一般安排如下：

一、除注释五另有规定的以外，品目40.01及40.02主要包括初级形状或板、片及带状的生橡胶。

二、品目40.03及40.04包括初级形状或板、片及带状的再生橡胶，以及橡胶(硬质橡胶除外)的废碎料及下脚料和由其制得的粉末及颗粒。

三、品目40.05包括初级形状或板、片及带状的未硫化橡胶混合物。

四、品目40.06包括其他形状的未硫化橡胶及未硫化橡胶制品,不论未硫化橡胶是否混合。

五、品目40.07至40.16包括除硬质橡胶以外的硫化橡胶半制品及制成品。

六、品目40.17包括各种形状的硬质橡胶,以及硬质橡胶的废料、下脚料及制品。

40.01 天然橡胶、巴拉塔胶、古塔波胶、银胶菊胶、糖胶树胶及类似的天然树胶,初级形状或板、片、带:

10—天然胶乳,不论是否预硫化

—其他形状的天然橡胶

30—巴拉塔胶、古塔波胶、银胶菊胶、糖胶树胶及类似的天然树胶

40.02 合成橡胶及从油类提取的油膏,初级形状或板、片、带;品目40.01所列产品与本品目所列产品的混合物,初级形状或板、片、带:

—丁苯橡胶(SBR);羧基丁苯橡胶(XSBR)

20—丁二烯橡胶(BR)

—异丁烯-异戊二烯(丁基)橡胶(IIR);卤代丁基橡胶(CIIR或BIIR)

—氯丁二烯(氯丁)橡胶(CR)

—丁腈橡胶(NBR)

60—异戊二烯橡胶(IR)

70—乙丙非共轭二烯橡胶(EPDM)

80—品目40.01所列产品与本品目所列产品的混合物

—其他

40.03 再生橡胶,初级形状或板、片、带

40.04 橡胶(硬质橡胶除外)的废碎料、下脚料及其粉、粒

40.05 未硫化的复合橡胶,初级形状或板、片、带:

10—与碳黑或硅石混合

20—溶液;子目4005.10以外的分散体

—其他

40.06 其他形状(例如,杆、管或型材及异型材)的未硫化橡胶及未硫化橡胶制品(例如,盘、环):

10—轮胎翻新用胎面补料胎条

90—其他

40.07 硫化橡胶线及绳

40.08 硫化橡胶(硬质橡胶除外)制的板、片、带、杆或型材及异型材:

—海绵橡胶制

—非海绵橡胶制

40.09 硫化橡胶(硬质橡胶除外)制的管子,不论是否装有附件(例如,接头、肘管、

法兰)：
—未经加强或未与其他材料合制
—用金属加强或只与金属合制
—用纺织材料加强或只与纺织材料合制
—用其他材料加强或只与其他材料合制
40.10 硫化橡胶制的传动带或输送带及带料：
—输送带及带料
—传动带及带料
40.11 新的充气橡胶轮胎：
10—机动小客车(包括旅行小客车及赛车)用
20—客运机动车辆或货运机动车辆用
30—航空器用
40—摩托车用
50—自行车用
—其他
40.12 翻新的或旧的充气橡胶轮胎；实心或半实心橡胶轮胎、橡胶胎面及橡胶轮胎衬带：
—翻新轮胎
20—旧的充气轮胎
90—其他
40.13 橡胶内胎：
10—机动小客车(包括旅行小客车及赛车)、客运机动车辆或货运机动车辆用
20—自行车用
90—其他
40.14 硫化橡胶(硬质橡胶除外)制的卫生及医疗用品(包括奶嘴)，不论是否装有硬质橡胶制的附件：
10—避孕套
90—其他
40.15 硫化橡胶(硬质橡胶除外)制的衣着用品及附件(包括分指手套、连指手套及露指手套)：
—分指手套、连指手套及露指手套
90—其他
40.16 硫化橡胶(硬质橡胶除外)的其他制品：
10—海绵橡胶制
—其他

40.17 各种形状的硬质橡胶(例如,纯硬质胶),包括废碎料;硬质橡胶制品

第八类 生皮、皮革、毛皮及其制品;鞍具及挽具;旅行用品、手提包及类似品;动物肠线(蚕胶丝除外)制品 (第41章至第43章)

(一)主要内容

第八类共3章(第41章至第43章)。其中第41章只包括生皮和皮革,不包括制品,其结构按加工程度由低到高排列;第42章大部分是由第41章的原料经进一步加工制得的制品,同时还包括几乎由任何材料制成的包及旅行用品;第43章主要包括生毛皮、毛皮、人造毛皮及其制品。

(二)排列结构

第41章排列结构

本章包括:

一、生皮(指个头较大的四足动物的皮,但不包括带羽毛或羽绒的鸟皮及毛皮)(品目41.01至41.03)。这些品目还包括本章注释一(三)和品目41.01至41.03所述的带毛的动物生皮。

鞣制之前,应先将皮张经过一系列预处理工序,包括在碱性溶液中浸泡(软化皮张并除去保藏时的盐分),去毛、脱肉("刮肉"),然后除去在去毛工序中所残留的石灰及其他物质,最后进行漂洗。

品目41.01至41.03也包括经可逆性鞣制(包括预鞣)加工的不带毛生皮。这种加工可对皮张进行临时稳定化处理,以便进行剖层加工,并可临时防腐。在进行精加工之前,还需要进一步鞣制的皮张不能视为品目41.04至41.06的产品。

已经预鞣或进一步加工的带毛的皮张应按本章注释一(三)的规定不归入本章。

二、经鞣制或半硝处理但未经进一步加工的皮张(品目41.04至41.06)。鞣制可使皮张不腐烂,提高其防水性能。鞣酸渗入生皮组织,与胶原质形成交联。这是一种不可逆化学反应,可使产品性质稳定,耐热、轻质、透气,同时使皮张容易成型、便于使用。

皮张可经"植物鞣制"(在装有某种木料、树皮、树叶等或其汁液的鞣池中鞣制)、"矿物鞣制"(用矿物盐,例如,铬盐、铁盐或明矾鞣制)或"化学鞣制"(用甲醛或某些合成化学品鞣制)。有时上述3种鞣法并用。用明矾与盐的混合物鞣制厚革,称为"匈牙利鞣法",而在矾鞣中则使用盐、明矾、蛋黄及面粉的混合物进行鞣制。经过矾鞣的皮张主要用于制手套、衣服及鞋靴。

经鞣制或鞣制后进一步加工的皮张在贸易上称为"皮革"。鞣制后经干燥的皮革称为"坯革"。在半硝处理工序,可加入油脂或油以使坯革稍显润滑及柔软,也可在干燥前通过浸渍(例如,在鼓形圆桶中)对皮张进行复鞣或着色。

羊皮经油鞣及整理制成的油鞣皮革(包括结合鞣制的油鞣皮革)应归入品目

41.14。

三、鞣制或半硝处理后经进一步加工的皮革(品目41.07、41.12及41.13)。在鞣制或半硝处理后,皮革通常需作进一步处理(“加脂”)以清除表层疵斑,使之更加柔软及有更好的防水性等以供使用。这些工序包括软化、拉伸、削薄、搅打或使皮革表层变硬等处理,以及加油浸渍(“加脂”)。

皮革可再进一步加工,例如,采用表面着色剂或颜料着色、仿他种革的粒化或压花、上光、抛光、对肉面(有时粒面)磨光以产生绒面、打蜡、染黑、釉光、缎光、印花等。

羊皮纸化处理的皮革是生皮不经鞣制而用能保证其长期保存的方法制得的,即,将生皮加以柔化、去毛、刮肉、洗涤,然后绷紧固定在框架上,涂以含有白垩粉及苏打或熟石灰的粉浆,削刮至所需厚度,再用浮石磨平。最后可用明胶及淀粉加以处理。

质量较好的皮革称为“犊皮纸”,是用新生牛犊的皮制成的。这种皮用于精装书、重要文件或鼓面等。较厚的皮张(通常为大牛的皮)有时也用类似方法进行处理(较粗糙的产品称为“生牛皮”),用于制造机器零件、工具、旅行用品等。

四、油鞣皮革;漆皮及层压漆皮;镀金属皮革(品目41.14)。品目41.14包括品目条文列名并通过特种加工制成的具有特色的皮革。因此,本品目包括羊皮经油鞣及整理制成的油鞣皮革(包括结合鞣制的油鞣皮革);涂有一层清漆或大漆,或在皮革表面覆盖一层塑料膜的皮革(漆皮及层压漆皮);以及表面涂有或覆盖金属粉末或金属箔的皮革(镀金属皮革)。

五、以皮革或皮革纤维为基本成分的再生(粘合)皮革(品目41.15)。

六、皮革或再生皮革的边角废料(品目41.15)。本品目不包括生皮或毛皮的边角料及类似废料。

皮张和皮革,不论是整张(可去掉头、脚部分)、部分(例如,半边皮、肩皮、整张或半张背皮、腹皮、颊皮)、成条或成块的,均归入本章。但切成特殊形状的小块皮革应作为其他章的制品归类,特别是归入第42章或第64章。

剖层皮和剖层革应按整张皮或整张革的相应品目归类。剖层工序既可在鞣制前进行,也可在鞣制后进行。

41.01 生牛皮(包括水牛皮)、生马皮(鲜的、盐渍的、干的、石灰浸渍的、浸酸的或以其他方法保藏,但未鞣制、未经羊皮纸化处理或进一步加工的),不论是否去毛或剖层:

20—整张皮,简单干燥的每张重量不超过8公斤,干盐渍的不超过10公斤,鲜的、湿盐渍的或以其他方法保藏的不超过16公斤

50—整张皮,重量超过16公斤

90—其他,包括整张或半张的背皮及腹皮

41.02 绵羊或羔羊生皮(鲜的、盐渍的、干的、石灰浸渍的、浸酸的或经其他方法保藏,但未鞣制、未经羊皮纸化处理或进一步加工的),不论是否带毛或剖层,

但本章注释一(三)所述不包括的生皮除外:
10—带毛
—不带毛
41.03 其他生皮(鲜的、盐渍的、干的、石灰浸渍的、浸酸的或以其他方法保藏,但未鞣制、未经羊皮纸化处理或进一步加工的),不论是否去毛或剖层,但本章注释一(二)或(三)所述不包括的生皮除外:
20—爬行动物皮
30—猪皮
90—其他
41.04 经鞣制的不带毛牛皮(包括水牛皮)、马皮及其坯革,不论是否剖层,但未经进一步加工:
—湿革(包括蓝湿皮)
—干革(坯革)
41.05 经鞣制的不带毛绵羊或羔羊皮革及其坯革,不论是否剖层,但未经进一步加工:
10—湿革(包括蓝湿皮)
30—干革(坯革)
41.06 经鞣制的其他不带毛动物皮革及其坯革,不论是否剖层,但未经进一步加工:
—山羊或小山羊的
—猪的
40—爬行动物的
—其他
41.07 经鞣制或半硝处理后进一步加工的不带毛的牛皮革(包括水牛皮革)或马皮革,包括羊皮纸化处理的皮革,不论是否剖层,但品目41.14的皮革除外:
—整张的
其他,包括半张的
41.08
41.09
41.10
41.11
41.12 经鞣制或半硝处理后进一步加工的不带毛的绵羊或羔羊皮革,包括羊皮纸化处理的皮革,不论是否剖层,但品目41.14的皮革除外
41.13 经鞣制或半硝处理后进一步加工的不带毛的其他动物皮革,包括羊皮纸化处理的皮革,不论是否剖层,但品目41.14的皮革除外:
10—山羊或小山羊的
20—猪的

30—爬行动物的
90—其他
41.14 油鞣皮革(包括结合鞣制的油鞣皮革);漆皮及层压漆皮;镀金属皮革:
10—油鞣皮革(包括结合鞣制的油鞣皮革)
20—漆皮及层压漆皮;镀金属皮革
41.15 以皮革或皮革纤维为基本成分的再生皮革,成块、成张或成条的,不论是否成卷;皮革或再生皮革的边角废料,不适宜作皮革制品用;皮革粉末:
10—以皮革或皮革纤维为基本成分的再生皮革,成块、成张或成条的,不论是否成卷
20—皮革或再生皮革的边角废料,不适宜作皮革制品用;皮革粉末

第42章排列结构

本章主要包括皮革或再生皮革的制品。品目42.01及42.02也包括某些具有皮革业产品特征但是用其他材料制成的制品。本章还包括某些肠线、肠膜、膀胱或筋腱制品。

但某些皮革制品应归入其他各章,本章各品目的注释对此作了说明。

42.01 各种材料制成的鞍具及挽具(包括缰绳、挽绳、护膝垫、口套、鞍褥、马褡裢、狗外套及类似品),适合各种动物用
42.02 衣箱、提箱、小手袋、公文箱、公文包、书包、眼镜盒、望远镜盒、照相机套、乐器盒、枪套及类似容器;旅行包、食品或饮料保温包、化妆包、帆布包、手提包、购物袋、钱夹、钱包、地图盒、瓶盒、首饰盒、粉盒、刀叉餐具盒及类似容器,用皮革或再生皮革、塑料片、纺织材料、钢纸或纸板制成,或者全部或主要用上述材料或纸包覆制成:
—衣箱、提箱、小手袋、公文箱、公文包、书包及类似容器
—手提包,不论是否有背带,包括无把手的
—通常置于口袋或手提包内的物品
—其他
42.03 皮革或再生皮革制的衣服及衣着附件:
10—衣服
—手套,包括连指或露指的
30—腰带及子弹带
40—其他衣着附件
42.04
42.05 皮革或再生皮革的其他制品
42.06 肠线(蚕胶丝除外)、肠膜、膀胱或筋腱制品

第43章排列结构

本章包括：

一、生毛皮，但不包括品目41.01、41.02及41.03的生皮和皮张。

二、未缝制或已缝制的已鞣带毛皮张。

三、毛皮制的衣服、衣着附件及其他制品（品目43.03注释中所列不包括的物品除外）。

四、人造毛皮及其制品。

应该注意，带羽毛或羽绒的整张或部分鸟皮，不能作为毛皮对待，应归入品目05.05或67.01。

必须注意，品目43.01至43.03包括某些种类的野生动物的毛皮及其制品，这些野生动物现在正濒临灭绝，或如果不在贸易上严加控制它们就有可能灭绝。这些动物的种类列在《1973年关于濒危野生动、植物国际贸易的公约》（《华盛顿公约》）附录里。

43.01 生毛皮（包括适合加工皮货用的头、尾、爪及其他块、片），但品目41.01、41.02或41.03的生皮除外：

10—整张水貂皮，不论是否带头、尾或爪

30—下列羔羊的整张毛皮，不论是否带头、尾或爪：阿斯特拉罕、喀拉科尔、波斯羔羊及类似羔羊、印度、中国或蒙古羔羊

60—整张狐皮，不论是否带头、尾或爪

80—整张的其他毛皮，不论是否带头、尾或爪

90—适合加工皮货用的头、尾、爪及其他块、片

43.02 未缝制或已缝制（不加其他材料）的已鞣毛皮（包括头、尾、爪及其他块、片），但品目43.03的货品除外：

—未缝制的整张毛皮，不论是否带头、尾或爪

20—未缝制的头、尾、爪及其他块、片

30—已缝制的整张毛皮及其块、片

43.03 毛皮制的衣服、衣着附件及其他物品：

10—衣服及衣着附件

90—其他

43.04 人造毛皮及其制品

第九类　木及木制品；木炭；软木及软木制品；稻草、秸杆、针茅或其他编结材料制品；篮筐及柳条编结品
（第44章至第46章）

（一）主要内容

第九类共3章（第44章至第46章）。其中第44章主要包括木及其制品；第45

章主要包括软木及其制品;第 46 章主要包括各种编结材料制品。其中,第 44 章的结构是按照加工程度由低到高排列。

(二)排列结构

第 44 章排列结构

本章包括未加工的木材、木的半制成品及普通的木制品。

这些产品可大体分类如下:

一、原木(经砍伐、粗斩、粗锯成方、去皮等的木材)及薪柴、木废料及碎片、锯末、木片或木粒;箍木、木杆、木桩等;木炭;木丝及木粉;铁道及电车道用枕木(一般归入品目 44.01 至 44.06)。但本章不包括主要用作香料、药料、杀虫、杀菌或类似用途的木片、刨花、碎木、木粒及木粉(品目 12.11)以及主要作染料或鞣料的木片、刨花、木粒或木粉(品目 14.04)。

二、经锯、削、切片、旋切、刨平、砂光、端接,例如,指榫接合(即用类似交叉手指的拼接方法将短木块的两端粘合在一起,以获得较长的木材),以及制成连续形状的木材(品目 44.07 至 44.09)。

三、碎料板及类似木质材料板、纤维板、胶合板及强化木(品目 44.10 至 44.13)。

四、木制品(不包括本章注释一所列物品,以及下列各品目注释中所提及的其他制品)(品目 44.14 至 44.21)。

一般来说,凡属木板与塑料构成的建筑板材应归入本章。但这些板材应根据用途按其具有主要特性的表面进行归类。例如,用于屋顶、墙壁或地板作结构件的建筑板材,由一碎料板外层和一绝缘塑料层组成,不论塑料层有多厚,都应归入品目 44.10,因为是坚硬的木板部分使之能作为结构件,而塑料层只具有辅助的绝缘功能。另一方面,外层为塑料而木材仅起背衬支撑作用的板材则一般归入第 39 章。

未拼装或拆散的木制品,如果各部件同时报验,应按相应的完整木制品归类。同样,玻璃、大理石、金属或其他材料制的木制品的零、配件如果与木制品一同报验,则不论其是否装配在一起,均应按木制品归类。

品目 44.14 至 44.21 所列的木制品,适用于普通木材、碎料板及类似板、纤维板、胶合木或强化木所制得的物品(参见本章注释三)。

总的来说,在本协调制度中,木材的归类既不受因保存所需而进行处理的影响,例如,干燥、表面炭化、填缝及塞孔、浸杂酚油或其他木材防腐剂〔例如,煤焦油、五氯苯酚(ISO)、加铬的砷酸铜或含氨的砷酸铜〕,也不受涂油漆、着色剂或清漆的影响。然而,这些一般的规则不适用于品目 44.03 及 44.06 的子目,因为这些子目对某些涂油漆、着色剂或作防腐处理的木材在归类上作了明确的规定。

某些木质材料,例如,竹子及柳条,主要用于制造篮筐编结品。未加工状态的这些材料应归入品目 14.01,而制成篮筐的则归入第 46 章。但是,诸如竹片或竹粒之类的产品(用于制造碎料板、纤维板或植物纤维浆)及竹制品或其他木质材料制品(篮筐、家具或具体列入其他章的其他制品除外),除条文另有规定的以外(例如,品目 44.10 及 44.11)，应与本章相应的木产品或木制品一并归类(参见本章注释六)。

44.01 薪柴(圆木段、块、枝、成捆或类似形状)；木片或木粒；锯末、木废料及碎片，不论是否粘结成圆木段、块、片或类似形状：
10—薪柴(圆木段、块、枝、成捆或类似形状)
—木片或木粒

44.02 木炭(包括果壳炭及果核炭)，不论是否结块：
10—竹的
90—其他

44.03 原木，不论是否去皮、去边材或粗锯成方：
10—用油漆、着色剂、杂酚油或其他防腐剂处理
20—其他，针叶木的
—其他，本章子目注释所列的热带木的
—其他

44.04 箍木；木劈条；已削尖但未经纵锯的木桩；粗加修整但未经车圆、弯曲或其他方式加工的木棒，适合制手杖、伞柄、工具把柄及类似品；木片条及类似品：
10—针叶木的

44.05 木丝；木粉

44.06 铁道及电车道枕木：
10—未浸渍
90—其他

44.07 经纵锯、纵切、刨切或旋切的木材，不论是否刨平、砂光或端部接合，厚度超过 6 毫米：
10—针叶木
—本章子目注释所列的热带木
—其他

44.08 饰面用单板(包括刨切积层木获得的单板)、制胶合板或类似多层板用单板以及其他经纵锯、刨切或旋切的木材，不论是否刨平、砂光、拼接或端部结合，厚度不超过 6 毫米：
10—针叶木
—本章子目注释所列的热带木
90—其他

44.09 任何一边、端或面制成连续形状(舌榫、槽榫、半槽榫、斜角、V 形接头、珠榫、缘饰、刨圆及类似形状)的木材(包括未装拼的拼花地板用板条及缘板)，不论其任意一边或面是否刨平、砂光或端部接合：
10—针叶木

—非针叶木

44.10 碎料板、定向刨花板(OSB)及类似板(例如,华夫板),木或其他木质材料制,不论是否用树脂或其他有机粘合剂粘合:

—木制

90—其他

44.11 木纤维板或其他木质材料纤维板,不论是否用树脂或其他有机粘合剂粘合:

—中密度纤维板(MDF):

—其他

44.12 胶合板、单板饰面板及类似的多层板:

10—竹制的

—仅由薄木板制的其他胶合板(竹制除外),每层厚度不超过6毫米

—其他

44.13 强化木,成块、板、条或异型的

44.14 木制的画框、相框、镜框及类似品

44.15 包装木箱、木盒、板条箱、圆桶及类似的包装容器;木制电缆卷筒;木托板、箱形托盘及其他装载用木板;木制的托盘护框:

10—箱、盒、板条箱、圆桶及类似的包装容器;电缆卷筒

20—木托板、箱形托盘及其他装载用木板;木制的托盘护框

44.16 木制大桶、琵琶桶、盆和其他木制箍桶及其零件,包括桶板

44.17 木制的工具、工具支架、工具柄、扫帚及刷子的身及柄;木制鞋靴楦及楦头

44.18 建筑用木工制品,包括蜂窝结构木镶板、已装拼的地板、木瓦及盖屋板:

10—窗、法兰西式(落地)窗及其框架

20—门及其框架和门槛

40—水泥构件的模板

50—木瓦及盖屋板

60—柱及梁

—已装拼的地板

90—其他

44.19 木制餐具及厨房用具

44.20 镶嵌木(包括细工镶嵌木);装珠宝或刀具用的木制盒子和小匣子及类似品;木制小雕像及其他装饰品;第94章以外的木制家具:

10—木制小雕像及其他装饰品

90—其他

44.21 其他木制品:

10—衣架

90—其他

第45章排列结构

软木几乎全部来自生长在欧洲南部或非洲北部的栓皮槠树的外层树皮。

首次采剥的栓皮称为“处女”木栓，它质硬、易碎、无弹性，因质量次劣而价格低廉。其表层多泡并有裘缝，内层淡黄色带有红点。

随后采剥的产品有较重要的商业价值。它质密匀称，尽管表层仍有一定程度的裂缝，但比“处女”软木的皱纹要少。

软木质轻而富有弹性，可压缩性强，柔软，有不透水、抗腐蚀、绝热及隔音等特性。

本章包括各种形状的天然软木及压制软木（包括制品），但品目45.03注释末所列的不包括部分除外。

45.01　未加工或简单加工的天然软木；软木废料；碎的、粒状的或粉状的软木：

10—未加工或简单加工的天然软木

90—其他

45.02　天然软木，除去表皮或粗切成方形，或成长方块、正方块、板、片或条状（包括作塞子用的方块坯料）

45.03　天然软木制品：

10—塞子

90—其他

45.04　压制软木（不论是否使用粘合剂压成）及其制品：

10—块、板、片及条；任何形状的砖、瓦；实心圆柱休，包括圆片

90—其他

第46章排列结构

除丝瓜络制品以外，本章包括经交织、编织或类似方法将未纺材料组合起来的半制成品（品目46.01）及某些制成品（品目46.01和46.02）。这些未纺材料主要有：

一、稻草、秸秆、柳条、竹、灯芯草、藤、芦苇、木片条（例如，很薄条状的木）、拉拔木条、其他植物材料扁条（例如，树皮条、狭叶、酒椰叶纤维或其他从蕉叶或棕榈叶等阔叶获取的扁条），只要其状态或形状适于编织、交织或类似加工的。

二、未纺的天然纺织纤维。

三、第39章的塑料单丝、扁条及类似品（但不包括第54章的截面尺寸不超过1毫米的化纤单丝及表观宽度不超过5毫米的化纤扁条及类似品）。

四、纸带（包括包有塑料的纸）。

五、由纺织材料做芯（未纺的纤维、缠条等），绕或裹上塑料扁条，或厚厚地用塑料涂布所构成的某些材料，这些材料不再以芯子本身的纤维、缠条等为特征。

以上某些材料，特别是植物材料可经加工处理（例如，劈开、拉拔、削皮等或用

蜡、甘油等浸渍),使其更适合于编结、交织或类似加工。

下列材料不应作为本章的编结材料,其制成品或产品不归入本章:

(一)马毛(品目05.11或第十一类)。

(二)截面尺寸不超过1毫米的化纤单丝及表观宽度(即处于折叠、扁平、压紧或搓捻状态)不超过5毫米的扁条或扁平管条(包括纵向折叠的扁条及扁平管条),不论是否紧压或搓捻(人造草及类似品)(第十一类)。

(三)纺织粗纱(不包括以上第五款所述的全部用塑料包裹的在内)(第十一类)。

(四)用塑料浸渍、涂布、包覆或套裹的纺织纱线(第十一类)。

(五)皮革或再生皮革条(一般归入第41章或第42章)、毡呢或无纺织物扁条(第十一类)及人发扁条(第5章、第59章、第65章或第67章)。

另外,本章不包括:

1. 鞍具及挽具(品目42.01)。

2. 第四十四章的竹产品或竹制品。

3. 品目48.14的壁纸。

4. 线、绳、索、缆,即使是编结而成或用未纺纤维制成的(品目56.07)。

5. 用粘合剂粘合制成的有经纱而无纬纱的狭幅织物(包括匹头用带)(品目58.06)。

6. 第64章的鞋靴及其零件。

7. 第65章的帽类及其零件,包括帽坯。

8. 鞭子(品目66.02)。

9. 人造花(品目67.02)。

10. 编结而成的车辆或车身(第87章)。

11. 第94章的物品(例如,家具、灯具及照明装置)。

12. 第95章的物品(例如,玩具、游戏品及运动用品)。

13. 扫帚或刷子(品目96.03)、人体模型等(品目96.18)。

46.01 用编结材料编成的缏条及类似产品,不论是否缝合成宽条;平行连结或编织的成片编结材料、缏条或类似的编结材料产品,不论是否制成品(例如,席子、席料、帘子):

—植物材料制的席子、席料及帘子

—其他

46.02 用编结材料直接编成或用品目46.01所列货品制成的篮筐、柳条编结品及其他制品;丝瓜络制品:

—植物材料制

90—其他

第十类 木浆及其他纤维状纤维素浆;回收(废碎)纸或纸板;纸、纸板及其制品(第47章至第49章)

(一)主要内容

第十类共3章(第47章至第49章),并按加工程度分列于各章。

(二)排列结构

第47章排列结构

本章的纸浆主要为从各种植物材料或植物质纺织废料中获得的纤维素纤维。

国际贸易上最重要的纸浆是木浆,根据加工方法分为"机械木浆"、"化学木浆"、"半化学木浆"或"化学-机械木浆"。最常用的制浆木材是松木、云杉木及杨木,但也使用较硬的木材,例如,山毛榉木、栗木、桉木及某些热带树木。

其他用于制纸浆的材料包括:

一、棉短绒。

二、回收(废碎)纸或纸板。

三、破布(尤其是棉布、亚麻布或大麻布)及其他纺织废料(例如,旧绳)。

四、稻草、针茅、亚麻、苎麻、黄麻、大麻、西沙尔麻、蔗渣、竹及各种草和芦苇。

木浆可呈棕色或白色。它可用化学品半漂白或漂白,也可不经漂白。木浆加工后,如果进行了旨在提高其洁白度(亮度)的任何处理,均视为半漂白或漂白。

纸浆除可用于造纸业以外,一些纸浆(尤其是漂白浆)还可作为纤维素的原料用于制造各种产品,例如,人造纤维纺织材料、塑料、清漆及炸药,也可用于制牲口饲料。

纸浆报验时通常成张大包捆扎(不论是否打孔),湿的或干的;但有时成块状、卷状或呈粉末状及粉片状。

本章不包括:

(一)棉短绒(品目14.04)。

(二)由非粘结性聚乙烯或聚丙烯纤维片组成的合成纸浆(品目39.20)。

(三)纤维板(品目44.11)。

(四)纸浆制的滤块、滤板及滤片(品目48.12)。

(五)其他纸浆制品(第48章)。

47.01 机械木浆

47.02 化学木浆,溶解级

47.03 碱木浆或硫酸盐木浆,但溶解级的除外:

—未漂白

—半漂白或漂白

47.04 亚硫酸盐木浆,但溶解级的除外:

—未漂白

—半漂白或漂白

47.05　通过机械和化学联合制浆法制得的木浆

47.06　从回收(废碎)纸或纸板提取的纤维浆或其他纤维状纤维素浆:

10—棉短绒纸浆

20—从回收(废碎)纸或纸板提取的纤维浆

30—其他,竹浆

—其他

47.07　回收(废碎)纸或纸板:

10—未漂白的牛皮纸或纸板及瓦楞纸或纸板的

20—主要由漂白化学木浆制成未经本体染色的其他纸和纸板的

30—主要由机械浆制成的纸或纸板(例如,报纸、杂志及类似印刷品)的

90—其他,包括未分选的废碎品

第48章排列结构

本章包括:

一、成卷或成张的各类纸、纸板、纤维素絮纸及纤维素纤维网纸:

(一)品目48.01、48.02、48.04及48.05包括未涂布的机制纸,这些纸可根据需要进行施胶及一般上光(例如,蜡光、研光)处理。品目48.02还包括可经上述同样工艺处理的未涂布手工制纸。品目48.03包括家庭或卫生用的未涂布纸、纤维素絮纸及纤维素纤维网纸,这些纸可以经该品目所述的加工处理。本章注释三规定了品目48.01至48.05所列纸、纸板、纤维素絮纸及纤维素纤维网纸允许加工的范围。

品目48.01至48.05允许的加工范围是整个造纸工艺流程的一部分。这些品目中的纸品的一个特点是,纸品保有自然表面的外观及结构。对于涂布纸,其自然表面的不平整基本被涂料遮盖而消失。涂料形成一层新的、更为优质的非纤维素表面。

(二)品目48.06至48.11包括某些特种纸或纸板(例如,羊皮纸、防油纸、组合纸),或经过各种处理的纸、纸板、纤维素絮纸及纤维素纤维网纸。这些处理包括涂布、印图案、划线、浸渍、起纹、压花、打孔及制成瓦楞形。

品目48.11还包括某些以纸或纸板为底的铺地制品。

除品目条文另有规定的以外,符合上述品目中两个及以上品目规定的纸或纸板,应按序号归入有关品目中的最后一个品目(本章注释七)。

还须注意,品目48.01及48.03至48.09仅适用于下列规格的纸、纸板、纤维素絮纸及纤维素纤维网纸:

1.成条或成卷,宽度超过36厘米;

2.成张矩形(包括正方形),一边超过36厘米,另一边超过15厘米(以未折叠计)。

另一方面,品目48.02、48.10及48.11包括任何尺寸的成卷或成张矩形(包括正

方形)的纸及纸板。但除本章注释七另有规定的以外,直接用手工制得的任何尺寸或形状的毛边手工制纸及纸板仍应归入品目48.02。

二、纸浆制的滤块、滤板及滤片(品目48.12),卷烟纸,不论是否切成一定尺寸、成小本或管状(品目48.13),壁纸及类似品(参见本章注释九)和窗用透明纸(品目48.14)。

三、纸、纸板、纤维素絮纸及纤维素纤维网纸(不属品目48.02、48.10及48.11或以上第二款的货品),成卷或成张,所切尺寸小于以上第一款规定的尺寸,或切成矩形(包括正方形)以外任何形状;以及纸浆、纸、纸板、纤维素絮纸及纤维素网纸的制品。这些货品归入品目48.16至48.23的其中一个品目。

品目48.12、48.18、48.22或48.23及其相应注释所称"纸浆",是指品目47.01至47.06所列各种产品,即木浆或其他纤维状纤维素浆。

但本章不包括本章注释二及注释十二所述的不能归入本章的货品。

48.01 成卷或成张的新闻纸

48.02 书写、印刷或类似用途的未经涂布的纸及纸板、未打孔的穿孔卡片及穿孔纸带纸,成卷或成张矩形(包括正方形),任何尺寸,但品目48.01或48.03的纸除外;手工制纸及纸板:

10—手工制纸及纸板

20—光敏、热敏、电敏纸及纸板的原纸和原纸板

40—壁纸原纸

—其他纸及纸板,不含用机械或化学-机械方法制得的纤维或所含前述纤维不超过全部纤维重量的10%

—其他纸及纸板,所含用机械或化学-机械方法制得的纤维超过全部纤维重量的10%

48.03 卫生纸、面巾纸、餐巾纸以及家庭或卫生用的类似纸、纤维素絮纸和纤维素纤维网纸,不论是否起纹、压花、打孔、染面、饰面或印花,成卷或成张的

48.04 成卷或成张的未经涂布的牛皮纸及纸板,但不包括品目48.02或48.03的货品:

—牛皮衬纸

—袋用牛皮纸

—其他牛皮纸及纸板,每平方米重量不超过150克

—其他牛皮纸及纸板,每平方米重量超过150克,但小于225克

—其他牛皮纸及纸板,每平方米重量在225克及以上

48.05 成卷或成张的其他未经涂布的纸及纸板,加工程度不超过本章注释三所列范围:

—瓦楞原纸

—强韧箱纸板(再生挂面纸板)
30—亚硫酸盐包装纸
40—滤纸及纸板
50—毡纸及纸板
—其他

48.06 成卷或成张的植物羊皮纸、防油纸、描图纸、半透明纸及其他高光泽透明或半透明纸:
10—植物羊皮纸
20—防油纸
30—描图纸
40—高光泽透明或半透明纸

48.07 成卷或成张的复合纸及纸板(用粘合剂粘合各层纸或纸板制成),未经表面涂布或未浸渍,不论内层是否有加强材料

48.08 成卷或成张的瓦楞纸及纸板(不论是否与平面纸胶合)、皱纹纸及纸板、压纹纸及纸板、穿孔纸及纸板,但品目48.03的纸除外:
10—瓦楞纸及纸板,不论是否穿孔
20—袋用皱纹牛皮纸,不论是否压花或穿孔
30—其他皱纹牛皮纸,不论是否压花或穿孔
90—其他

48.09 复写纸、自印复写纸及其他拷贝或转印纸(包括涂布或浸渍的油印蜡纸或胶印版纸),不论是否印制,成卷或成张的:
20—自印复写纸
90—其他

48.10 成卷或成张矩形(包括正方形)的单面或双面涂布高岭土或其他无机物质(不论是否加粘合剂)的纸及纸板,任何尺寸,但未涂布其他涂料,不论是否染面、饰面或印花:
—书写、印刷或类似用途的纸及纸板,不含用机械或化学-机械方法制得的纤维或所含前述纤维不超过全部纤维重量的10%
—书写、印刷或类似用途的纸及纸板,所含用机械或化学-机械方法制得的纤维超过全部纤维重量的10%
—牛皮纸及纸板,但书写、印刷或类似用途的除外
—其他纸及纸板

48.11 成卷或成张矩形(包括正方形)的经涂布、浸渍、覆盖、染面、饰面或印花的纸、纸板、纤维素絮纸及纤维素纤维网纸,任何尺寸,但品目48.03、49.09或48.10的货品除外:
10—焦油纸及纸板、沥青纸及纸板

—胶粘纸及纸板
—用塑料(不包括粘合剂)涂布、浸渍或覆盖的纸及纸板
60—用蜡、石蜡、硬脂精、油或甘油涂布、浸渍、覆盖的纸及纸板
90—其他纸、纸板、纤维素絮纸及纤维素纤维网纸

48.12 纸浆制的滤块、滤板及滤片

48.13 卷烟纸,不论是否切成一定尺寸、成小本或管状:
10—成小本或管状
20—宽度不超过5厘米成卷的
90—其他

48.14 壁纸及类似品;窗用透明纸:
10—用木粒或草粒等饰面的壁纸
20—用塑料涂面或盖面的壁纸及类似品,起纹、压花、着色、印刷图案或经其他装饰
90—其他

48.15

48.16 复写纸、自印复写纸及其他拷贝或转印纸(不包括品目48.09的纸)、油印蜡纸或胶印版纸,不论是否盒装:
20—自印复写纸
90—其他

48.17 纸或纸板制的信封、封缄信片、素色明信片及通信卡片;纸或纸板制的盒子、袋子及夹子,内装各种纸制文具:
10—信封
20—封缄信片、素色明信片及通信卡片
30—纸或纸板制的盒子、袋子及夹子,内装各种纸制文具

48.18 卫生纸及类似纸、家庭或卫生用纤维素絮纸及纤维素纤维网纸,成卷宽度不超过36厘米或切成一定尺寸或形状的;纸浆、纸、纤维素絮纸或纤维素纤维网纸制的手帕、面巾、台布、餐巾、尿布、止血塞、床单及类似的家庭、卫生或医院用品、衣服及衣着附件:
10—卫生纸
20—纸手帕及纸面巾
30—纸台布及纸餐巾
40—纸卫生巾及止血塞、婴儿纸尿布、尿布衬里及类似的卫生用品
50—衣服及衣着附件
90—其他

48.19 纸、纸板、纤维素絮纸或纤维素纤维网纸制的箱、盒、匣、袋及其他包装容器;纸或纸板制的卷宗盒、信件盘及类似品,供办公室、商店及类似场所使用的:

10—瓦楞纸或纸板制的箱、盒、匣
20—非瓦楞纸或纸板制的可折叠箱、盒、匣
30—底宽 40 厘米及以上的纸袋
40—其他纸袋,包括锥形袋
50—其他包装容器,包括唱片套
60—办公室、商店及类似场所使用的卷宗盒、信件盘、存储盒及类似品

48.20 纸或纸板制的登记本、帐本、笔记本、定货本、收据本、信笺本、记事本、日记本及类似品、练习本、吸墨纸本、活动封面(活页及非活页)、文件夹、卷宗皮、多联商业表格纸、页间夹有复写纸的本及其他文具用品;纸或纸板制的样品薄、粘贴簿及书籍封面:
10—登记本、帐本、笔记本、定货本、收据本、信笺本、记事本、日记本及类似品
20—练习本
30—活动封面(书籍封面除外)、文件夹及卷宗皮
40—多联商业表格纸、页间夹有复写纸的本
50—样品簿及粘贴簿
90—其他

48.21 纸或纸板制的各种标签,不论是否印制:
10—印制
90—其他

48.22 纸浆、纸或纸板(不论是否穿孔或硬化)制的筒管、卷轴、纡子及类似品:
10—纺织纱线用
90—其他

48.23 切成一定尺寸或形状的其他纸、纸板、纤维素絮纸及纤维素纤维网纸;纸浆、纸、纸板、纤维素絮纸及纤维素纤维网纸制的其他物品:
20—滤纸及纸板
40—已印制的自动记录器用打印纸卷、纸张及纸盘
—纸或纸板制的盘、碟、盆、杯及类似品
70—压制或模制纸浆制品
90—其他

第 49 章排列结构

除下列极个别的物品以外,本章包括所印花纹图案、文字或图画决定其基本性质及用途的各种印刷品。

另一方面,除品目 48.14 或 48.21 的货品以外,纸、纸板或纤维素絮纸及其制品,如所印内容仅附属于主要用途(例如,印制的包装纸及文具),应归入第 48 章。同样,印制的纺织品(例如,围巾或手帕),如其所印内容主要是为了装饰或新颖,并不

影响货品的基本性质，应归入第十一类。印有图案的刺绣织物和制成的装饰毯帆布也归入第十一类。

本章也不包括品目39.18、39.19、48.14或48.21的货品，即使它们所印花纹图案、文字或图画不仅仅是附属于货品的主要用途的。

本章所称“印刷”不仅包括以普通手工印刷（例如，雕版印刷或木版印刷，但雕版画及木版画原本除外）或机械印刷（例如，活版印刷、胶版印刷、平版印刷、照相凹版印刷等）的几种方法复制，还包括用复印机复制，在自动数据处理设备控制下打印绘制，压印、冲印、感光复印、热敏复印或打字（参见本章注释二），不论印刷文字的形式如何（例如，任何一种字母、数字、速记符号、摩尔斯电码或其他电码符号、布莱叶盲字、音乐符号、图画及图解）。但“印刷”一词不包括着色、装饰性或重复图案的印制。

本章还包括以手工绘制的类似品（包括手绘地图及设计图表），以及手稿或打字稿的复写本。

本章的货品一般是印于纸上的，但也可印于其他材料上，只要其具有本章总注释第一段所列特征。但对于商店招牌或橱窗用的带印刷图画或文字内容的字母、数字、标志及类似符号，如果用陶瓷、玻璃或贱金属制成的，应分别归入品目69.14、70.20及83.10，如果带有照明装置的，则应归入品目94.05。

除较常见的印刷品（例如，书籍、报纸、小册子、图画、广告品）以外，本章还包括以下物品：印刷的转印贴花纸（移画印花法用图案纸）；印刷或图画明信片、贺卡；日历、地图、设计图表及绘画；邮票、印花税票及类似票证。本章物品的不透明底基缩微本应归入品目49.11。缩微本是通过光学仪器制得的，该仪器大大缩小所拍照文件的尺寸，缩微本的阅读通常需借助于放大器具。

本章也不包括：

（一）第37章在透明底基上的照相负片或正片（例如，缩微胶片）。

（二）第97章的货品。

49.01 书籍、小册子、散页印刷品及类似印刷品，不论是否单张：
10—单张的，不论是否折叠
—其他

49.02 报纸、杂志及期刊，不论有无插图或广告材料：
10—每周至少出版四次
90—其他

49.03 儿童图画书、绘画或涂色书

49.04 乐谱原稿或印本，不论是否装订或印有插图

49.05 各种印刷的地图、水道图及类似图表，包括地图册、挂图、地形图及地球仪、天体仪：
10—地球仪、天体仪

—其他

49.06 手绘的建筑、工程、工业、商业、地形或类似用途的设计图纸原稿；手稿；用感光纸照相复印或用复写纸誊写的上述物品复制件

49.07 在承认或将承认其面值的国家流通或新发行并且未经使用的邮票、印花税票及类似票证；印有邮票或印花税票的纸品，钞票，空白支票，股票、债券及类似所有权凭证

49.08 转印贴花纸（移画印花法用图案纸）：

10—釉转印贴花纸（移画印花法用图案纸）

90—其他

49.09 印刷或有图画的明信片；印有个人问候、祝贺、通告的卡片，不论是否有图画、带信封或饰边

49.10 印刷的各种日历，包括日历芯

49.11 其他印刷品，包括印刷的图片及照片：

10—商业广告品、商品目录及类似印刷品

—其他

第十一类 纺织原料及纺织制品

（第50章至第63章）

（一）主要内容

本类共14章（第50章至第63章），包括纺织纤维、半成品及制成品。

本类共分成两部分：

第一部分为第50章至第55章，是按纤维类别划分的。

第二部分为第56章至第63章，包括以特殊的方式或工艺制成的或有特殊用途的半成品及制成品，并且除品目5809和5902外，品目所列产品一般不分纺织原料的性质。

（二）排列结构

第50章排列结构

本章中所称的“丝”，不仅包括家蚕（桑蚕）所分泌的纤维物质，也包括类似昆虫（例如，野蚕）分泌的名为野蚕丝的产品。人们之所以把某些蚕丝称为野蚕丝，是因为产这些丝的蚕虫至今仍很少为人工饲养，野蚕丝中最重要的品种是柞蚕丝，即食栎树叶的蚕所吐的丝。蜘蛛丝及海丝或贝足丝（某些江珧属海贝靠其附于岩石的长丝）也归入本章。

总的来说，本章包括从原料到机织物各个生产阶段的丝，其中包括作为丝归类的混纺材料。本章还包括蚕胶丝。

50.01 适于缫丝的蚕茧

50.02 生丝(未加捻)
50.03 废丝(包括不适于缫丝的蚕茧、废纱及回收纤维):
50.04 丝纱线(绢纺纱线除外),非供零售用
50.05 绢纺纱线,非供零售用
50.06 丝纱线及绢纺纱线,供零售用;蚕胶丝
50.07 丝或绢丝机织物:
10—紬丝机织物
20—其他机织物,按重量计丝或绢丝(紬丝除外)含量在85%及以上
90—其他机织物

第51章排列结构

本章包括从原料到机织物各个生产阶段的羊毛及动物细毛或粗毛,其中包括作为羊毛或动物毛归类的混纺材料。本章还包括马毛纱线及织物,但不包括品目05.11的马毛及废马毛。根据第5章注释四的规定,所称“马毛”,是指马科动物或牛科动物的鬃毛或尾毛。

51.01 未梳的羊毛:
—含脂羊毛,包括剪前水洗毛
—脱脂羊毛,未碳化
30—碳化羊毛
51.02 未梳的动物细毛或粗毛:
—细毛
20—粗毛
51.03 羊毛或动物细毛或粗毛的废料,包括废纱线,但不包括回收纤维:
10—羊毛或动物细毛的落毛
20—羊毛或动物细毛的其他废料
30—动物粗毛废料
51.04 羊毛或动物细毛或粗毛的回收纤维
51.05 已梳的羊毛及动物细毛或粗毛(包括精梳片毛):
10—粗梳羊毛
—羊毛条及其他精梳羊毛
—已梳动物细毛
40—已梳动物粗毛
51.06 粗梳羊毛纱线,非供零售用:
10—按重量计羊毛含量在85%及以上
20 按重量计羊毛含量在85%以下

51.07　精梳羊毛纱线,非供零售用:
10—按重量计羊毛含量在85%及以上
20—按重量计羊毛含量在85%以下
51.08　动物细毛(粗梳或精梳)纱线,非供零售用:
10—粗梳
20—精梳
51.09　羊毛或动物细毛的纱线,供零售用:
10—按重量计羊毛或动物细毛含量在85%及以上
90—其他
51.10　动物粗毛或马毛的纱线(包括马毛粗松螺旋花线),不论是否供零售用
51.11　粗梳羊毛或粗梳动物细毛的机织物:
—按重量计羊毛或动物细毛含量在85%及以上
20—其他,主要或仅与化学纤维长丝混纺
30—其他,主要或仅与化学纤维短纤混纺
90—其他
51.12　精梳羊毛或精梳动物细毛的机织物:
—按重量计羊毛或动物细毛含量在85%及以上
20—其他,主要或仅与化学纤维长丝混纺
30—其他,主要或仅与化学纤维短纤混纺
90—其他
51.13　动物粗毛或马毛的机织物

第52章排列结构

本章包括从原料到机织物各个生产阶段的棉纤维,其中包括作为棉归类的混纺材料。

52.01　未梳的棉花
52.02　废棉(包括废棉纱线及回收纤维):
10—废棉纱线(包括废棉线)
—其他
52.03　已梳的棉花
52.04　棉制缝纫线,不论是否供零售用:
—非供零售用
20—供零售用
52.05　棉纱线(缝纫线除外),按重量计含棉量在85%及以上,非供零售用:
—未精梳纤维纺制的单纱

—精梳纤维纺制的单纱
—未精梳纤维纺制的多股纱线或缆线
—精梳纤维纺制的多股纱线或缆线

52.06 棉纱线(缝纫线除外),按重量计含棉量在85%以下,非供零售用:
—未精梳纤维纺制的单纱
—精梳纤维纺制的单纱
—未精梳纤维纺制的多股纱线或缆线
—精梳纤维纺制的多股纱线或缆线

52.07 棉纱线(缝纫线除外),供零售用:
10—按重量计含棉量在85%及以上
90—其他

52.08 棉机织物,按重量计含棉量在85%及以上,每平方米重量不超过200克:
—未漂白
—漂白
—染色
—色织
—印花

52.09 棉机织物,按重量计含棉量在85%及以上,每平方米重量超过200克:
—未漂白
—漂白
—染色
—色织
—印花

52.10 棉机织物,按重量计含棉量在85%以下,主要或仅与化学纤维混纺,每平方米重量不超过200克:
—未漂白
—漂白
—染色
—色织
—印花

52.11 棉机织物,按重量计含棉量在85%以下,主要或仅与化学纤维混纺,每平方米重量超过200克:
—未漂白
20—漂白
—染色
—色织

—印花

52.12 其他棉机织物:

—每平方米重量不超过200克

—每平方米重量超过200克

第53章排列结构

除了品目53.05的注释中所述某些不包括的货品以外,本章包括从原料到机织物各个生产阶段的植物纺织材料(棉除外)。

本章还包括纸纱线及其机织物,以及根据第十一类注释二的规定可视同本章产品归类的混纺材料。

53.01 亚麻,生的或经加工但未纺制的;亚麻短纤及废麻(包括废麻纱线及回收纤维):

10—生的或经沤制的亚麻

—破开、打成、栉梳或经其他加工但未纺制的亚麻

30—亚麻短纤及废麻

53.02 大麻,生的或经加工但未纺制的;大麻短纤及废麻(包括废麻纱线及回收纤维):

10—生的或经沤制的大麻

90—其他

53.03 黄麻及其他纺织用韧皮纤维(不包括亚麻、大麻及苎麻),生的或经加工但未纺制的;上述纤维的短纤及废麻(包括废纱线及回收纤维):

10—生的或经沤制的黄麻及其他纺织用韧皮纤维

90—其他

53.04

53.05 椰壳纤维、蕉麻(马尼拉麻)、苎麻及其他品目未列名的纺织用植物纤维,生的或经加工但未纺制的;上述纤维的短纤、落麻及废料(包括废纱线及回收纤维):

53.06 亚麻纱线:

10—单纱

20—多股纱线或缆线

53.07 黄麻纱线或品目53.03的其他纺织用韧皮纤维纱线:

10—单纱

20—多股纱线或缆线

53.08 其他植物纺织纤维纱线;纸纱线:

10—椰壳纤维纱线

20—大麻纱线
90—其他
53.09 亚麻机织物：
—按重量计亚麻含量在85%及以上
—按重量计亚麻含量在85%以下
53.10 黄麻或品目53.03的其他纺织用韧皮纤维机织物：
10—未漂白
90—其他

第54章排列结构

本章包括化学纤维长丝、纱线及其织物，含根据第十一类注释二的规定可视同化学纤维纱线和机织物归类的混纺纱线和织物。本章还包括品目54.04或54.05的单丝和其他产品及其机织物。

本章包括长丝丝束，但符合第55章注释定义的除外。它们一般用于生产香烟滤嘴，而第55章的长丝丝束则用于生产短纤维。

本章不包括：

（一）品目33.06的清洁牙缝用的纱线（牙线），单独零售包装。

（二）第40章的产品，特别是品目40.07的线及绳。

（三）第55章的产品，特别是短纤维、短纤纱线及其机织物和化纤长丝的废料（包括落绵、废纱及回收纤维）。

（四）品目68.15的碳纤维及其制品。

（五）品目70.19的玻璃纤维及其制品。

54.01 化学纤维长丝纺制的缝纫线，不论是否供零售用：
10—合成纤维长丝纺制
20—人造纤维长丝纺制
54.02 合成纤维长丝纱线（缝纫线除外），非供零售用，包括细度在67分特以下的合成纤维单丝：
—尼龙或其他聚酰胺纺制的高强力纱
20—聚酯高强力纱
—变形纱线
—其他单纱，未加捻或捻度每米不超过50转
—其他单纱，捻度每米超过50转
—其他纱线（多股纱线或缆线）
54.03 人造纤维长丝纱线（缝纫线除外），非供零售用，包括细度在67分特以下的人造纤维单丝：

10—粘胶纤维纺制的高强力纱
—其他单纱
—其他纱线(多股纱线或缆线)

54.04 截面尺寸不超过1毫米,细度在67分特及以上的合成纤维单丝;表观宽度不超过5毫米的合成纤维纺织材料制扁条及类似品(例如,人造草):
—单丝

54.05 截面尺寸不超过1毫米,细度在67分特及以上的人造纤维单丝;表观宽度不超过5毫米的人造纤维纺织材料制扁条及类似品(例如,人造草)

54.06 化学纤维长丝纱线(缝纫线除外),供零售用

54.07 合成纤维长丝纱线的机织物,包括品目54.04所列材料的机织物:
10—尼龙或其他聚酰胺高强力纱、聚酯高强力纱纺制的机织物
20—扁条及类似品的机织物
30—第十一类注释九所列的机织物
—其他机织物,按重量计尼龙或其他聚酰胺长丝含量在85%及以上
—其他机织物,按重量计聚酯变形长丝含量在85%及以上
—其他机织物,按重量计聚酯长丝含量在85%及以上
—其他机织物,按重量计其他合成纤维长丝含量在85%及以上
—其他机织物,按重量计其他合成纤维长丝含量在85%以下,主要或仅与棉混纺
—其他机织物

54.08 人造纤维长丝纱线的机织物,包括品目54.05所列材料的机织物:
10—粘胶纤维高强力纱的机织物
—其他机织物,按重量计人造纤维长丝、扁条或类似品含量在85%及以上
—其他机织物

第55章排列结构

本章包括短纤(即切段纤维)状或某些长丝丝束状的第54章总注释所述的化学纤维,也包括这些纤维或丝束在各个加工阶段所得的产品,含纱线和机织物。本章还包括根据第十一类注释二的规定可视同化学纤维短纤产品归类的混纺产品。

化学纤维短纤通常是有大量孔眼(有时多达数千个)的喷丝头挤压喷出而得;喷出的长丝收集起来成为丝束。这些丝束可直接拉伸并切成短段,或经过不同的加工工序(洗涤、漂白、染色等)后再进行拉伸并切成短段。纤维的长度通常切成25~180毫米之间,具体长度视化学纤维的种类、所需生产的纱线类型以及准备与之混纺的其他纺织纤维的性质而定。

化学纤维长丝或短纤的废料(包括落绵、废纱及回收纤维)也归入本章。

本章不包括：

（一）品目56.01的长度不超过5毫米的纺织纤维（纤维屑）。

（二）品目25.24的石棉，以及品目68.12或68.13的石棉制品和其他产品。

（三）品目68.15的碳素纤维及其制品。

（四）品目70.19的玻璃纤维及其制品。

55.01 合成纤维长丝丝束：
10—尼龙或其他聚酰胺制
20—聚酯制
30—聚丙烯腈或变性聚丙烯腈制
40—聚丙烯制
90—其他

55.02 人造纤维长丝丝束

55.03 合成纤维短纤，未梳或未经其他纺前加工：
—尼龙或其他聚酰胺制
20—聚酯制
30—聚丙烯腈或变性聚丙烯腈制
40—聚丙烯制
90—其他

55.04 人造纤维短纤，未梳或未经其他纺前加工：
10—粘胶纤维制
90—其他

55.05 化学纤维废料（包括落绵、废纱及回收纤维）：
10—合成纤维的
20—人造纤维的

55.06 合成纤维短纤，已梳或经其他纺前加工：
10—尼龙或其他聚酰胺制
20—聚酯制
30—聚丙烯腈或变性聚丙烯腈制
90—其他

55.07 人造纤维短纤，已梳或经其他纺前加工

55.08 化学纤维短纤纺制的缝纫线，不论是否供零售用：
10—合成纤维短纤纺制
20—人造纤维短纤纺制

55.09 合成纤维短纤纺制的纱线（缝纫线除外），非供零售用：
—按重量计尼龙或其他聚酰胺短纤含量在85%及以上

—按重量计聚酯短纤含量在85%及以上
—按重量计聚丙烯腈或变性聚丙烯腈短纤含量在85%及以上
—其他纱线,按重量计合成纤维短纤含量在85%及以上
—其他聚酯短纤纺制的纱线
—其他聚丙烯腈或变性聚丙烯腈短纤纺制的纱线
—其他纱线

55.10 人造纤维短纤纺制的纱线(缝纫线除外),非供零售用:
—按重量计人造纤维短纤含量在85%及以上
20—其他纱线,主要或仅与羊毛或动物细毛混纺
30—其他纱线,主要或仅与棉混纺
90—其他

55.11 化学纤维短纤纺制的纱线(缝纫线除外),供零售用:
10—按重量计合成纤维短纤含量在85%及以上
20—按重量计合成纤维短纤含量在85%以下
30—人造纤维短纤纺制

55.12 合成纤维短纤纺制的机织物,按重量计合成纤维短纤含量在85%及以上:
—按重量计聚酯短纤含量在85%及以上
—按重量计聚丙烯腈或变性聚丙烯腈短纤含量在85%及以上
—其他

55.13 合成纤维短纤纺制的机织物,按重量计合成纤维短纤含量在85%以下,主要或仅与棉混纺,每平方米重量不超过170克:
—未漂白或漂白
—染色
—色织
—印花

55.14 合成纤维短纤纺制的机织物,按重量计合成纤维短纤含量在85%以下,主要或仅与棉混纺,每平方米重量超过170克:
—未漂白或漂白
—染色
30—色织
—印花

55.15 合成纤维短纤纺制的其他机织物:
—聚酯短纤纺制
—聚丙烯腈或变性聚丙烯腈短纤纺制
—其他机织物

55.16 人造纤维短纤纺制的机织物:

—按重量计人造纤维短纤含量在85%及以上
—按重量计人造纤维短纤含量在85%以下,主要或仅与化学纤维长丝混纺
—按重量计人造纤维短纤含量在85%以下,主要或仅与羊毛或动物细毛混纺
—按重量计人造纤维短纤含量在85%以下,主要或仅与棉混纺
—其他

第56章排列结构

本章包括一些具有专门特性的纺织品,例如,絮胎、毡呢、无纺织物、特种纱线、绳、索及其某些制品。

56.01 纺织材料絮胎及其制品;长度不超过5毫米的纺织纤维(纤维屑)、纤维粉末及球结:
10—絮胎制的卫生巾及止血塞、婴儿尿布或尿布垫及类似卫生用品
30—纤维屑、纤维粉末及球结
56.02 毡呢,不论是否浸渍、涂布、包覆或层压:
10—针刺机制毡呢及纤维缝编织物
—其他毡呢,未浸渍、涂布、包覆或层压
90—其他
56.03 无纺织物,不论是否浸渍、涂布、包覆或层压:
—化学纤维长丝制
—其他
56.04 用纺织材料包覆的橡胶线及绳;用橡胶或塑料浸渍、涂布、包覆或套裹的纺织纱线及品目54.04或54.05的扁条及类似品:
10—用纺织材料包覆的橡胶线及绳
90—其他
56.05 含金属纱线,不论是否螺旋花线,由纺织纱线或品目54.04或54.05的扁条及类似品与金属线、扁条或粉末混合制得或用金属包覆制得
56.06 粗松螺旋花线,品目54.04或54.05的扁条及类似品制的螺旋花线(品目56.05的货品及马毛粗松螺旋花线除外);绳绒线(包括植绒绳绒线);纵行起圈纱线
56.07 线、绳、索、缆,不论是否编织或编结而成,也不论是否用橡胶或塑料浸渍、涂布、包覆或套裹:
—西沙尔麻或其他纺织用龙舌兰类纤维纺制
—聚乙烯或聚丙烯纺制

50—其他合成纤维纺制

90—其他

56.08 线、绳或索结制的网料;纺织材料制成的渔网及其他网:

—化学纤维材料制

90—其他

56.09 用纱线、品目54.04或54.05的扁条及类似品或线、绳、索、缆制成的其他品目未列名物品

第57章排列结构

本章包括使用时以纺织材料作面的地毯及纺织材料的其他铺地制品,也包括具有纺织材料铺地制品特征(例如,具有铺地制品的厚度、硬挺性及强度)但作其他用途(例如,挂在墙上、铺在桌面上或作其他装饰用途)的物品。

归入本章的上述产品可以是制成的(即直接制成一定尺寸、镶边、加衬、加穗、拼合等),呈小方地毯、床边地毯、炉边地毯形状的,或是呈供布置房间、走廊、过道或楼梯的毯料形状,不论是大段供剪裁的或是制成的。

本品还可以经浸渍(例如,用胶乳浸渍)或用机织物、无纺织物、海绵橡胶或泡沫塑料衬背。

本章不包括:

(一)铺地制品衬垫,即置于地板与地毯之间的粗糙织物或毡呢衬垫(按其构成材料归类)。

(二)列诺伦及其他以织物为底布加以涂布或盖面的铺地制品(品目59.04)。

57.01 结织栽绒地毯及纺织材料的其他结织栽绒铺地制品,不论是否制成的:

10—羊毛或动物细毛制

90—其他纺织材料制

57.02 机织地毯及纺织材料的其他机织铺地制品,未簇绒或未植绒,不论是否制成的,包括"开来姆"、"苏麦克"、"卡拉马尼"及类似的手织地毯:

10—"开来姆"、"苏麦克"、"卡拉马尼"及类似的手织地毯

20—椰壳纤维制的铺地制品

—其他起绒结构的铺地制品,未制成的

—其他起绒结构的铺地制品,制成的

50—其他非起绒结构的铺地制品,未制成的

—其他非起绒结构的铺地制品,制成的

57.03 簇绒地毯及纺织材料的其他簇绒铺地制品,不论是否制成的:

10—羊毛或动物细毛制

20—尼龙或其他聚酰胺制

30—其他化学纤维制

90—其他纺织材料制

57.04 毡呢地毯及纺织材料的其他毡呢铺地制品,未簇绒或未植绒,不论是否制成的:

10—最大表面面积不超过0.3平方米

90—其他

57.05 其他地毯及纺织材料的其他铺地制品,不论是否制成的

第58章排列结构

除品目58.09以外,本章所包括的种类繁多的各种纺织产品在品目范围内是不论其由何种纺织原料构成的。某些上述产品只有在未达到第十一类总注释第二部分所述“制成的”程度,方可归入本章,而其他的一些产品则不论是否制成的均可归入本章。

应注意到,根据第59章的注释,第58章不包括用品目58.03的纱罗、品目58.06的狭幅织物及品目58.08的成匹编带及装饰带经浸渍、涂布、包覆或层压的产品(通常归入第39章、第40章或第59章),然而经同样处理的本章其他物品只要并未因而具有第39章或第40章产品的特征,仍应归入本章。

58.01 起绒机织物及绳绒织物,但品目58.02或58.06的织物除外:

10—羊毛或动物细毛制

—棉制

—化学纤维制

90—其他纺织材料制

58.02 毛巾织物及类似的毛圈机织物,但品目58.06的狭幅织物除外;簇绒织物,但品目57.03的产品除外:

—棉制毛巾织物及类似的毛圈机织物

20—其他纺织材料制的毛巾织物及类似的毛圈机织物

30—簇绒织物

58.03 纱罗,但品目58.06的狭幅织物除外

58.04 网眼薄纱及其他网眼织物,但不包括机织物、针织物或钩编织物;成卷、成条或成小块图案的花边,但品目60.02至60.06的织物除外:

10—网眼薄纱及其他网眼织物

—机制花边

30—手工制花边

58.05 “哥白林”、“弗朗德”、“奥步生”、“波威”及类似式样的手织装饰毯,以及手工针绣嵌花装饰毯(例如,小针脚或十字绣),不论是否制成的

58.06 狭幅机织物，但品目 58.07 的货品除外；用粘合剂粘合制成的有经纱而无纬纱的狭幅织物（包扎匹头用带）：

10—起绒机织物（包括毛巾织物及类似的毛圈织物）及绳绒织物

20—按重量计弹性纱线或橡胶线含量在 5% 及以上的其他机织物

—其他机织物

40—用粘合剂粘合制成的有经纱而无纬纱的织物（包扎匹头用带）

58.07 非绣制的纺织材料制标签、徽章及类似品，成匹、成条或裁成一定形状或尺寸：

10—机织

90—其他

58.08 成匹的编带；非绣制的成匹装饰带，但针织或钩编的除外；流苏、绒球及类似品：

10—成匹的编带

90—其他

58.09 其他品目未列名的金属线机织物及品目 56.05 所列含金属纱线的机织物，用于衣着、装饰及类似用途

58.10 成匹、成条或成小块图案的刺绣品：

10—不见底布的刺绣品

—其他刺绣品

58.11 用一层或几层纺织材料与胎料经绗缝或其他方法组合制成的被褥状纺织品，但品目 58.10 的刺绣品除外

第 59 章排列结构

59.01 用胶或淀粉物质涂布的纺织物，作书籍封面及类似用途的；描图布；制成的油画布；作帽里的硬衬布及类似硬挺纺织物：

10—用胶或淀粉物质涂布的纺织物，作书籍封面及类似用途的

90—其他

59.02 尼龙或其他聚酰胺、聚酯或粘胶纤维高强力纱制的帘子布：

10—尼龙或其他聚酰胺制

20—聚酯制

90—其他

59.03 用塑料浸渍、涂布、包覆或层压的纺织物，但品目 59.02 的货品除外：

10—用聚氯乙烯浸渍、涂布、包覆或层压的

20—用聚氨基甲酸酯浸渍、涂布、包覆或层压的

90—其他

59.04 列诺伦（亚麻油地毡），不论是否剪切成形；以织物为底布经涂布或覆面的铺

地制品，不论是否剪切成形：

10—列诺伦（亚麻油地毡）

90—其他

59.05 糊墙织物

59.06 用橡胶处理的纺织物，但品目 59.02 的货品除外：

10—宽度不超过 20 厘米的胶粘带

—其他

59.07 用其他材料浸渍、涂布或包覆的纺织物；作舞台、摄影布景或类似用途的已绘制画布

59.08 用纺织材料机织、编结或针织而成的灯芯、炉芯、打火机芯、烛芯或类似品；煤气灯纱筒及纱罩，不论是否浸渍

59.09 纺织材料制的水龙软管及类似的管子，不论有无其他材料作衬里、护套或附件

59.10 纺织材料制的传动带或输送带及带料，不论是否用塑料浸渍、涂布、包覆或层压，也不论是否用金属或其他材料加强

59.11 本章注释七所规定的作专门技术用途的纺织产品及制品：

10—用橡胶、皮革或其他材料涂布、包覆或层压的作针布用的纺织物、毡呢及毡呢衬里机织物，以及作专门技术用途的类似织物，包括用橡胶浸渍的、用于包覆纺锤（织轴）的狭幅丝绒织物

20—筛布，不论是否制成的

—环状或装有联接装置的纺织物及毡呢，用于造纸机器或类似机器（例如，制浆机或制石棉水泥的机器）

40—用于榨油机器或类似机器的滤布，包括人发制滤布

90—其他

第 60 章排列结构

本章所包括的纺织物，其生产方式不同于以经纱和纬纱交织而成的机织物，而是通过一系列相互串联的线圈制成的。这些货品大体上包括：

一、针织物（纬编针织物及经编针织物）。

（一）纬编针织物是由一根连续卷绕的纱线构成，该纱线形成一行行的线圈，方向一致地横向布满整幅织物，各排相邻线圈相互串联而形成网眼组织。这些织物的组织结构较松，有一定的间隙，较易地朝各个方向拉伸；当一根纱线断后，往往产生"抽丝"现象。

（二）经编针织物是由几根沿纵向（即沿织物长度）走向的经纱构成，每根经纱组成的线圈都交替着和左右两排线圈相互串联。经编针织物的线圈通常看起来是横向布满织物的。某些经编针织物，其经纱分为两组，以相反的方向成对角线地来回穿梭

于织物之间。这些织物就不会出现“抽丝”现象。如果在一幅经编针织物上裁下一小方块织物,其任何一边均不能轻易地扯出纱线;从该样品中要扯出纱线只能从经纱方向扯出(与线圈横列成直角的方向)。

经编针织物还包括:

1. 缝编织物,但本品必须由纺织纱线构成链式线圈。

缝编工艺使用的机器与经编针织机相类似,通过尖头开口式导纱钩针(滑动式刺针)及综丝进行工作。这些导纱钩针能在纺织纤维网、纱线层(一层或多层)或底布(例如,一层机织物或塑料片)上利用织物的纱线形式线圈结构。在有些情况下,线圈结构可形成或缝固绒头(不论是否割线)。但绗缝的被褥状产品除外(品目58.11)。

2. 经编机织成的织物,其经纱由一连串钩编线圈组成,该线圈能把纬纱定位,有时还构成一种花纹。

所述以上第(一)及(二)款的织物组织可以是简单的或较为复杂的;在某些情况下,本品产生类似花边的透孔效果,但仍归入本品目。它一般可通过其特有的圈距(特别是在紧密部分)与花边区分开来。

二、钩编织物,由手工通过钩针把一根连续长线钩成一系列的线圈,线圈与线圈相穿,按照线圈的不同编组方式而形成的素色织物或者具有紧密或透孔结构图案的装饰性织物。某些透孔织物是由一连串呈四方形、六角形或其他装饰性花纹形状的线圈所组成。

本章所列产品可以人工使用两支或多支织针或一根钩针织成,也可以用装有特殊形状小型钩针(钩针或弹簧针、织袜舌针及管针)的平型针织机或圆型针织机针织而成。

本章各品目包括针织物或钩编织物,不论其使用第十一类所列哪一种纺织材料制成,也不论是否加有弹性纱或橡胶线制成的。本品目还包括明显用作衣料、家具布或类似用途的细金属线针织物或钩编织物。

本章包括成匹(包括圆筒织物匹头)或简单裁成矩形(包括正方形)的针织物或钩编织物。这些织物包括平纹织物和棱纹织物,以及缝合或粘合的双层织物。

所有这些织物可以染色、印花或色织而成。品目60.02至60.06的织物有时是起绒的,织物的织法因而被遮盖。

本章不包括:

(一)从织物的纤维网上将纺织纤维拉起而制成的缝编织物(品目56.02)。

(二)品目56.08的网子及网料。

(三)针织地毯(品目57.05)。

(四)网眼织物及钩编花边(品目58.04)。

(五)将成匹织物裁剪成矩形(包括正方形)后经过进一步加工(例如,缝边)的制成品、现成的可即供使用的制成品(例如,围巾),以及针织或钩编成一定形状,不论报验时是单件还是若干件相连成幅的物品(特别是第 61 章、第 62 章及第 63 章的制成品)。

60.01 针织或钩编的起绒织物,包括"长毛绒"织物及毛圈织物:
10—"长毛绒"织物
—毛圈绒头织物
—其他

60.02 宽度不超过 30 厘米,按重量计弹性纱线或橡胶线含量在 5% 及以上的针织物或钩编织物,但品目 60.01 的货品除外:
40—按重量计弹性纱线含量在 5% 及以上,但不含橡胶线
90—其他

60.03 宽度不超过 30 厘米的针织物或钩编织物,但品目 60.01 或 60.02 的货品除外:
10—羊毛或动物细毛制
20—棉制
30—合成纤维制
40—人造纤维制
90—其他

60.04 宽度超过 30 厘米,按重量计弹性纱线或橡胶线含量在 5% 及以上的针织物或钩编织物,但品目 60.01 的货品除外:
10—按重量计弹性纱线含量在 5% 及以上,但不含橡胶线
90—其他

60.05 经编针织物(包括由镶边针织机织成的),但品目 60.01 至 60.04 的货品除外:
—棉制
—合成纤维制
—人造纤维制
90—其他

60.06 其他针织物或钩编织物:
10—羊毛或动物细毛制
—棉制
—合成纤维制
—人造纤维制
90—其他

第61章排列结构

本章包括针织或钩编的男、女式服装(含童装)以及制成的针织或钩编衣着附件,还包括服装及衣着附件的针织或钩编制成的部分品。但不包括针织或钩编的乳罩、束腰带、紧身胸衣、吊裤带、吊袜带、束袜带和类似品及其零件(品目62.12)。

本章物品不因带有其他材料(例如,机织物、毛皮、羽毛、皮革、塑料或金属)的零件或附件而影响其归类。但如果这些材料超出了仅是装饰的范围,则应按有关章注释的规定(特别是第43章注释四及第67章注释二第(二)款中有关带裘皮及羽毛制品的规定)归类,若无适当规定可循,则应按照归类总规则进行归类。

电热物品仍归入本章。

根据本章注释九,对于服装,凡门襟扣或搭上时为左压右的,应视为男式;凡门襟扣或搭上时为右压左的,则应视为女式。

上述规定不适用于其式样已明显为男式或女式的服装。无法区别是男式还是女式的服装,应按女式服装归入有关品目。

衬衣及仿男式女衬衣是指人体上身穿着并从领口处全开襟或半开襟的长袖或短袖衣服,其腰身以上可缝有口袋,有一衣领。

按照第十一类注释十四的规定,不同品目所列的服装即使成套零售包装,仍应分别归入各自相应的品目。但在品目中具体列名的成套服装除外(例如,西服套装、睡衣裤及游泳服)。必须注意,第十一类注释十四所称的"服装",是指品目61.01至61.14的服装。

本章还适用于各品目所列物品的未制成品或不完整品,其中包括用于制造上述物品的已成形针织或钩编织物,即只要这些产品具备了相应物品的基本特征,就可与制成品归入同一品目。但服装或衣着附件的钩编零件(品目62.12的物品除外)应归入品目61.17。

针织或钩编成形的服装和衣着附件以及它们的零件,不论报验时是单件还是若干件相连成幅的,均视为制成的物品〔第十一类注释七(二)及(六)款〕。

本章还不包括:

(一)品目39.26、40.15、42.03或68.12的服装及衣着附件。

(二)经过某些加工(例如,缝边或形成领口)的针织物片或钩编织物片,准备用于制衣,但还未加工成服装或服装零件的(品目63.07)。

(三)品目63.09的旧衣着及其他旧物品。

(四)玩偶服装(品目95.03)。

61.01 针织或钩编的男式大衣、短大衣、斗篷、短斗篷、带风帽的防寒短上衣(包括滑雪短上衣)、防风衣、防风短上衣及类似品,但品目61.03的货品除外:

20—棉制

30—化学纤维制

90—其他纺织材料制

61.02 针织或钩编的女式大衣、短大衣、斗篷、短斗篷、带风帽的防寒短上衣(包括滑雪短上衣)、防风衣、防风短上衣及类似品,但品目61.04的货品除外:

10—羊毛或动物细毛制

20—棉制

30—化学纤维制

90—其他纺织材料制

61.03 针织或钩编的男式西服套装、便服套装、上衣、长裤、护胸背带工装裤、马裤及短裤(游泳裤除外):

10—西服套装

—便服套装

—上衣

—长裤、护胸背带工装裤、马裤及短裤

61.04 针织或钩编的女式西服套装、便服套装、上衣、连衣裙、裙子、裙裤、长裤、护胸背带工装裤、马裤及短裤(游泳服除外):

—西服套装

—便服套装

—上衣

—连衣裙

—裙子及裙裤

—长裤、护胸背带工装裤、马裤及短裤

61.05 针织或钩编的男衬衫:

10—棉制

20—化学纤维制

90—其他纺织材料制

61.06 针织或钩编的女衬衫:

10—棉制

20—化学纤维制

90—其他纺织材料制

61.07 针织或钩编的男式内裤、三角裤、长睡衣、睡衣裤、浴衣、晨衣及类似品:

—内裤及三角裤

—长睡衣及睡衣裤

—其他

61.08 针织或钩编的女式长衬裙、衬裙、三角裤、短衬裤、睡衣、睡衣裤、浴衣、晨衣及类似品:

—长衬裙及衬裙

—三角裤及短衬裤
21—棉制
22—化学纤维制
29—其他纺织材料制
—睡衣及睡衣裤
31—棉制
32—化学纤维制
39—其他纺织材料制
—其他
91—棉制
92—化学纤维制
99—其他纺织材料制

61.09 针织或钩编的T恤衫、汗衫及其他内衣背心：
10—棉制
90—其他纺织材料制

61.10 针织或钩编的套头衫、开襟衫、马甲(背心)及类似品：
—羊毛或动物细毛制
20—棉制
30—化学纤维制
90—其他纺织材料制

61.11 针织或钩编的婴儿服装及衣着附件：
20—棉制
30—合成纤维制
90—其他纺织材料制

61.12 针织或钩编的运动服、滑雪服及游泳服：
—运动服
20—滑雪服
—男式游泳服
—女式游泳服

61.13 用品目59.03、59.06或59.07的针织物或钩编织物制成的服装

61.14 针织或钩编的其他服装：
20—棉制
30—化学纤维制
90—其他纺织材料制

61.15 针织或钩编的连裤袜、紧身裤袜、长统袜、短袜及其他袜类，包括循序减压袜类(例如，用以治疗静脉曲张的长统袜)和无外绱鞋底的鞋类：

10—循序减压袜类(例如,用以治疗静脉曲张的长统袜)

—其他连裤袜及紧身裤袜

30—其他女式长统袜或中统袜,每根单丝细度在67分特以下

—其他

61.16 针织或钩编的分指手套、连指手套及露指手套:

10—用塑料或橡胶浸渍、涂布或包覆的

—其他

61.17 其他制成的针织或钩编的衣着附件;服装或衣着附件的针织或钩编的零件:

10—披巾、头巾、围巾、披纱、面纱及类似品

80—其他附件

90—零件

第62章排列结构

本章包括用第50章至第56章、第58章及第59章的织物(含毡呢及无纺织物,但絮胎除外)制成的男式或女式服装(包括童装)、衣着附件及其零件。除品目62.12的物品以外,本章不包括针织或钩编材料制成的服装、衣着附件及零件。

本章物品不因带有其他材料(例如,针织物或钩编织物、毛皮、羽毛、皮革、塑料或金属)的零件或附件而影响其归类。但如果这些材料在物品中不是仅起装饰作用的,则应按有关章的注释规定(特别是第43章注释四及第67章注释二(二)中有关毛皮及羽毛制规定)归类;倘无适当规定可循,则应按照归类总规则进行归类。

电热物品仍应归入本章。

根据本章注释八,对于服装,凡门襟扣或搭上时为左压右的,应视为男式;凡门襟扣或搭上时为右压左的,则应视为女式。

上述规定不适用于其式样已明显为男式或女式的服装。无法区别是男式还是女式的服装,应按女式服装归入有关品目。

衬衣及仿男式女衬衣是指人体上身穿着并从领口处全开襟或半开襟的长袖或短袖衣服;罩衫也是上半身穿着的,但可以无袖,领口处也可以不开襟。

按照第十一类注释十四的规定,不同品目所列的服装即使成套零售包装,仍应分别归入各自相应的品目。但在品目中具体列名的成套服装除外(例如,西服套装、睡衣裤及游泳服)。必须注意,第十一类注释十四所称的“服装”是指品目62.01至62.11的服装。

本章还适用于各品目所列物品的未制成品或不完整品,其中包括用于制造上述物品的成形纺织物及制造品目62.12所列物品及其零件的成形针织物或钩编织物,即只要这些产品具备了相应物品的基本特征,就可与制成品归入同一品目。但服装或衣着附件的非针织或非钩编零件(品目62.12的物品除外)应归入品目62.17。

本章还不包括：

(一)品目39.26、40.15、42.03或68.12的服装及衣着附件。

(二)经过某些加工(例如，缝边或形成领口)的纺织物片，准备用于制衣，但还未加工成服装或服装零件(品目63.07)。

(三)品目63.09的旧衣着及其他旧物品。

(四)玩偶服装(品目95.03)。

62.01 男式大衣、短大衣、斗篷、短斗篷、带风帽的防寒短上衣(包括滑雪短上衣)、防风衣、防风短上衣及类似品，但品目62.03的货品除外：

—大衣、雨衣、短大衣、斗篷、短斗篷及类似品

—其他

62.02 女式大衣、短大衣、斗篷、短斗篷、带风帽的防寒短上衣(包括滑雪短上衣)、防风衣、防风短上衣及类似品，但品目62.04的货品除外：

—大衣、雨衣、短大衣、斗篷、短斗篷及类似品

—其他

62.03 男式西服套装、便服套装、上衣、长裤、护胸背带工装裤、马裤及短裤(游泳裤除外)：

—西服套装

—便服套装

—上衣

—长裤、护胸背带工装裤、马裤及短裤

62.04 女式西服套装、便服套装、上衣、连衣裙、裙子、裙裤、长裤、护胸背带工装裤、马裤及短裤(游泳服除外)：

—西服套装

—便服套装

—上衣

—连衣裙

—裙子及裙裤

—长裤、护胸背带工装裤、马裤及短裤

62.05 男衬衫：

20—棉制

30—化学纤维制

90—其他纺织材料制

62.06 女衬衫：

10—丝或绢丝制

20—羊毛或动物细毛制
30—棉制
40—化学纤维制
90—其他纺织材料制

62.07 男式汗衫及其他内衣背心、内裤、三角裤、长睡衣、睡衣裤、浴衣、晨衣及类似品：
—内裤及三角裤
—长睡衣及睡衣裤
—其他

62.08 女式汗衫及其他内衣背心、长衬裙、衬裙、三角裤、短衬裤、睡衣、睡衣裤、浴衣、晨衣及类似品：
—长衬裙及衬裙
—睡衣及睡衣裤
—其他

62.09 婴儿服装及衣着附件：
20—棉制
30—合成纤维制
90—其他纺织材料制

62.10 用品目56.02、56.03、59.03、59.06或59. 07的织物制成的服装：
10—用品目56.02或56.03的织物制成的服装
20—子目6201.11至6201.19所列类型的其他服装
30—子目6202.11至6202.19所列类型的其他服装
40—其他男式服装
50—其他女式服装

62.11 运动服、滑雪服及游泳服；其他服装：
—游泳服
20—滑雪服
—其他男式服装
—其他女式服装

62.12 胸罩、束腰带、紧身胸衣、吊裤带、吊袜带、束袜带和类似品及其零件，不论是否针织或钩编的：
10—胸罩
20—束腰带及腹带
30—束腰胸衣
90—其他

62.13 手帕：

20—棉制
90—其他纺织材料制
62.14 披巾、领巾、围巾、披纱、面纱及类似品：
10—丝或绢丝制
20—羊毛或动物细毛制
30—合成纤维制
40—人造纤维制
90—其他纺织材料制
62.15 领带及领结：
10—丝或绢丝制
20—化学纤维制
90—其他纺织材料制
62.16 分指手套、连指手套及露指手套
62.17 其他制成的衣着附件；服装或衣着附件的零件，但品目62.12的货品除外：
10—附件
90—零件

第63章排列结构

本章包括：

一、用任何纺织物（机织物或针织物、毡呢、无纺织物等）制成而且在第十一类其他章或协调制度其他章未具体列名的第一分章（品目63.01至63.07）所列的纺织品。所称“制成的纺织品”，是指符合第十一类注释七定义的制成的物品（参见第十一类总注释第二部分）。

本分章包括网眼薄纱或其他网眼织物、花边或刺绣品制成的物品，不论其是直接制成形的或是用品目58.04或58.10的网眼薄纱或其他网眼织物、花边织物或刺绣织物制成的。

本分章的物品不因带有毛皮、金属（包括贵金属）、皮革、塑料等制的小饰件或附件而影响其归类；但如果这些材料超出了仅是装饰或附件的范围，则应根据具体情况，按照有关类、章的注释或归类总规则的规定进行归类。

本分章的物品不因带有毛皮、金属（包括贵金属）、皮革、塑料等制的小饰件或附件而影响其归类；但如果这些材料超出了仅是装饰或附件的范围，则应根据具体情况，按照有关类、章的注释（归类总规则一），或归类总规则的其他规定进行归类。

本分章特别不包括：

（一）品目56.01的絮胎制品。

（二）品目56.03的简单裁切成正方形或长方形的无纺织物（例如，一次性使用的床单）。

(三)品目56.08的成品网。

(四)品目58.04或58.10的成小块图案的花边或刺绣品。

(五)第61章或第62章的服装及衣着附件。

二、第二分章(品目63.08)的某些零售包装成套货品,由机织物及纱线组成,不论是否带配件,用于缝绣在小地毯、装饰毯、绣花台布、餐巾或类似纺织品上;

三、第三分章(品目63.09或63.10)所列符合本章注释三定义的旧衣着及其他旧物品,以及新、旧碎织物及废绳等。

第一分章 其他纺织制成品

63.01 毯子及旅行毯:

10—电暖毯

20—羊毛或动物细毛制的毯子(电暖毯除外)及旅行毯

30—棉制的毯子(电暖毯除外)及旅行毯

40—合成纤维制的毯子(电暖毯除外)及旅行毯

90—其他毯子及旅行毯

63.02 床上、餐桌、盥洗及厨房用的织物制品:

10—针织或钩编的床上用织物制品

—其他印花的床上用织物制品

—其他床上用织物制品

40—针织或钩编的餐桌用织物制品

—其他餐桌用织物制品

60—盥洗及厨房用棉制毛巾织物或类似的毛圈织物的制品

—其他

63.03 窗帘(包括帷帘)及帐幔;帘帷或床帷:

—针织或钩编的

—其他

63.04 其他装饰用织物制品,但品目94.04的货品除外:

—床罩

其他

63.05 货物包装用袋:

10—黄麻或品目53.03的其他韧皮纺织纤维制

20—棉制

—化学纤维材料制

90—其他纺织材料制

63.06 油苫布、天篷及遮阳篷;帐篷;风帆;野营用品:

—油苫布、天篷及遮阳篷

—帐篷
30—风帆
40—充气褥垫
—其他
91—棉制
99—其他纺织材料制

63.07 其他制成品,包括服装裁剪样:
10—擦地布、擦碗布、抹布及类似擦拭用布
20—救生衣及安全带
90—其他

第二分章 成套物品

63.08 由机织物及纱线构成的零售包装成套物品,不论是否带附件,用以制作小地毯、装饰毯、绣花台布、餐巾或类似的纺织物品

第三分章 旧衣着及旧纺织品;碎织物

63.09 旧衣物

63.10 新或旧的破、碎织物,线、绳、索、缆的废、碎料以及线、绳、索、缆或纺织材料的破旧制品:
10—经分拣的
90—其他

第十二类 鞋、帽、伞、杖、鞭及其零件;已加工的羽毛及其制品;人造花;人发制品（第64章至第67章）

(一)主要内容

第十二类共4章(第64章至第67章)。其中,第64章主要包括各种鞋靴;第65章主要包括各种帽类;第66章主要包括雨伞、阳伞、手杖、鞭子等;第67章主要包括羽毛制品、人造花和人发制品等。

(二)排列结构

第64章排列结构

除某些货品(尤其是本总注释末所列货品)以外,本章包括品目64.01至64.05所列的各种类型的鞋靴(包括套鞋),不论其形状及尺寸如何或其式样是否适于专门用途,也不论其制造方法如何和用何种材料制成。

本章所称的"鞋靴",不包括用易损材料(纸、塑料薄膜等)制成的无外绱鞋底的一次性鞋靴罩或套。这些产品应按其构成材料归类。

64.01 橡胶或塑料制外底及鞋面的防水鞋靴,其鞋面不是用缝、铆、钉、旋、塞或类似方法固定在鞋底上的:

10—装有金属防护鞋头的鞋靴
—其他鞋靴
64.02 橡胶或塑料制外底及鞋面的其他鞋靴：
—运动鞋靴
20—用栓塞方法将鞋面条带装配在鞋底上的鞋
—其他鞋靴
64.03 橡胶、塑料、皮革或再生皮革制外底，皮革制鞋面的鞋靴：
—运动鞋靴
20—皮革制外底，由交叉于脚背并绕大脚趾的皮革条带构成鞋面的鞋
40—装有金属防护鞋头的其他鞋靴
—皮革制外底的其他鞋靴
—其他鞋靴
64.04 橡胶、塑料、皮革或再生皮革制外底，用纺织材料制鞋面的鞋靴：
—橡胶或塑料制外底的鞋靴
20—皮革或再生皮革制外底的鞋靴
64.05 其他鞋靴：
10—皮革或再生皮革制鞋面的
20—纺织材料制鞋面的
90—其他
64.06 鞋靴零件（包括鞋面，不论是否带有除外底以外的其他鞋底）；活动式鞋内底、跟垫及类似品；护腿、裹腿和类似品及其零件：
10—鞋面及其零件，但硬衬除外
20—橡胶或塑料制的外底及鞋跟
—其他

第65章排列结构

除下列不包括的物品以外，本章包括帽型、帽坯、帽身及帽兜，以及各种各样的帽子，不论其用何种材料制成及用途如何（日用、戏剧用、化妆用、防护用等）。

本章还包括任何材料制成的发网及某些帽类专用的配件。

本章的帽类可带有各种材料（包括第71章所列材料）制成的各式各样的装饰物。

本章不包括：

（一）动物用的帽类（品目42.01）。

（二）披巾、围巾、薄头罩、面纱及类似品（品目61.17或62.14）。

（三）明显穿戴过的帽类，报验时呈散装、大包装、大袋装或类似包装的（品目

63.09)。

(四)假发及类似品(品目 67.04)。

(五)石棉制的帽类(品目 68.12)。

(六)玩偶帽、其他玩具帽及狂欢节用品(第 95 章)。

(七)未装于帽上的各种帽子装饰物(扣子、别针、徽章、羽毛、人造花等)(归入适当的品目)。

65.01 毡呢制的帽坯、帽身及帽兜,未楦制成形,也未加帽边;毡呢制的圆帽片及制帽用的毡呢筒(包括裁开的毡呢筒)

65.02 编结的帽坯或用任何材料的条带拼制而成的帽坯,未楦制成形,也未加帽边、衬里或装饰物

65.03

65.04 编结帽或用任何材料的条带拼制而成的帽类,不论有无衬里或装饰物

65.05 针织或钩编的帽类,用成匹的花边、毡呢或其他纺织物(条带除外)制成的帽类,不论有无衬里或装饰物;任何材料制的发网,不论有无衬里或装饰物:

10—发网

90—其他

65.06 其他帽类,不论有无衬里或装饰物:

10—安全帽

—其他

65.07 帽圈、帽衬、帽套、帽帮、帽骨架、帽舌及帽颏带

第 66 章排列结构

66.01 雨伞及阳伞(包括手杖伞、庭园用伞及类似伞):

10—庭园用伞及类似伞

—其他

66.02 手杖、带座手杖、鞭子、马鞭及类似品

66.03 品目 66.01 或 66.02 所列物品的零件及装饰品:

20—伞骨,包括装在伞柄上的伞骨

90—其他

第 67 章排列结构

67.01 带羽毛或羽绒的鸟皮及鸟体其他部分、羽毛、部分羽毛、羽绒及其制品(品目 05.05 的货品和经加工的羽管及羽轴除外)

67.02 人造花、叶、果实及其零件;用人造花、叶或果实制成的物品:

10—塑料制

90—其他材料制

67.03 经梳理、稀疏、脱色或其他方法加工的人发；作假发及类似品用的羊毛、其他动物毛或其他纺织材料

67.04 人发、动物毛或纺织材料制的假发、假胡须、假眉毛、假睫毛及类似品；其他品目未列名的人发制品：

—合成纤维纺织材料制

20—人发制

90—其他材料制

第十三类 石料、石膏、水泥、石棉、云母及类似材料的制品；陶瓷产品；玻璃及其制品（第68章至第70章）

（一）主要内容

本类所包含的商品大都是由第五类的矿产品经进一步加工所制得的制品，本类的商品基本上都是制成品，不包括原料。

（二）排列结构

第68章排列结构

本章包括：

一、加工程度超出第25章注释一所列范围的该章各种产品。

二、第25章注释二（五）所列该章不包括的产品。

三、用第五类的矿物原料制成的某些货品。

四、用第28章的某些材料制成的货品（例如，人造研磨料）。

上述第三或第四类所述的某些货品可用粘合剂粘聚，也可含有填料或用其他材料加强，对于研磨料或云母，还可用纺织材料、纸、纸板或其他材料作衬背或支承。

这些产品和制成品大都是通过加工（例如，成形、模制），改变了原来形状，但没有改变其原料的性质。有些货品是通过粘聚加工制得的（例如，沥青制品或砂轮等某些物品，砂轮是将粘合材料玻璃化粘聚研磨料而成的）；其他一些货品则是在高压釜内硬化而成的（灰砂砖）。本章还包括经过加工后，原材料起了根本变化的某些货品（例如，经熔炼而成的矿渣棉、熔化玄武岩等）。

泥土经预制成形后烧制而成的物品（即陶瓷制品）通常归入第69章，但品目68.04的陶瓷研磨制品除外。玻璃及玻璃器，包括玻璃陶瓷制品、熔融石英制品或其他熔融硅石制品，应归入第70章。

除随后各品目注释分别列明不包括的某些货品外，本章还不包括下列物品：

（一）第71章的钻石、其他宝石、半宝石（天然、合成或再造）及其制品和所有其他物品。

（二）品目84.42的印刷用石板。

（三）经过钻孔或其他加工明显用作控制板的镶板（例如，板岩板、大理石板、石棉水泥板）（品目85.38）；及品目85.46或85.47的绝缘子和绝缘零件。

（四）第94章的物品（例如，家具、灯具及照明装置、活动房屋）。

（五）玩具、游戏品及运动用品（第95章）。

（六）经加工或制成物品形状的第96章注释二（二）所列的矿物雕刻材料（品目96.02）。

（七）第97章的雕塑品原件和收藏家的收藏品和古物。

68.01 天然石料（不包括板岩）制的长方砌石、路缘石、扁平石

68.02 已加工的碑石或建筑用石（不包括板岩）及其制品，但品目68.01的货品除外；天然石料（包括板岩）制的镶嵌石（马赛克）及类似品，不论是否有衬背；天然石料（包括板岩）制的人工染色石粒、石片及石粉：

10—砖、瓦、方块及类似品，不论是否为矩形（包括正方形），其最大表面积以可置入边长小于7厘米的方格为限；人工染色的石粒、石片及石粉

—简单切削或锯开并具有一个平面的其他碑石或建筑用石及其制品

—其他

68.03 已加工的板岩及板岩或粘聚板岩的制品

68.04 未装支架的石磨、石碾、砂轮和类似品及其零件，用于研磨、磨刃、抛光、整形或切割，以及手用磨石、抛光石及其零件，用天然石料、粘聚的天然磨料、人造磨料或陶瓷制成，不论是否装有由其他材料制成的零件：

10—碾磨或磨浆用石磨、石碾

—其他石磨、石碾、砂轮及类似品

30—手用磨石及抛光石

68.05 砂布、砂纸及以其他材料为底的类似品，不论是否裁切、缝合或用其他方法加工成形：

10—砂布

20—砂纸

30—其他

68.06 矿渣棉、岩石棉及类似的矿质棉；页状蛭石、膨胀粘土、泡沫矿渣及类似的膨胀矿物材料；具有隔热、隔音或吸音性能的矿物材料的混合物及制品，但品目68.11、68.12或第69章的货品除外：

10—矿渣棉、岩石棉及类似的矿质棉（包括其相互混合物），块状、成片或成卷

20—页状蛭石、膨胀粘土、泡沫矿渣及类似的膨胀矿物材料（包括其相互混合物）

90—其他

68.07 沥青或类似原料(例如,石油沥青或煤焦油沥青)的制品:

10—成卷

90—其他

68.08 镶板、平板、瓦、砖及类似品,用水泥、石膏及其他矿物粘合材料粘合植物纤维、稻草、刨花、木片屑、木粉、锯末或木废料制成

68.09 石膏制品及以石膏为基本成分的混合材料制品:

—未经装饰的板、片、砖、瓦及类似品

90—其他制品

68.10 水泥、混凝土或人造石制品,不论是否加强:

—砖、瓦、扁平石及类似品

—其他制品

68.11 石棉水泥、纤维素水泥或类似材料的制品:

40—含石棉的

—不含石棉的

68.12 已加工的石棉纤维;以石棉为基本成分或以石棉和碳酸镁为基本成分的混合物;上述混合物或石棉的制品(例如,纱线、机织物、服装、帽类、鞋靴、衬垫),不论是否加强,但品目 68.11 或 68.13 的货品除外:

80—青石棉的

—其他

68.13 以石棉、其他矿物质或纤维素为基本成分的未装配磨擦材料及其制品(例如,片、卷、带、盘、圈、垫及扇形),适于作制动器、离合器及类似品,不论是否与织物或其他材料结合而成:

20—含石棉的

—不含石棉的

68.14 已加工的云母及其制品,包括粘聚或复制的云母,不论是否附于纸、纸板或其他材料上:

10—粘聚或复制云母制的板、片、带,不论是否附于其他材料上

90—其他

68.15 其他品目未列名的石制品及其他矿物制品(包括碳纤维及其制品和泥煤制品):

10—非电器用的石墨或其他碳精制品

20—泥煤制品

—其他制品

第 69 章排列结构

第一分章 硅化石粉或类似硅土及耐火材料制品

本分章包括下列物品，不论其是否含有粘土：

一、品目 69.01 的陶瓷货品是将成形后的硅质化石粉或类似硅质土（例如，大多数归入品目 25.12 的恺塞古尔硅藻土、的利波里硅藻土、代亚脱迈硅藻土）或焚烧某种植物产品（例如，稻壳灰）所得的二氧化硅烧制而成的。这些原料通常混有粘合剂（例如，粘土或镁氧），有时也混有其他物质（例如，石棉、毛发、锯末、煤粉等）。

这些物品通常很轻，具有多孔结构，是极好的建筑和包套气体管道或蒸汽管道隔热材料。在建造烘箱、工业熔炉、蒸汽发生锅炉、工业设备或其他设施中，需要使用轻质、导热性低、隔热性好的材料，某些这类货品可作为耐火产品用于这些方面。另外一些货品则在工作温度为 1 000 ℃以下时用作隔热件。

二、品目 69.02 和 69.03 的耐火物品是指具有耐冶金和玻璃等工业高温（例如，1 500 ℃及以上）特殊性能的烧制物品。根据不同的特定用途，耐火物品还可以经得起温度的急剧变化，是良好的隔热体或是良好的导热体，具有很低的热膨胀系数，是多孔体或紧密体，能经受与其所接触物品的腐蚀作用，具有良好的机械强度及很强的耐磨损性等。

然而，归入品目的 69.02 或 69.03 的耐火制品不但要能耐高温，而且还能在高温下工作。因此品目 69.03 包括用烧结氧化铝制成的坩埚，但用同样原料制成的纺织机导纱器则应归入 69.09，因该器件显然不是作为耐火材料使用。

耐火材料主要品种如下：

（一）以矾土、多铝红柱石、刚玉（有时与粘土混合）、与粘土混合的蓝晶石、硅线石或红柱石（硅酸铝），或烧结矾土为基料的高铝耐火材料。

（二）矾土硅酸盐耐火材料（例如，以带有火泥或陶渣的耐火粘土为基料的）。

（三）硅石和半硅质耐火材料（以砂、碎石英、燧石等为基料并用粘土或石灰加以粘合的）。

（四）以菱镁矿、海水镁氧或白云石为基料的菱镁矿耐火材料；以铬铁矿或氧化铬为基料的耐火材料；铬镁耐火材料。

（五）以碳化硅为基料的耐火物品。

（六）通常用粘土粘聚的氧化锆或硅酸锆耐火材料；以氧化铍、氧化钍、氧化铈等为基料的耐火材料。

（七）以石墨或其他碳精为基料的耐火材料，通常用沥青、焦油或粘土粘聚而成（用于电气方面的石墨制品及其他碳精制品应归入品目 85.45）。

（八）以其他材料（例如，氮化硅、氮化硼、钛酸铝及与其相关的化合物）为基料的耐火材料。

耐火材料主要用作高炉、炼焦炉、石油裂化设备、玻璃或陶瓷的熔炉和其他工业用炉的衬料,以及用于制造化学、玻璃、水泥、炼铝和其他冶金工业用的坩埚和其他设备。

品目69.02和69.03不包括那些虽有时称作耐火或半耐火材料,但实际上并不能经受上述工业高温的物品。这类物品应归入第二分章中的适当品目。

69.01 硅质化石粉(例如,各种硅藻土)或类似硅土制的砖、块、瓦及其他陶瓷制品

69.02 耐火砖、块、瓦及类似耐火陶瓷建材制品,但硅质化石粉及类似硅土制的除外:

10—单独或同时含有按重量计超过50%的镁、钙或铬(分别以氧化镁、氧化钙或三氧化二铬的含量计)

20—含有按重量计超过50%的三氧化二铝、二氧化硅或其混合物或化合物

90—其他

69.03 其他耐火陶瓷制品(例如,甑、坩埚、马弗罩、喷管、栓塞、支架、烤钵、管子、护套及棒条),但硅质化石粉及类似硅土制的除外:

10—含有按重量计超过50%的石墨、其他碳或其混合物

20—含有按重量计超过50%的三氧化二铝或三氧化二铝和二氧化硅的混合物或化合物

90—其他

第二分章　其他陶瓷产品

本分章包括除第一分章的硅质化石粉或类似硅土货品及耐火材料货品以外的陶瓷产品。

在本协调制度中,这些产品是根据不同品种(砖、瓦、卫生用具等)进行分类的,陶瓷原料性质或涂釉均不影响产品的归类,但下列产品除外:

(一)归入品目69.07未上釉陶瓷贴面砖、铺面砖、镶嵌砖及类似品和归入品目69.08的已上釉的同类物品。

(二)归入品目69.11的瓷餐具、厨房器具及其他家用或盥洗用瓷器和品目69.12的其他种类的陶瓷制品。

一、瓷器

瓷是指硬瓷、软瓷、素瓷(包括白瓷)和骨瓷。所有这些瓷几乎完全玻璃化,质硬,即使不上釉也具有不渗透性,色白或人工着色,半透明(很厚的除外),敲之声音清脆。

硬瓷用高岭土(或类高岭土)、石英、长石(或致密长石),有时还有碳酸钙为原料制成。该产品上有无色透明釉料,釉料与瓷坯同时烧制并熔合在一起。

软瓷含有较少矾土但含有较多硅石和助熔剂(例如,长石)。骨瓷所含矾土更少,主要含磷酸钙(例如,从骨灰中制得的磷酸钙);产品通过低于硬瓷的温度烧制,

呈半透明体。其釉面通常是在较低温度下进一步烧上的，因而可进行更大范围的釉下装饰。

素瓷是不上釉的瓷，其中巴鲁斯瓷（也称卡拉拉瓷）是一种特殊的细粒淡黄色瓷，含有较多长石，外表常似巴鲁斯岛生产的大理石，并由此而得名。

二、其他陶瓷产品

除瓷器以外的陶瓷产品包括：

（一）不同于瓷的多孔陶瓷，为液体可渗透的不透明体，易被铁器划出痕道，断裂面粘舌。这类陶瓷有：

1. 用普通含铁及含钙粘土（砖土）制成的陶器，具有无光泽的土质结构，一般为棕、红或黄色。

2. 范围较广的白色或着色陶瓷（精陶器、花饰陶器，荷兰白釉蓝彩陶器等）。本身多孔，必须上釉（使用透明或不透明釉料，例如，白色或其他颜色的金属氧化物）才具不渗透性。精陶器等由经过细筛的粘土加水混合制成，坯泥颗粒细腻，通过比烧制普通粘土陶器更高的温度烧制而成。其坯泥并未完全玻璃化，因而不同于瓷器。

（二）粗陶器，虽然它质地紧密，硬度高，不怕钢尖的擦刮，因其不透明，且一般只是部分玻璃化，所以与瓷不同，粗陶器可以是釉瓷质（不透水）或半釉瓷质。由于所使用的粘土中含有杂质，所以颜色为灰色或浅棕色。粗陶器通常上釉。

（三）某些名为"半瓷"或"仿瓷"的产品，有的经调剂、修饰及上釉，使其具有瓷器的商品外表。它们不象陶器那样完全不透明，也不象瓷器那样真正半透明。这些产品只是在较薄处（例如，杯子的底部）略觉半透明状，可通过它们的断裂面与真瓷加以区别，因为它们的断裂面颗粒粗糙、无光泽和非玻璃化。该产品釉面下是多孔的，断裂面也是粘舌的。再者，用钢刀很易在这些产品上划出痕道。但必须注意，某些软瓷也很易用钢器划出痕道。上述这些"仿瓷"品不作为瓷归类。

本分章还包括块滑石粉等与粘土（例如，高岭土）、长石等混合后成形烧制的某些货品。但应注意，许多这些材料制成的物品是专供电气用途的，故应归入第 85 章。冻石锯成一定形状后经过烧制所得的制品也归入本分章内。

耐火材料（例如，烧结矾土）制成的某些陶瓷产品如不作耐火物品使用的，仍可归入第二分章（参见品目 69.09 的注释）。

69.04 陶瓷制建筑用砖、铺地砖、支撑或填充用砖及类似品：

10—建筑用砖

90—其他

69.05 屋顶瓦、烟囱罩、通风帽、烟囱衬壁、建筑装饰物及其他建筑用陶瓷制品：

10—屋顶瓦

90—其他

69.06 陶瓷套管、导管、槽管及管子附件

69.07 未上釉的陶瓷贴面砖、铺面砖、包括炉面砖及墙面砖;未上釉的陶瓷镶嵌砖(马赛克)及类似品,不论是否有衬背:

10—砖、瓦,块及类似品,不论是否矩形,其最大表面积以可置入边长小于7厘米的方格为限

90—其他

69.08 上釉的陶瓷贴面砖、铺面砖,包括炉面砖及墙面砖;上釉的陶瓷镶嵌砖(马赛克)及类似品,不论是否有衬背:

10—砖、瓦、块及类似品,不论是否矩形,其最大表面积以可置入边长小于7厘米的方格为限

90—其他

69.09 实验室、化学或其他专门技术用途的陶瓷器;农业用陶瓷槽、缸及类似容器;通常供运输及盛装货物用的陶瓷罐、坛及类似品:

—实验室、化学或其他专门技术用途的陶瓷器

90—其他

69.10 陶瓷洗涤槽、脸盆、脸盆座、浴缸、坐浴盆、抽水马桶、水箱、小便池及类似的固定卫生设备:

10—瓷制

90—其他

69.11 瓷餐具、厨房器具及其他家用或盥洗用瓷器:

10—餐具及厨房器具

90—其他

69.12 陶餐具、厨房器具及其他家用或盥洗用陶器

69.13 塑像及其他装饰用陶瓷制品:

10—瓷制

90—其他

69.14 其他陶瓷制品:

10—瓷制

90—其他

第70章排列结构

本章包括各种形状的玻璃及玻璃制品(本章注释一所列不包括的物品或本协调制度其他品目更为明确列名的物品除外)。

玻璃(下列的熔融石英和其他熔融硅石除外)是以不同比例的某种碱金属硅酸盐(硅酸钠或硅酸钾)与一种或多种钙和铅的硅酸盐相混合,并附加钡、铝、锰、镁等组成的一种熔融均匀混合物。

玻璃按其组分不同有许多品种(例如,玻希米亚玻璃、冕牌玻璃、铅晶质玻璃、氧

化铅玻璃、斯特拉斯铅玻璃)。这些不同类型的玻璃是非晶性(非晶质)的,而且是全部透明的。

本章各品目包括品目所列的相应物品,不论其为何种玻璃制成的。

制造玻璃的方法有多种,它们包括:

一、铸造(例如,制平板玻璃)。

二、滚轧(例如,制平板玻璃或嵌丝玻璃)。

三、浮法(浮法平板玻璃)。

四、模制,不论是否与压、吹或拉制方法相结合(例如,模制瓶子、杯子、某些类型的光学玻璃、烟灰缸)。

五、吹制,机械或人工吹制,不论是否使用模具(例如,制瓶、安瓿、装饰品,有时也吹制玻璃片)。

六、拉拔或挤出(特别用于制玻璃片、玻璃棒、玻璃管及玻璃纤维)。

七、压制,一般使用模具,通常用以压制烟灰缸等物品,也有与滚轧法(例如,轧制图案玻璃)或吹制法(例如,制瓶)相结合。

八、灯工法,借助于喷灯进行加工(用玻璃棒或管制造安瓿或小工艺品)。

九、切割,将各种方法制得的玻璃坯件、球体等切割成所需的物品(特别是熔融石英或其他熔融硅石制品,它们通常是用实心或空心玻璃坯件切割而成的)。

关于多孔玻璃的情况,参见品目 70.16 的注释。

在某些情况下,制作方法可决定玻璃品在本章中品目的归类,例如,品目 70.03 仅适用于铸制或轧制的玻璃,而品目 70.04 仅适用于拉制或吹制的玻璃。

70.01 碎玻璃及废玻璃;玻璃块料

70.02 未加工的玻璃球、棒及管(品目 70.18 的微型玻璃球除外):
- 10—玻璃球
- 20—玻璃棒
- —玻璃管

70.03 铸制或轧制玻璃板、片或型材及异型材,不论是否有吸收、反射或非反射层,但未经其他加工:
- —非夹丝玻璃板、片
- 20—夹丝玻璃板、片
- 30—型材及异型材

70.04 拉制或吹制玻璃板、片,不论是否有吸收、反射或非反射层,但未经其他加工:
- 20—整块着色、不透明、镶色或具有吸收、反射或非反射层的
- 90—其他玻璃

70.05 浮法玻璃板、片及表面研磨或抛光玻璃板、片,不论是否有吸收、反射或非反射层,但未经其他加工:

10—具有吸收、反射或非反射层的非夹丝玻璃

—其他非夹丝玻璃

30—夹丝玻璃

70.06 经弯曲、磨边、镂刻、钻孔、涂珐琅或其他加工的品目 70.03、70.04 或 70.05 的玻璃,但未用其他材料镶框或装配

70.07 钢化或层压玻璃制的安全玻璃:

—钢化安全玻璃

—层压安全玻璃

70.08 多层隔温、隔音玻璃组件

70.09 玻璃镜(包括后视镜),不论是否镶框:

10—车辆后视镜

—其他

70.10 玻璃制的坛、瓶、缸、罐、安瓿及其他容器,用于运输或盛装货物;玻璃制保藏罐;玻璃塞、盖及类似的封口器:

10—安瓿

20—塞、盖及类似的封口器

90—其他

70.11 制灯泡、阴极射线管及类似品用的未封口玻璃外壳(包括玻璃泡及管)及其玻璃零件,但未装有配件:

10—电灯用

20—阴极射线管用

90—其他

70.12

70.13 玻璃器,供餐桌、厨房、盥洗室、办公室、室内装饰或类似用途(品目 70.10 或 70.18 的货品除外):

10—玻璃陶瓷制

—高脚杯,但玻璃陶瓷制的除外

—其他杯子,但玻璃陶瓷制的除外

—餐桌或厨房用玻璃器皿(不包括杯子),但玻璃陶瓷制的除外

—其他玻璃器

70.14 未经光学加工的信号玻璃器及玻璃制光学元件(品目 70.15 的货品除外)

70.15 钟表玻璃及类似玻璃、视力矫正或非视力矫正眼镜用玻璃,呈弧面、弯曲、凹形或类似形状但未经光学加工的;制造上述玻璃用的凹面圆形及扇形玻璃:

10—视力矫正眼镜用玻璃

90—其他

70.16 建筑用压制或模制的铺面用玻璃块、砖、片、瓦及其他制品,不论是否夹丝;供

镶嵌或类似装饰用的玻璃马赛克及其他小件玻璃品,不论是否有衬背;花饰铅条窗玻璃及类似品;多孔或泡沫玻璃块、板、片及类似品:

10—供镶嵌或类似装饰用的玻璃马赛克及其他小件玻璃品,不论是否有衬背

90—其他

70.17 实验室、卫生及配药用的玻璃器,不论有无刻度或标量:

10—熔融石英或其他熔融硅石制

20—温度在 0 ℃至 300 ℃时线膨胀系数不超过 5×10^{-6}/开尔文的其他玻璃制

90—其他

70.18 玻璃珠、仿珍珠、仿宝石或仿半宝石和类似小件玻璃品及其制品,但仿首饰除外;玻璃假眼,但医用假眼除外;灯工方法制作的玻璃塑像及其他玻璃装饰品,但仿首饰除外;直径不超过 1 毫米的微型玻璃球:

10—玻璃珠、仿珍珠、仿宝石或仿半宝石及类似小件玻璃品

20—直径不超过 1 毫米的微型玻璃球

90—其他

70.19 玻璃纤维(包括玻璃棉)及其制品(例如,玻璃纤维纱线及其织物):

—梳条、粗纱、纱线及短切纤维

—薄片(巴厘纱)、纤维网、席、垫、板及类似无纺产品

40—粗纱机织物

—其他机织物

90—其他

70.20 其他玻璃制品

第十四类 天然或养殖珍珠、宝石或半宝石、贵金属、包贵金属及其制品;仿首饰、硬币 (第 71 章)

(一)主要内容

第十四类只有第 71 章,主要包括贵金属及其制品、珍珠和宝石及其制品,同时也包括仿首饰和硬币。

(二)排列结构

本章包括:

一、品目 71.01 至 71.04 的天然或养殖珍珠、钻石、其他宝石和半宝石(天然、合成或再造),不论是否加工,但未镶嵌或成串的,以及品目 71.05 的在加工宝石过程中所产生的某些废料。

二、品目 71.06 至 71.11 的贵金属和包贵金属,未锻造、半制成或粉末状,但未达到第三分章所述制品的加工程度,以及品目 71.12 的贵金属或包贵金属废碎料和主

要用于回收贵金属的含有贵金属或贵金属化合物的其他废碎料。

根据本章注释四，所称“贵金属”是指银、金及铂。必须注意，这里指的“铂”还包括铱、锇、钯、铑及钌。

根据本章注释五的规定，含有贵金属的合金（汞齐除外——品目 28.43）应按以下规则归类：

（一）按重量计含铂量在 2% 及以上的，按铂归类。

（二）按重量计含金量在 2% 及以上，但不含铂或按重量计含铂量在 2% 以下的，按金归类。

（三）按重量计含银量在 2% 以上的其他合金，按银归类。

（四）含铂、金、银都低于 2% 的所有合金按贱金属归类（第十五类）。

根据本章注释六的规定，除条文另有规定的以外，所称贵金属应包括上述（一）、（二）、（三）款所规定的贵金属合金，但不包括包贵金属，也不包括表面镀以银、金、铂的贱金属或非金属。

根据本章注释七，所称“包贵金属”是指以贱金属为底料，在其一面或多面用焊接、熔接、热轧或类似机械方法覆盖一层任何厚度的贵金属材料。

包贵金属的板、片、条等最常见的加工方法是用一层贵金属覆盖在基底金属的一面或双面并将两种金属“熔焊”在一起，然后加以滚轧。

包贵金属丝是将一条贱金属芯子插入到一个贵金属管子内并把两种金属加以“熔焊”，然后通过拉丝模板进行拉拔。

除条文另有规定的以外，镶嵌贵金属的贱金属也按包贵金属归类（例如，电气工业用的嵌有银条的铜板；嵌有金箔带或丝的所谓大马士革钢）。

切勿将本章所述的包贵金属与通过电解、蒸汽沉积、喷镀或用贵金属盐溶液浸渍等方法镀上贵金属的贱金属相混淆。这些贱金属不论所镀贵金属多厚，都应按其底料金属归入有关章内。

本章也不包括：

1. 胶态贵金属和贵金属汞齐（品目 28.43）。

2. 放射性同位素（例如，铱 192），包括含有放射性同位素的针状、线状或片状贵金属（品目 28.44）。

3. 专门配制作牙料填料用的合金（品目 30.06）。

三、全部或部分用天然或养殖珍珠、钻石或其他宝石、半宝石（天然、合成或再造）、贵金属或包贵金属制成的物品（品目 71.13 至 71.16）。本组尤其包括珠宝首饰和金器、银器（参见品目 71.13 和 71.14 的注释），但不包括：

（一）本章注释三所列的物品。

（二）其所含贵金属或包贵金属部分仅作为小配件（例如，交织字母、圈、套环）的物品，但这些物品不得含有天然或养殖珍珠、钻石或其他宝石、半宝石（天然、合成或再造）。

用贱金属或非金属制成把柄的厨房用刀、小折刀、雕刻刀、剃刀和其他刃具，即使带有贵金属或包贵金属制的交织字母、圈、套环等仍归入第 82 章(具有贵金属或包贵金属把柄的类似刃具则归入本章)。

同样，碗、瓶和其他瓷或玻璃餐具，即使带有贵金属或包贵金属的小配件或小装饰品(例如，套环)，仍应归入第 69 章或第 70 章。

本组也不包括以贱金属或非金属为底料镀以贵金属的制品(包贵金属制品除外)。

四、本章注释十一所述的仿首饰(品目 71.17)(参见有关注释)，但本章注释三所列的物品除外。

五、硬币(品目 71.18)，但收藏品除外(品目 97.05)。

第一分章　天然或养殖珍珠、宝石或半宝石

71.01　天然或养殖珍珠，不论是否加工或分级，但未成串或镶嵌；天然或养殖珍珠，为便于运输而暂穿成串：

10—天然珍珠

—养殖珍珠

71.02　钻石，不论是否加工，但未镶嵌：

10—未分级

—工业用

71.03　宝石(钻石除外)或半宝石，不论是否加工或分级，但未成串或镶嵌；未分级的宝石(钻石除外)或半宝石，为便于运输而暂穿成串：

10—未加工或经简单锯开或粗制成形

—经其他加工

71.04　合成或再造的宝石或半宝石，不论是否加工或分级，但未成串或镶嵌的；未分级的合成或再造的宝石或半宝石，为便于运输而暂穿成串：

10—压电石英

20—其他，未加工或经简单锯开或粗制成形

90—其他

71.05　天然或合成的宝石或半宝石的粉末：

10—钻石的

90—其他

第二分章　贵金属及包贵金属

71.06　银(包括镀金、镀铂的银)，未锻造、半制成或粉末状：

10—银粉

—其他

71.07　以贱金属为底的包银材料

71.08 金(包括镀铂的金),未锻造、半制成或粉末状:
—非货币用
20—货币用
71.09 以贱金属或银为底的包金材料
71.10 铂,未锻造、半制成或粉末状:
—铂
—钯
—铑
—铱、锇及钌
71.11 以贱金属、银或金为底的包铂材料
71.12 贵金属或包贵金属的废碎料;含有贵金属或贵金属化合物的其他废碎料,主要用于回收贵金属:
30—含有贵金属或贵金属化合物的灰
—其他

第三分章 珠宝首饰、金银器及其他制品

71.13 贵金属或包贵金属制的首饰及其零件:
—贵金属制,不论是否包、镀贵金属
20—以贱金属为底的包贵金属制
71.14 贵金属或包贵金属制的金银器及其零件:
—贵金属制,不论是否包、镀贵金属
20—以贱金属为底的包贵金属制
71.15 贵金属或包贵金属的其他制品:
10—金属丝布或格栅形状的铂催化剂
90—其他
71.16 用天然或养殖珍珠、宝石或半宝石(天然、合成或再造)制成的物品:
10—天然或养殖珍珠制
20—宝石或半宝石(天然、合成或再造)制
否已装配(参见第 91 章的注释四)。

71.17 仿首饰:
—贱金属制,不论是否镀贵金属
90—其他
71.18 硬币:
10—非法定货币的硬币(金币除外)
90—其他

第十五类 贱金属及其制品
(第72章至第83章)

(一)主要内容

第十五类共12章(第72章至第83章),主要包括贱金属材料及结构较简单的贱金属制品、金属陶瓷及其制品。

(二)排列结构

第72章排列结构

本章包括黑色金属,即:生铁、镜铁、铁合金及其他原料(第一分章),也包括钢铁工业的某些铁或非合金钢产品(锭及其他初级形状产品、半制品及用它们直接生产出来的主要产品)(第二分章)、不锈钢产品(第三分章)及其他合金产品(第四分章)。

经进一步加工的制品(例如,铸件、锻件等),板桩、焊接角材、型材及异型材、铁道及电车道铺轨用材料及管材应归入第73章或其他章。

钢铁工业所采用的原料为品目26.01注释附表所列的各种天然铁矿(氧化物、水合氧化物、碳酸盐)、黄铁矿烬滓(从黄铁矿、白铁矿、磁黄铁矿等锻烧除去硫后留下的烧结铁氧化物)及钢铁废碎料。

第一分章 原料;粒状及粉状产品

本分章包括:

一、钢铁冶金原料(生铁、镜铁、铁合金、直接从铁矿砂还原所得的铁产品、其他海绵铁产品、废碎铁及再熔废铁锭)及按重量计纯度不低于99.94%的铁(品目72.01至72.04)。

二、粒状及粉状的生铁、镜铁、钢铁(品目72.05)。

72.01 生铁及镜铁,锭、块或其他初级形状:

10—非合金生铁,按重量计含磷量在0.5%及以下

20—非合金生铁,按重量计含磷量在0.5%以上

50—合金生铁;镜铁

72.02 铁合金:

—锰铁

—硅铁

30—硅锰铁

—铬铁

50—硅铬铁

60—镍铁

70—钼铁
80—钨铁及硅钨铁
—其他

72.03 直接从铁矿还原所得的铁产品及其他海绵铁产品，块、团、团粒及类似形状；按重量计纯度在99.94%及以上的铁，块、团、团粒及类似形状：
10—直接从铁矿还原所得的铁产品
90—其他

72.04 钢铁废碎料；供再熔的碎料钢铁锭：
10—铸铁废碎料
—合金钢废碎料
30—镀锡钢铁废碎料
—其他废碎料
50—供再熔的碎料钢铁锭

72.05 生铁、镜铁及钢铁的颗粒和粉末：
10—颗粒
—粉末

第二分章 铁及非合金钢

本分章包括下列形状的铁及非合金钢：

一、锭或其他初级形状，例如，熟铁棒、板桩、方块、团块，包括熔融状态的钢（品目72.06）。

二、半制成品，例如，大方坯、小方坯、圆材坯、厚板坯、薄板坯、粗锻件、角材坯、型材坯及异型材坯（品目72.07）。

三、平板轧材（品目72.08至72.12）。

四、不规则盘绕的热轧条、杆（品目72.13）及其他条及杆（品目72.14或72.15）。

五、角材、型材及异型材（品目72.16）。

六、丝（品目72.17）。

72.06 铁及非合金钢，锭状或其他初级形状（品目72.03的铁除外）：
10—锭状
90—其他

72.07 铁及非合金钢的半制成品：
—按重量计含碳量在0.25%以下
20—按重量计含碳量在0.25%及以上

72.08 宽度在600毫米及以上的铁或非合金钢平板轧材，经热轧，但未经包覆、镀层或涂层：

10—已轧压花纹的卷材，除热轧外未经进一步加工

—其他经酸洗的卷材，除热轧外未经进一步加工

—其他卷材，除热轧外未经进一步加工

40—已轧压花纹的非卷材，除热轧外未经进一步加工

—其他非卷材，除热轧外未经进一步加工

90—其他

72.09 宽度在600毫米及以上的铁或非合金钢平板轧材，经冷轧，但未经包覆、镀层或涂层：

—卷材，除冷轧外未经进一步加工

—非卷材，除冷轧外未经进一步加工

90—其他

72.10 宽度在600毫米及以上的铁或非合金钢平板轧材，经包覆、镀层或涂层：

—镀或涂锡的

20—镀或涂铅的，包括镀铅锡钢板

30—电镀锌的

—用其他方法镀或涂锌的

50—镀或涂氧化铬或铬及氧化铬的

—镀或涂铝的

70—涂漆或涂塑的

90—其他

72.11 宽度小于600毫米的铁或非合金钢平板轧材，但未经包覆、镀层或涂层：

—除热轧外未经进一步加工

—除冷轧外未经进一步加工

90—其他

72.12 宽度小于600毫米的铁或非合金钢平板轧材，经包覆、镀层或涂层：

10—镀或涂锡的

20—电镀锌的

30—用其他方法镀或涂锌的

40—涂漆或涂塑的

50—镀或涂其他材料的

60—经包覆的

72.13 不规则盘卷的铁及非合金钢的热轧条、杆：

10—带有轧制过程中产生的凹痕、凸缘、槽沟及其他变形的

20—其他，易切削钢制

—其他

72.14 铁或非合金钢的其他条、杆，除锻造、热轧、热拉拔或热挤压外未经进一步加工，包括轧制后扭曲的：

10—锻造的

20—带有轧制过程中产生的凹痕、凸缘、槽沟或其他变形以及轧制后扭曲的

30—其他，易切削钢制

—其他

72.15 铁及非合金钢的其他条、杆：

10—易切削钢制，除冷成形或冷加工外未经进一步加工

50—其他，除冷成形或冷加工外未经进一步加工

90—其他

72.16 铁或非合金钢的角材、型材及异型材：

10—槽钢、工字钢及H型钢，除热轧、热拉拔或热挤压外未经进一步加工，截面高度低于80毫米

—角钢及丁字钢，除热轧、热拉拔或热挤压外未经进一步加工，截面高度低于80毫米

—槽钢、工字钢及宽边工字钢，除热轧、热拉拔或热挤压外未经进一步加工，截面高度在80毫米及以上

40—角钢及丁字钢，除热轧、热拉拔或热挤压外未经进一步加工，截面高度在80毫米及以上

50—其他角材、型材及异型材，除热轧、热拉拔或热挤压外未经进一步加工

—角材、型材及异型材，除冷成形或冷加工外未经进一步加工

—其他

72.17 铁丝或非合金钢丝：

10—未经镀或涂层，不论是否抛光

20—镀或涂锌的

30—镀或涂其他贱金属的

90—其他

第三分章 不锈钢

耐热钢、抗蠕变钢及其他符合本章注释一（五）规定的钢应作为不锈钢归类。

由于不锈钢具有较强的抗腐蚀性，因而用途很广，例如，用于制消声器、催化转化器或变压器箱。

本分章包括品目72.18至72.23所述形状的不锈钢。

72.18 不锈钢，锭状或其他初级形状；不锈钢半制成品：

10—锭状或其他初级形状

—其他

72.19 不锈钢平板轧材,宽度在600毫米及以上:

—除热轧外未经进一步加工的卷材

—除热轧外未经进一步加工的非卷材

—除冷轧外未经进一步加工

90—其他

72.20 不锈钢平板轧材,宽度小于600毫米:

—除热轧外未经进一步加工

20—除冷轧外未经进一步加工

90—其他

72.21 不规则盘卷的不锈钢热轧条、杆

72.22 不锈钢其他条、杆;不锈钢角材、型材及异型材:

—条、杆,除热轧、热拉拔或热挤压外未经进一步加工

20—条、杆,除冷成形或冷加工外未经进一步加工

30—其他条、杆

40—角材、型材及异型材

72.23 不锈钢丝

第四分章 其他合金钢;合金钢或非合金钢制的空心钻钢

本分章的合金钢包括:

一、通常含下列元素的合金工程钢及结构钢:铬、锰、钼、镍、硅及钒。

二、含有微量硼(按重量计0.000 8%及以上)或铌(按重量计0.06%及以上),具有改良抗拉强度及焊接性能的合金钢。

三、含有铬或铜的抗大气腐蚀合金钢。

四、用于所谓"磁性"薄板(具有低磁性损耗)的合金钢,通常含有3~4%的硅及适量的铝。

五、易切削合金钢,这种合金钢不但符合注释一(六)的要求,而且至少含有下列的一种元素:铅、硫、硒、碲或铋。

六、合金轴承钢(通常含有铬)。

七、硅锰合金弹簧钢(含有锰、硅及适量的铬或钼)及弹簧用其他合金钢。

八、耐震耐磨的非磁性合金钢,这种钢中锰含量很高。

九、高速钢,这类合金钢含有钼、钨、钒三种元素中的至少二种元素且按重量计其总含量在7%及以上,0.6%及以上的碳及3%至6%的铬,不论是否含有其他合金元素。

十、不变形工具钢,按重量计通常含有12%及以上的铬及2%以上的碳。

十一、其他合金工具钢。

十二、含有铝、镍及钴的永磁合金钢。

十三、以锰或镍的含量为主要特征的非磁性合金钢，但归入第三分章的货品除外。

十四、用于制核反应堆控制棒的钢（硼的含量很高）。

本分章也包括合金或非合金钢制的空心钻钢（品目72.28）。

72.24 其他合金钢，锭状或其他初级形状；其他合金钢制的半制成品：

10—锭状及其他初级形状

90—其他

72.25 其他合金钢平板轧材，宽度在600毫米及以上：

—硅电钢制

30—其他卷材，除热轧外未经进一步加工

40—其他非卷材，除热轧外未经进一步加工

50—其他，除冷轧外未经进一步加工

—其他

72.26 其他合金钢平板轧材，宽度小于600毫米：

—硅电钢制

20—高速钢制

—其他

72.27 不规则盘卷的其他合金钢热轧条、杆：

10—高速钢制

20—硅锰钢制

90—其他

72.28 其他合金钢条、杆；其他合金钢角材、型材及异型材；合金钢或非合金钢制的空心钻钢：

10—高速钢条、杆

20—硅锰钢条、杆

30—其他条、杆，除热轧、热拉拔或热挤压外未经进一步加工

40—其他条、杆，除锻造外未经进一步加工

50—其他条、杆，除冷成形或冷加工外未经进一步加工

60—其他条、杆

70—角材、型材及异型材

80—空心钻钢

第73章排列结构

本章包括品目73.01至73.24具体列名的物品以及品目73.25及73.26的既未在第82章或第83章具体列名又未归入本协调制度其他章的钢铁(包括本章注释一所述的铸铁)制品。

本章所称的"管"及"空心异型材"解释如下:

一、管

全长横截面相同并只有一个闭合空间的同心中空产品,其内表面及外表面形状相同。钢管主要是圆形、椭圆形或矩形(包括正方形)横截面,但也有等边三角形或其他规则外凸多边形横截面的。全长边角已经磨圆的横截面非圆形的产品以及带有法兰形端部的管子都应作为管归类。它们可以经抛光、涂层、弯曲(包括盘管)、攻丝及不论是否两管相接、钻孔、缩腰、胀口、成锥形或装法兰、颈圈或套环。

二、空心异型材

不符合上述定义且主要是那些内外表面形状不同的空心产品。

第72章总注释的规定在必要的地方稍加修改后,可适用于本章的产品。

73.01 钢铁板桩,不论是否钻孔、打眼或组装;焊接的钢铁角材、型材及异型材:
10—钢铁板桩
20—角材、型材及异型材

73.02 铁道及电车道铺轨用钢铁材料(钢轨、护轨、齿轨、道岔尖轨、辙叉、尖轨拉杆及其他叉道段体、轨枕、鱼尾板、轨座、轨座楔、钢轨垫板、钢轨夹、底板、固定板及其他专门用于连接或加固路轨的材料):
10—钢轨
30—道岔尖轨、辙叉、尖轨拉杆及其他叉道段体
40—鱼尾板及钢轨垫板
90—其他

73.03 铸铁管及空心异型材

73.04 无缝钢铁管及空心异型材(铸铁的除外):
—石油或天然气管道管
—钻探石油或天然气用的套管、导管及钻管
—铁或非合金钢的其他圆形截面管
—不锈钢的其他圆形截面管
—其他合金钢的其他圆形截面管

73.05 其他圆形截面钢铁管(例如,焊、铆及用类似方法接合的管),外径超过406.4毫米:
—石油或天然气管道管
20—钻探石油或天然气用套管

—其他焊接的

90—其他

73.06 其他钢铁管及空心异型材(例如,辊缝、焊、铆及类似方法接合的):

—石油或天然气管道管

—钻探石油或天然气用的套管及导管

30—铁或非合金钢制的其他圆形截面焊缝管

40—不锈钢制的其他圆形截面焊缝管

50—其他合金钢的圆形截面焊缝管

—非圆形截面的其他焊缝管

90—其他

73.07 钢铁管子附件(例如,接头、肘管、管套):

—铸件

—其他,不锈钢制

—其他

73.08 钢铁结构体(品目94.06的活动房屋除外)及其部件(例如,桥梁及桥梁体段、闸门、塔楼、格构杆、屋顶、屋顶框架、门窗及其框架、门槛、百叶窗、栏杆、支柱及立柱);上述结构体用的已加工钢铁板、杆、角材、型材、异型材、管子及类似品:

10—桥梁及桥梁体段

20—塔楼及格构杆

30—门窗及其框架、门槛

40—脚手架、模板或坑道支撑用的支柱及类似设备

90—其他

73.09 盛装物料用的钢铁囤、柜、罐、桶及类似容器(装压缩气体或液化气体的除外),容积超过300升,不论是否衬里或隔热,但无机械或热力装置

73.10 盛装物料用的钢铁柜、桶、罐、听、盒及类似容器(装压缩气体或液化气体的除外),容积不超过300升,不论是否衬里或隔热,但无机械或热力装置:

10—容积在50升及以上

—容积在50升以下

73.11 装压缩气体或液化气体用的钢铁容器

73.12 非绝缘的钢铁绞股线、绳、缆、编带、吊索及类似品:

10—绞股线、绳、缆

90—其他

73.13 带刺钢铁丝;围篱用的钢铁绞带或单股扁丝(不论是否带刺)及松绞的双股丝

73.14 钢铁丝制的布(包括环形带)、网、篱、格栅;网眼钢铁板:

—机织品
20—交点焊接的网、篱及格栅，其丝的最大截面尺寸在3毫米及以上，网眼尺寸在100平方厘米及以上
—其他交点焊接的网、篱及格栅
—其他布、网、篱及格栅
50—网眼钢铁板
73.15 钢铁链及其零件：
—铰接链及其零件
20—防滑链
—其他链
90—其他零件
73.16 钢铁锚、多爪锚及其零件
73.17 钢铁制的钉、平头钉、图钉、波纹钉、U形钉（品目83.05的货品除外）及类似品，不论钉头是否用其他材料制成，但不包括铜头钉
73.18 钢铁制的螺钉、螺栓、螺母、方头螺钉、钩头螺钉、铆钉、销、开尾销、垫圈（包括弹簧垫圈）及类似品：
—螺纹制品
—无螺纹制品
73.19 钢铁制手工缝针、编织针、引针、钩针、刺绣穿孔锥及类似制品；其他品目未列名的钢铁制安全别针及其他别针：
20—安全别针
30—其他别针
90—其他
73.20 钢铁制弹簧及弹簧片：
10—片簧及簧片
20—螺旋弹簧
90—其他
73.21 非电热的钢铁制家用炉、灶（包括附有集中供暖用的热水锅的炉）烤肉架、烤炉、煤气灶、加热板和类似非电热的家用器具及其零件：
—炊事器具及加热板
—其他器具
90—零件
73.22 非电热的钢铁制集中供暖用散热器及其零件；非电热的钢铁制空气加热器、暖气分布器（包括可分布新鲜空气或调节空气的）及其零件，装有电动风扇或鼓风机：
—散热器及其零件

90—其他

73.23 餐桌、厨房或其他家用钢铁器具及其零件；钢铁丝绒；钢铁制擦锅器、洗刷擦光用的块垫、手套及类似品：

10—钢铁丝绒；擦锅器及洗刷擦光用的块垫、手套及类似品

—其他

73.24 钢铁制卫生器具及其零件：

10—不锈钢制洗涤槽及脸盆

—浴缸

90—其他，包括零件

73.25 其他钢铁铸造制品：

10—无可锻性铸铁制

—其他

73.26 其他钢铁制品：

—经锻造或冲压，但未经进一步加工

20—钢铁丝制品

90—其他

第74章排列结构

本章包括：

（一）铜锍和冶炼铜的其他中间产品、未锻轧铜以及铜的废碎料（品目74.01至74.05）。

（二）铜的粉末及粉片（品目74.06）。

（三）品目74.03的铜，经过轧、挤、拔、锻加工而成的产品（品目74.07至74.10）。

（四）品目74.11至74.18具体列名的各种制品及归入品目74.19的所有其他未列名铜制品，但第十五类注释一或第82章、第83章所列的货品，以及在协调制度其他章更为具体列名的铜制品除外。

铜的产品及制品通常经过各种处理来改善其性能和外观。这些处理一般不超出第72章总注释所列的范围，而且不影响货品的归类。

74.01 铜锍；沉积铜（泥铜）

74.02 未精炼铜；电解精炼用的铜阳极

74.03 未锻轧的精炼铜及铜合金：

—精炼铜

—铜合金

74.04 铜废碎料

74.05 铜母合金

74.06 铜粉及片状粉末：

10—非片状粉末

20—片状粉末

74.07 铜条、杆、型材及异型材：

10—精炼铜制

—铜合金制

74.08 铜丝：

—精炼铜制

—铜合金制

74.09 铜板、片及带，厚度超过0.15毫米：

—精炼铜制

—铜锌合金（黄铜）制

—铜锡合金（青铜）制

40—铜镍合金（白铜）或铜镍锌合金（德银）制

90—其他铜合金制

74.10 铜箔（不论是否印花或用纸、纸板、塑料或类似材料衬背），厚度（衬背除外）不超过0.15毫米：

—无衬背

—有衬背

74.11 铜管：

10—精炼铜制

—铜合金制

74.12 铜制管子附件（例如，接头、肘管、管套）：

10—精炼铜制

20—铜合金制

74.13 非绝缘的铜丝绞股线、缆、编带及类似品

74.14

74.15 铜制或钢铁制带铜头的钉、平头钉、图钉、U形钉（品目83.05的货品除外）及类似品；铜制螺钉、螺栓、螺母、钩头螺钉、铆钉、销、开尾销、垫圈（包括弹簧垫圈）及类似品：

10—钉、平头钉、图钉、U形钉及类似品

—其他无螺纹制品

—其他螺纹制品

74.16

74.17

74.18 餐桌、厨房或其他家用铜制器具及其零件;铜制刷锅器、洗刷擦光用的块垫、手套及类似品;铜制卫生器具及其零件:
—餐桌、厨房或其他家用器具及其零件;刷锅器及洗刷擦光用的块垫、手套及类似品
20—卫生器具及其零件
74.19 其他铜制品:
10—链条及其零件
—其他

第75章排列结构
本章包括:
(一)镍锍、氧化镍烧结物及镍冶炼的其他中间产品、未锻轧镍和镍废碎料(品目75.01至75.03)。
(二)镍粉及片状粉末(品目75.04)。
(三)品目75.02的未锻轧镍经轧、锻、拔、挤等加工制得的产品(品目75.05及75.06)。
(四)管子及管子附件(品目75.07),电镀阳极及品目75.08的其他制品,品目75.08包括所有的镍制品,但第十五类注释一所列的物品、第82章或第83章所列的物品及在本协调制度其他品目更为具体列名的物品除外。

75.01 镍锍、氧化镍烧结物及镍冶炼的其他中间产品:
10—镍锍
20—氧化镍烧结物及镍冶炼的其他中间产品
75.02 未锻轧镍:
10—非合金镍
20—镍合金
75.03 镍废碎料
75.04 镍粉及片状粉末
75.05 镍条、杆、型材及异型材或丝:
—条、杆、型材及异型材
—丝
75.06 镍板、片、带、箔:
10—非合金镍制
20—镍合金制
75.07 镍管及管子附件(例如,接头、肘管、管套):
—镍管

20—管子附件

75.08 其他镍制品：

10—镍丝制的布、网及格栅

90—其他

第76章排列结构

本章包括：

（一）未锻轧铝及铝废碎料（品目76.01及76.02）。

（二）铝粉及片状粉末（品目76.03）。

（三）品目76.01的未锻轧铝经轧、挤、拔、锻等加工制得的产品（品目76.04至76.07）。

（四）品目76.08至76.15所列的各种制品，以及品目76.16包括的所有其他铝制品，但第82章或第83章所列的物品和协调制度其他章更为具体列名的物品除外。

铝和氧化铝的烧结产品应作为金属陶瓷对待，不归入本章（品目81.13）。

铝产品及铝制品通常经过各种处理，以改善其性能或外观，使其耐腐蚀等。这些处理一般不超出第72章总注释最后部分所列范围，而且不影响货品的归类。

关于复合制品的归类，特别是制成品的归类，请参见第十五类总注释。

76.01 未锻轧铝：

10—非合金铝

20—铝合金

76.02 铝废碎料

76.03 铝粉及片状粉末：

10—非片状粉末

20—片状粉末

76.04 铝条、杆、型材及异型材：

10—非合金铝制

—铝合金制

76.05 铝丝：

—非合金铝制

—铝合金制

76.06 铝板、片及带，厚度超过0.2毫米：

—矩型（包括正方形）

—其他

76.07 铝箔（不论是否印花或用纸、纸板、塑料或类似材料衬背），厚度（衬背除外）

不超过 0.2 毫米：

—无衬背

20—有衬背

76.08 铝管：

10—非合金铝制

20—铝合金制

76.09 铝制管子附件（例如，接头、肘管、管套）

76.10 铝制结构体（品目 94.06 的活动房屋除外）及其部件（例如，桥梁及桥梁体段、塔、格构杆、屋顶、屋顶框架、门窗及其框架、门槛、栏杆、支柱及立柱）；上述结构体用的已加工铝板、杆、型材、异型材、管子及类似品：

10—门窗及其框架、门槛

90—其他

76.11 盛装物料用的铝制囤、柜、罐、桶及类似容器（装压缩气体或液化气体的除外），容积超过 300 升，不论是否衬里或隔热，但无机械或热力装置

76.12 盛装物料用的铝制桶、罐、听、盒及类似容器，包括软管容器及硬管容器（装压缩气体或液化气体的除外），容积不超过 300 升，不论是否衬里或隔热，但无机械或热力装置：

10—软管容器

90—其他

76.13 装压缩气体或液化气体用的铝制容器

76.14 非绝缘的铝制绞股线、缆、编带及类似品：

10—带钢芯的

90—其他

76.15 餐桌、厨房或其他家用铝制器具及其零件；铝制擦锅器、洗刷擦光用的块垫，手套及类似品；铝制卫生器具及其零件：

—餐桌、厨房或其他家用器具及其零件；擦锅器及洗刷擦光用的块垫、手套及类似品

20—卫生器具及其零件

76.16 其他铝制品：

10—钉、平头钉、U 形钉（品目 83.05 的货品除外）、螺钉、螺栓、螺母、钩头螺钉、铆钉、销、开尾销、垫圈及类似品

—其他

第 77 章（保留为协调制度将来所用）

第78章排列结构

78.01 未锻轧铅：

10—精炼铅

—其他

78.02 铅废碎料

78.03

78.04 铅板、片、带、箔；铅粉及片状粉末：

—板、片、带、箔

20—粉末及片状粉末

78.05

78.06 其他铅制品

第79章排列结构

本章包括：

1. 粗锌及未锻轧锌，以及锌废碎料（品目79.01及79.02）。

2. 锌末、锌粉及片状粉末（品目79.03）。

3. 通常经过滚轧、拉拔、挤压品目79.01的未锻轧锌制得的产品（品目79.04及79.05）。

4. 管子、管子附件以及未列名品目79.07的其他制品。品目79.07包括所有其他锌制品，但第十五类注释一所列的物品、第82章或第83章所列的物品以及协调制度其他章更具体列名的物品除外。

锌产品及锌制品可以经过各种处理以改善其性能或外观。这些处理一般不超出第72章总注释最后部分所列范围，而且不影响货品的归类。

关于复合制品的归类，请参见第十五类总注释。

79.01 未锻轧锌：

—非合金锌

20—锌合金

79.02 锌废碎料

79.03 锌末、锌粉及片状粉末：

10—锌末

90—其他

79.04 锌条、杆、型材及异型材或丝

79.05 锌板、片、带、箔

79.06

79.07 其他锌制品

第 80 章排列结构

本章包括：

(一)未锻轧锡及锡废碎料(品目 80.01 及 80.02)。

(二)一般通过滚轧或挤压品目 80.01 的未锻轧锡制得的产品(品目 80.03 及 80.07)；锡粉及片状粉末(品目 80.07)。

(三)管子、管子附件以及未列名品目 80.07 的其他制品。品目 80.07 包括所有其他锡制品，但第十五类注释一所列的物品、第 82 章或第 83 章所列的物品以及协调制度其他章更为具体列名的物品除外。

锡产品及锡制品可以经过各种处理以改善其性能或外观等，这些处理一般不超出第 72 章总注释最后部分所列范围，而且不影响货品的归类。

关于复合制品的归类，请参见第十五类总注释。

80.01 未锻轧锡：

10—非合金锡

20—锡合金

80.02 锡废碎料

80.03 锡条、杆、型材及异型材或丝

80.04

80.05

80.06

80.07 其他锡制品

第 81 章排列结构

本章只限于下列未在本协调制度其他章内更为具体列名的贱金属、它们的合金及制品。

一、钨(品日 81.01)、钼(品日 81.02)、钽(品目 81.03)、镁(品目 81.04)、钴，包括钴锍及其他冶炼钴时所得的中间产品(品目 81.05)、铋(品目 81.06)、镉(品目 81.07)、钛(品目 81.08)、锆(品目 81.09)、锑(品目 81.10)及锰(品目 81.11)。

二、铍、铬、锗、钒、镓、铪、铟、铌、铼及铊(品目 81.12)。

本章也包括金属陶瓷(品目 81.13)。

未列入本章或第十五类其他各章的贱金属归入第 28 章。

归入本章的大多数金属一般作为合金或碳化物使用为多，而较少直接使用纯金属。这些合金应按第十五类注释五的规则归类。本章不包括金属碳化物。

关于复合货品,特别是制成品的归类,请参见第十五类总注释。

废碎料及粉末的定义,参见第十五类注释八。

81.01 钨及其制品,包括废碎料:

10—粉末

—其他

81.02 钼及其制品,包括废碎料:

10—粉末

—其他

81.03 钽及其制品,包括废碎料:

20—未锻轧钽,包括简单烧结而成的条、杆;粉末

30—废碎料

90—其他

81.04 镁及其制品,包括废碎料:

—未锻轧镁

20—废碎料

30—锉屑、车屑及颗粒,已按规格分级的;粉末

90—其他

81.05 钴锍及其他冶炼钴时所得的中间产品;钴及其制品,包括废碎料:

20—钴锍及其他冶炼钴时所得中间产品;未锻轧钴;粉末

30—废碎料

90—其他

81.06 铋及其制品,包括废碎料

81.07 镉及其制品,包括废碎料:

20—未锻轧镉;粉末

30—废碎料

90—其他

81.08 钛及其制品,包括废碎料:

20—未锻轧钛;粉末

30—废碎料

90—其他

81.09 锆及其制品,包括废碎料:

20—未锻轧锆;粉末

30—废碎料

90—其他

81.10 锑及其制品，包括废碎料：

10—未锻轧锑；粉末

20—废碎料

90—其他

81.11 锰及其制品，包括废碎料

81.12 铍、铬、锗、钒、镓、铪、铟、铼、铌、铊及其制品，包括废碎料：

—铍

—铬

—铊

—其他

81.13 金属陶瓷及其制品，包括废碎料

第 82 章排列结构

本章包括具有工具、器具、刀具、餐具等性质的某些贱金属制品，这些制品不归入第十五类本章以前的各章，也不属于第十六类的机器或器具（参见下文）、第 90 章的仪器或设备和品目 96.03 或 96.04 的制品。

本章包括：

一、除某些列名不包括的货品（例如，机动锯用的锯条）以外的手工工具（品目 82.01 至 82.05）。

二、由品目 82.02 至 82.05 中两个或两个以上品目的工具组成的零售包装成套货品（品目 82.06）。

三、供手工工具、机床或手提式动力工具用的可互换工具（品目 82.07），机器或机械器具用的刀及刀片（品目 82.08）以及工具用的板、杆、刀头及类似品（品目 82.09）。

四、利口器（不论供专业用、个人用或家庭用）、某些家用机械器具、餐匙、餐叉及类似的餐具和厨房用具（品目 82.10 至 82.15）。

总的来说，本章包括可单独使用的手工工具，不论是否装有齿轮、曲柄、活塞、螺旋装置或杠杆等简单机构。但是，对于准备装于工作台、墙壁等上的器具或由于重量、规格或使用所需力度等原因而装于底板、底座、支架等上以便放置于地板、工作台等上面的器具，一般应归入第 84 章。

因此，工人用手自由操作的无支架胸压式手摇钻，尽管装有简单的齿轮机构，仍应归入品目 82.05；另一方面，装于支座或支架上的钻机应归入品目 84.59。同样，钳式金属剪应归入品目 82.03，而配有支座或底板的闸刀式剪切机，即使是手工操作的也应归入品目 84.62。

但是，由于设备性质的不同，这条规则在两方面均有例外。例如，台钳、带支架砂

轮及轻便锻炉在品目82.05中具体列名。同样,某些机械器具(咖啡磨、榨汁机、绞肉机等)因有专门规定(参见下面有关注释),应归入品目82.10。另一方面,第84章具体列名包括某些可独立操作的手工器具,例如,液体或粉末的喷雾器具(品目84.24)、风动工具(品目84.67)、非手枪式办公室用钉书机(品目84.72)——某些钉书机的体积很小,很难说其装有底板或支架。

工具、利口器等只有在其刀片、工作刃、工作面或其他工作部件是由贱金属、硬质合金(参见品目28.49的注释)或金属陶瓷(参见品目81.13的注释)制成的情况下,才归入本章;只要符合这一条件,上述器具即使装有其重量超过金属工作部件的非金属柄、身,仍应归入本章(例如,装有金属刀片的木刨)。

本章也包括由天然、合成或再造宝石或半宝石(例如,黑金刚石)制的工作部件装于贱金属、硬质合金或金属陶瓷支架上而构成的工具;此外,在某些情况下,其工作部件可由用磨料镶嵌或包覆的贱金属制成。

这些一般规则不适用于某些在品目中已具体列名的物品(例如,轻便锻炉及带支架砂轮)。而且,归入本章的研磨工具为数不多(参见品目82.02及82.07的注释),因为品目68.04包括用天然石料、粘聚研磨料或陶瓷制成的砂轮及类似品(例如,研磨、磨刃、抛光、修整及切割用的轮、头、盘及尖),不论其是否配有其他物料制成的芯、柄、套座、轴或类似品,但不带支架。

供手工工具、机床或手提式动力工具用的贱金属制可互换工具,如果其工作部件不是用本章注释一所述的物料制成的,不应归入本章。这些物品通常应按工作部件的构成材料归类,例如,橡胶制的(第40章)、皮革制的(第42章)、毛皮制的(第43章)、软木制的(第45章)、纺织品制的(第59章)、陶瓷材料制的(品目69.09)。机器用刷归入品目96.03。

明显作为工具、利口器等的贱金属零件(例如,锯架及刨铁),通常与其完整品归入同一品目。但这一规则不适用于已在有关品目具体列名的物品。第十五类注释二所述的链条、钉子、螺栓、螺母、螺钉、铆钉、弹簧(例如,供修枝剪刀用)及其他通用零件不归入本章,而应归入其相应的品目(第73章至第76章及第78章至第81章)。

品目82.08至82.15的利口器及其他物品可以装配有贵金属或包贵金属制的小件装饰品(例如,花押字或饰带);但是,如果它们带有贵金属或包贵金属制的其他零件(例如,柄或刀片),或者含有天然或养殖珍珠、宝石或半宝石(天然、合成或再造)(上述工作部件除外),则应归入第71章。

本章不包括:

(一)作为医疗、牙科、外科或兽医用的器械或器具的工具、剪刀或其他利口器(品目90.18)。

(二)明显具有玩具特征的工具(第95章)。

82.01 锹、铲、镐、锄、叉及耙；斧子、钩刀及类似砍伐工具；各种修枝用剪刀；镰刀、秣刀、树篱剪、伐木楔子及其他农业、园艺或林业用手工工具：
10—锹及铲
20—叉
30—镐、锄及耙
40—斧子、钩刀及类似砍伐工具
50—修枝剪及类似的单手操作剪刀（包括家禽剪）
60—树篱剪、双手修枝剪及类似的双手操作剪刀
90—用于农业、园艺或林业的其他手工工具
82.02 手工锯；各种锯的锯片（包括切条、切槽或无齿锯片）：
10—手工锯
20—带锯片
—圆锯片（包括切条或切槽锯片）
40—链锯片
—其他锯片
82.03 钢锉、木锉、钳子（包括剪钳）、镊子、白铁剪、切管器、螺栓切头器、打孔冲子及类似手工工具：
10—钢锉、木锉及类似工具
20—钳子（包括剪钳）、镊子及类似工具
30—白铁剪及类似工具
40—切管器、螺栓切头器、打孔冲子及类似工具
82.04 手动扳手及扳钳（包括转矩扳手，但不包括丝锥扳手）；可互换的扳手套筒，不论是否带手柄：
—手动扳手及扳钳
20—可互换的扳手套筒，不论是否带手柄
82.05 其他品目未列名的手工工具（包括玻璃刀）；喷灯；台钳、夹钳及类似品，但作为机床附件或零件的除外；砧；轻便锻炉；带支架的手摇或脚踏砂轮：
10—钻孔或攻丝工具
20—锤子
30—木工用刨子、凿子及类似切削工具
40—螺丝刀
—其他手工工具（包括玻璃刀）
60—喷灯
70—台钳、夹钳及类似品
80—砧、轻便锻炉；带支架的手摇或脚踏砂轮
90—由上述两个或多个子目所列物品组成的成套货品

82.06 由品目82.02至82.05中两个或多个品目所列工具组成的零售包装成套货品

82.07 手工工具(不论是否有动力装置)及机床(例如,锻压、冲压、攻丝、钻孔、镗孔、铰孔及铣削、车削或上螺丝用的机器)的可互换工具,包括金属拉拔或挤压用模以及凿岩或钻探工具:

—凿岩或钻探工具

20—金属拉拔或挤压用模

30—锻压或冲压工具

40—攻丝工具

50—钻孔工具,但凿岩及钻探用的除外

60—镗孔或铰孔工具

70—铣削工具

80—车削工具

90—其他可互换工具

82.08 机器或机械器具的刀及刀片:

10—金属加工用

20—木器(材)加工用

30—厨房器具或食品工业机器用

40—农业、园艺或林业机器用

90—其他

82.09 未装配的工具用金属陶瓷板、杆、刀头及类似品

82.10 用于加工或调制食品或饮料的手动机械器具,重量不超过10公斤

82.11 有刃口的刀及其刀片,不论是否有锯齿(包括整枝刀),但品目82.08的刀除外:

10—成套货品

—其他

82.12 剃刀及其刀片(包括未分开的刀片条):

10—剃刀

20—安全刀片,包括未分开的刀片条

90—其他零件

82.13 剪刀、裁缝剪刀及类似品、剪刀片

82.14 其他利口器(例如,理发推剪、屠刀、砍骨刀、切肉刀、切菜刀、裁纸刀);修指甲及修脚用具(包括指甲锉):

10—裁纸刀、开信刀、改错刀、铅笔刀及其刀片

20—修指甲及修脚用具(包括指甲锉)

90—其他

82.15 餐匙、餐叉、长柄勺、漏勺、糕点夹、鱼刀、黄油刀、糖块夹及类似的厨房或餐桌用具：

10—成套货品，至少其中一件物品是镀贵金属的

20—其他成套货品

—其他

第83章排列结构

第73章至第76章及第78章至第81章的货品均按不同的金属分类，而本章则与第82章一样，包括某些特定类型的物品，不论其由何种贱金属构成。

总的来说，贱金属零件应与其制品一同归类（参见本章注释一）。但本章不包括弹簧（即使制成供锁等专用）、链条、缆索、螺母、螺栓、螺钉或钉子；这些货品应分别归入第73章至第76章及第78章至第81章的相应品目（参见第十五类注释二及本章注释一）。

83.01 贱金属制的锁（钥匙锁、数码锁及电动锁）；贱金属制带锁的扣环及扣环框架；上述锁的贱金属制钥匙：

10—挂锁

20—机动车用锁

30—家具用锁

40—其他锁

50—带锁的扣环及扣环框架

60—零件

70—钥匙

83.02 用于家具、门窗、楼梯、百叶窗、车厢、鞍具、衣箱、盒子及类似品的贱金属附件及架座；贱金属制帽架、帽钩、托架及类似品；用贱金属做支架的小脚轮；贱金属制的自动闭门器：

10—铰链（折叶）

20—小脚轮

30—机动车辆用的其他附件及架座

—其他附件及架座

50—帽架、帽钩、托架及类似品

60—自动闭门器

83.03 装甲或加强的贱金属制保险箱、保险柜及保险库的门和带锁保险储存橱、钱箱、契约箱及类似品

83.04 贱金属制的档案柜、卡片索引柜、文件盘、文件篮、笔盘、公章架及类似的办公用具，但品目94.03的办公室家具除外

83.05 活页夹、卷宗夹的贱金属附件,贱金属制的信夹、信角、文件夹、索引标签及类似的办公用品;贱金属制的成条钉书钉(例如,供办公室、室内装饰或包装用):
10—活页夹或卷宗夹的附件
20—成条钉书钉
90—其他,包括零件

83.06 非电动的贱金属铃、钟、锣及类似品;贱金属雕塑像及其他装饰品;贱金属相框或画框及类似框架;贱金属镜子:
10—铃、钟、锣及类似品
—雕塑像及其他装饰品
30—相框、画框及类似框架;镜子

83.07 贱金属软管,不论是否有附件:
10—钢铁制
90—其他贱金属制

83.08 贱金属制的扣、钩、环、眼及类似品,用于衣着、鞋靴、天篷、提包、旅行用品或其他制成品;贱金属制的管形铆钉及开口铆钉;贱金属制的珠子及亮晶片:
10—钩、环及眼
20—管形铆钉及开口铆钉
90—其他,包括零件

83.09 贱金属制的塞子、盖子(包括冠形瓶塞、螺口盖及倒水塞)、瓶帽、螺口塞、塞子帽、封志及其他包装用附件:
10—冠形瓶塞
90—其他

83.10 贱金属制的标志牌、铭牌、地名牌及类似品、号码、字母及类似标志,但品目94.05的货品除外

83.11 贱金属或硬质合金制的丝、条、管、板、电极及类似品,以焊剂涂面或以焊剂为芯,用于焊接或沉积金属、硬质合金;贱金属粉粘聚而成的丝或条,供金属喷镀用:
10—以焊剂涂面的贱金属制电极,电弧焊用
20—以焊剂为芯的贱金属制焊丝,电弧焊用
30—以焊剂涂面或以焊剂为芯的贱金属条或丝,钎焊或气焊用
90—其他

第十六类　机器、机械器具、电器设备及其零件;录音机及放声机、电视图像、声音的录制和重放设备及其零件、附件
(第 84 章至第 85 章)

(一)主要内容

第十六类只包括第 84、第 85 两章。其中第 84 章主要包括非电气的机器、机械器具及其零件,第 85 章主要包括电气电子产品及其零件。

(二)排列结构

第 84 章排列结构

除第十六类的总注释另有规定的以外,本章包括未在第 85 章具体列名的各种机器和机械器具及其零件。但不包括:

(一)作专门技术用途的纺织材料制品(品目 59.11)。

(二)第 68 章的石料等制品。

(三)第 69 章的陶瓷制品。

(四)品目 70.17 的实验室用玻璃器;玻璃制的机器、器具及其零件(品目 70.19 或 70.20)。

(五)品目 73.21 或 73.22 的炉、集中供暖用散热器和其他货品,以及其他类似的贱金属制品。

(六)品目 85.09 的家用电动器具;品目 85.25 的数字式照相机。

(七)非机动的手工操作地板清扫器(品目 96.03)。

总的来说,第 84 章包括机器及机械器具,第 85 章包括电气设备。但某些机器则具体列入了第 85 章的有关品目中(例如,家用电动器具);而另一方面,第 84 章包括某些非机械设备(例如,蒸汽发生锅炉及其辅助设备,以及过滤装置)。

还须注意,第 84 章所列的机器及装置即使是用电的,仍应归入本章。例如:

1. 用电动机驱动的机器。

2. 电热机器,例如,品日 84.03 的集中供暖用的电热水锅炉、品目 84.19 的机器及装有电热元件的其他机器(例如,研光机、纺织品洗涤或漂白机器或熨烫机)。

3. 电磁式机器(例如,电磁阀)或装有电磁装置的机器(例如,装有电气自动停机装置的纺织机、装有电磁起重吸盘的起重机及装有电磁夹盘的车床)。

4. 电子操作机器(例如,电子计算器或自动数据处理装置)和装有光电装置或电子装置的机器(例如,装有光电装置的滚轧机及装有各种电子控制装置的机床)。

由于陶瓷材料制的机器或器具(例如,泵)及供任何材料制的机器或器具用的陶瓷零件(第 69 章)、实验室用玻璃器(品目 70.17)及玻璃材料制的机器、器具及其玻璃零件(品目 70.19 或品目 70.20)均不归入本章,因此,即使某种机器或机械用具的品名或属性在本章的品目中列出,但如果该种机器或机械用具具有陶瓷材料制品或玻璃制品的特征,它们仍不归入本章。

上述规定适用于装有其他材料制的非主要部件〔例如,塞子、接头、旋塞等,夹紧或固定用的圈或环,或其他紧固件或支承件(支架、三脚架等)〕的陶瓷或玻璃机器、机械器具或装置。

另一方面,下列情况通常视为已失去陶瓷制品、实验室用玻璃器、陶瓷或玻璃机器、器具及其零件的特征:

(1)由陶瓷或玻璃部件与其他材料(例如,金属)制的许多部件组合而成的物品;以及由许多陶瓷或玻璃制的部件装在永久固定在其他材料制的支架、壳罩或类似品中而组成的物品。

(2)由陶瓷或玻璃制的固定部件与其他材料(例如,金属)制的发动机、泵等机械部件组合而成的物品。

84.01 核反应堆,核反应堆的未辐照燃料元件(释热元件);同位素分离机器及装置:
10—核反应堆
20—同位素分离机器、装置及其零件
30—未辐照燃料元件(释热元件)
40—核反应堆零件

84.02 蒸汽锅炉(能产生低压水蒸汽的集中供暖用的热水锅炉除外);过热水锅炉:
—蒸汽锅炉
20—过热水锅炉
90—零件

84.03 集中供暖用的热水锅炉,但品目 84.02 的货品除外:
10—锅炉
90—零件

84.04 品目 84.02 或 84.03 所列锅炉的辅助设备(例如,节热器、过热器、除灰器、气体回收器);水蒸汽或其他蒸汽动力装置的冷凝器:
10—品目 84.02 或 84.03 所列锅炉的辅助设备
20—水蒸汽或其他蒸汽动力装置的冷凝器
90—零件

84.05 煤气发生器,不论有无净化器;乙炔发生器及类似的水解气体发生器,不论有无净化器:
10—煤气发生器,不论有无净化器;乙炔发生器及类似的水解气体发生器,不论有无净化器
90—零件

84.06 汽轮机:
10—船舶动力用汽轮机

—其他汽轮机

90—零件

84.07 点燃往复式或旋转式活塞内燃发动机：

10—航空器发动机

—船舶发动机

—用于第87章所列车辆的往复式活塞发动机

90—其他发动机

84.08 压燃式活塞内燃发动机(柴油或半柴油发动机)：

10—船舶发动机

20—用于第87章所列车辆的发动机

90—其他发动机

84.09 专用于或主要用于品目84.07或84.08所列发动机的零件：

10—航空器发动机用

—其他

84.10 水轮机、水轮及其调节器：

—水轮机及水轮

90—零件，包括调节器

84.11 涡轮喷气发动机、涡轮螺桨发动机及其他燃气轮机：

—涡轮喷气发动机

—涡轮螺桨发动机

—其他燃气轮机

—零件

84.12 其他发动机及动力装置：

10—喷气发动机，但涡轮喷气发动机除外

—液压动力装置

—气压动力装置

80—其他

90—零件

84.13 液体泵，不论是否装有计量装置；液体提升机：

—装有或可装计量装置的泵

20—手泵，但子目8413.11或8413.19的货品除外

30—活塞式内燃发动机用的燃油泵、润滑油泵或冷却剂泵

40—混凝土泵

50—其他往复式排液泵

60—其他回转式排液泵

70—其他离心泵

—其他泵;液体提升机

—零件

84.14 空气泵或真空泵、空气及其他气体压缩机、风机、风扇;装有风扇的通风罩或循环气罩,不论是否装有过滤器:

10 真空泵

20—手动或脚踏式空气泵

30—用于制冷设备的压缩机

40—装在拖车底盘上的空气压缩机

—风机、风扇

60—罩的平面最大边长不超过120厘米的通风罩或循环气罩

80—其他

90—零件

84.15 空气调节器,装有电扇及调温、调湿装置,包括不能单独调湿的空调器:

10—窗式或壁式,独立的或分体的

20—机动车辆上供人使用的

—其他

90—零件

84.16 使用液体燃料、粉状固体燃料或气体燃料的炉用燃烧器;机械加煤机,包括其机械炉篦、机械出灰器及类似装置:

10—使用液体燃料的炉用燃烧器

20—其他炉用燃烧器,包括复式燃烧器

30—机械加煤机,包括其机械炉篦、机械出灰器及类似装置

90—零件

84.17 非电热的工业或实验室用炉及烘箱,包括焚烧炉:

10—矿砂、黄铁矿或金属的焙烧、熔化或其他热处理用炉及烘箱

20—面包房用烤炉及烘箱,包括做饼干用的

80—其他

90—零件

84.18 电气或非电气的冷藏箱、冷冻箱及其他制冷设备;热泵,但品目84.15的空气调节器除外:

10—冷藏-冷冻组合机,各自装有单独外门的

—家用型冷藏箱

30—柜式冷冻箱,容积不超过800升

40—立式冷冻箱,容积不超过900升

50—装有冷藏或冷冻装置的其他设备(柜、箱、展示台、陈列箱及类似品),用于存储及展示

—其他制冷设备;热泵

—零件

84.19 利用温度变化处理材料的机器、装置及类似的实验室设备,例如,加热、烹煮、烘炒、蒸馏、精馏、消毒、灭菌、汽蒸、干燥、蒸发、气化、冷凝、冷却的机器设备,不论是否电热的(不包括品目 85.14 的炉、烘箱及其他设备),但家用的除外;非电热的快速热水器或贮备式热水器:

—非电热的快速热水器或贮备式热水器

20—医用或实验室用消毒器具

—干燥器

40—蒸馏或精馏设备

50—热交换装置

60—液化空气或其他气体的机器

—其他机器设备

90—零件

84.20 砑光机或其他滚压机器及其滚筒,但加工金属或玻璃用的除外:

10—砑光机或其他滚压机器

—零件

84.21 离心机,包括离心干燥机;液体或气体的过滤,净化机器及装置:

—离心机,包括离心干燥机

—液体的过滤、净化机器及装置

—气体的过滤、净化机器及装置

—零件

84.22 洗碟机;瓶子及其他容器的洗涤或干燥机器;瓶、罐、箱、袋或其他容器装填、封口、密封、贴标签的机器;瓶、罐、管、筒或类似容器的包封机器;其他包装或打包机器(包括热缩包装机器);饮料充气机:

—洗碟机

20—瓶子或其他容器的洗涤或干燥机器

30—瓶、罐、箱、袋或其他容器的装填、封口、密封、贴标签的机器;瓶、罐、管、筒或类似容器的包封机器;饮料充气机

40—其他包装或打包机器(包括热缩包装机器)

90—零件

84.23 衡器(感量为 50 毫克或更精密的天平除外),包括计数或检验用的衡器;衡器用的各种砝码、秤砣:

10—体重计,包括婴儿秤;家用秤

20—输送带上连续称货的秤

30—恒定秤、物料定量装袋或装容器用的秤,包括库秤

—其他衡器
90—衡器用的各种砝码、秤砣;衡器的零件
84.24 液体或粉末的喷射、散布或喷雾的机械器具(不论是否手工操作);灭火器,不论是否装药;喷枪及类似器具;喷汽机、喷砂机及类似的喷射机器:
10—灭火器,不论是否装药
20—喷枪及类似器具
30—喷汽机、喷砂机及类似的喷射机器
—其他器具
90—零件
84.25 滑车及提升机,但倒卸式提升机除外;卷扬机及绞盘;千斤顶:
—滑车及提升机,但倒卸式提升机及提升车辆用的提升机除外
—其他卷扬机;绞盘
—千斤顶;提升车辆用的提升机
84.26 船用桅杆式起重机;起重机,包括缆式起重机;移动式吊运架、跨运车及装有起重机的工作车:
—高架移动式起重机、桁架桥式起重机、龙门起重机、桥式起重机、移动式吊运架及跨运车
20—塔式起重机
30—门座式起重机及座式旋臂起重机
—其他自推进机械
—其他机械
84.27 叉车;其他装有升降或搬运装置的工作车:
10—电动机推进的机动车
20—其他机动车
90—其他车
84.28 其他升降、搬运、装卸机械(例如,升降机、自动梯、输送机、缆车):
10—升降机及倒卸式起重机
20—气压升降机及输送机
—其他用于连续运送货物或材料的升降机及输送机
40—自动梯及自动人行道
60—缆车、座式升降机、滑雪拉索、索道用牵引装置
90—其他机械
84.29 机动推土机、侧铲推土机、筑路机、平地机、铲运机、机械铲、挖掘机、机铲装载机、捣固机械及压路机:
—推土机及侧铲推土机
20—筑路机及平地机

30—铲运机
40—捣固机械及压路机
—机械铲、挖掘机及机铲装载机

84.30 泥土、矿物或矿石的运送、平整、铲运、挖掘、捣固、压实、开采或钻探机械；打桩机及拔桩机；扫雪机及吹雪机：
10—打桩机及拔桩机
20—扫雪机及吹雪机
—截煤机、凿岩机及隧道掘进机
—其他钻探或凿井机械
50—其他自推进机械
—其他非自推进机械

84.31 专用于或主要用于品目 84.25 至 84.30 所列机械的零件：
10—品目 84.25 所列机械的零件
20—品目 84.27 所列机械的零件
—品目 84.28 所列机械的零件
—品目 84.26、84.29 或 84.30 所列机械的零件

84.32 农业、园艺及林业用整地或耕作机械；草坪及运动场地滚压机：
10—犁
—耙、松土机、中耕机、除草机及耕耘机
30—播种机、种植机及移植机
40—施肥机
80—其他机械
90—零件

84.33 收割机、脱粒机，包括草料打包机；割草机；蛋类、水果或其他农产品的清洁、分选、分级机器，但品目 84.37 的机器除外：
—草坪、公园或运动场地用的割草机
20—其他割草机，包括牵引装置用的刀具杆
30—其他干草切割、翻晒机器
40—草料打包机，包括收集打包机
—其他收割机；脱粒机
60—蛋类、水果或其他农产品的清洁、分选、分级机器
90—零件

84.34 挤奶机及乳品加工机器：
10—挤奶机
20—乳品加工机器
90—零件

84.35 制酒、制果汁或制类似饮料用的压榨机、轧碎机及类似机器:
10—机器
90—零件
84.36 农业、园艺、林业、家禽饲养业或养蜂业用的其他机器,包括装有机械或热力装置的催芽设备;家禽孵卵器及育雏器:
10—动物饲料配制机
—家禽饲养用的机器;家禽孵卵器及育雏器
80—其他机器
—零件
84.37 种子、谷物或干豆的清洁、分选或分级机器;谷物磨粉业加工机器或谷物、干豆加工机器,但农业用机器除外:
10—种子、谷物或干豆的清洁、分选或分级机器
80—其他机器
90—零件
84.38 本章其他品目未列名的食品、饮料工业用的生产或加工机器,但提取、加工动物油脂或植物固定油脂的机器除外:
10—糕点加工机器及生产通心粉、面条或类似产品的机器
20—生产糖果、可可粉、巧克力的机器
30—制糖机器
40—酿酒机器
50—肉类或家禽加工机器
60—水果、坚果或蔬菜加工机器
80—其他机器
90—零件
84.39 纤维素纸浆、纸及纸板的制造或整理机器:
10—制造纤维素纸浆的机器
20—纸或纸板的抄造机器
30—纸或纸板的整理机器
—零件
91—制造纤维素纸浆的机器用
99—其他
84.40 书本装订机器,包括锁线订书机:
10—机器
90—零件
84.41 其他制造纸浆制品、纸制品或纸板制品的机器,包括各种切纸机:
10—切纸机

20—制造包、袋或信封的机器
30—制造箱、盒、管、桶或类似容器的机器，但模制成型机器除外
40—纸浆、纸或纸板制品模制成型机器
80—其他机器
90—零件

84.42 制印刷版（片）、滚筒及其他印刷部件用的机器、器具及设备（品目84.56至84.65的机床除外）；印刷用版（片）、滚筒及其他印刷部件；制成供印刷用（例如，刨平、压纹或抛光）的板（片）、滚筒及石板：
30—机器、器具及设备
40—上述机器、器具及设备的零件
50—印刷用版（片）、滚筒及其他印刷部件；制成供印刷用（例如，刨平、压纹或抛光）的板（片）、滚筒及石板

84.43 用品目84.42的印刷用版（片）、滚筒及其他印刷部件进行印刷的机器；其他印刷（打印）机、复印机及传真机，不论是否组合式；上述机器的零件及附件：
—用品目84.42的印刷用版（片）、滚筒及其他印刷部件进行印刷的机器
—其他印刷（打印）机、复印机及传真机，不论是否组合式
—零件及附件

84.44 化学纺织纤维挤压、拉伸、变形或切割机器

84.45 纺织纤维的预处理机器；纺纱机，并线机、加捻机及其他生产纺织纱线的机器；摇纱机、络纱机（包括卷纬机）及处理品目84.46或84.47所列机器用的纺织纱线的机器：
—纺织纤维的预处理机器
20—纺纱机
30—并线机或加捻机
40—络纱机（包括卷纬机）或摇纱机
90—其他

84.46 织机：
10—所织织物宽度不超过30厘米的织机
—所织织物宽度超过30厘米的梭织机
30—所织织物宽度超过30厘米的无梭织机

84.47 针织机、缝编机及制粗松螺旋花线、网眼薄纱、花边、刺绣品、装饰带、编织带或网的机器及簇绒机：
—圆型针织机
20—平型针织机；缝编机
90—其他

84.48 品目84.44、84.45、84.46或84.47所列机器的辅助机器（例如，多臂机、提花

机、自停装置及换梭装置）；专用于或主要用于品目 84.44、84.45、84.46 或 84.47 所列机器的零件、附件（例如，锭子、锭壳、钢丝针布、梳、喷丝头、梭子、综丝、综框、针织机用针）：

—品目 84.44、84.45、84.46 或 84.47 所列机器的辅助机器

20—品目 84.44 所列机器及其辅助机器的零件、附件

—品目 84.45 所列机器及其辅助机器的零件、附件

—织机及其辅助机器的零件、附件

—品目 84.47 所列机器及其辅助机器的零件、附件

84.49 成匹、成形的毡呢或无纺织物制造或整理机器，包括制毡呢帽机器；帽模

84.50 家用型或洗衣房用洗衣机，包括洗涤干燥两用机：

—干衣量不超过 10 公斤的洗衣机

20—干衣量超过 10 公斤的洗衣机

90—零件

84.51 纱线、织物及纺织制品的洗涤、清洁、绞拧、干燥、熨烫、挤压（包括熔压）、漂白、染色、上浆、整理、涂布或浸渍机器（品目 84.50 的机器除外）；列诺伦（亚麻油地毡）及类似铺地制品的布基或其他底布的浆料涂布机器；纺织物的卷绕、退绕、折叠、剪切或剪齿边机器：

10—干洗机

—干燥机

30—熨烫机及挤压机（包括熔压机）

40—洗涤、漂白或染色机器

50—纺织物的卷绕、退绕、折叠、剪切或剪齿边机器

80—其他机器

90—零件

84.52 缝纫机，但品目 84.40 的锁线订书机除外；缝纫机专用的特制家具、底座及罩盖；缝纫机针：

10—家用型缝纫机

—其他缝纫机

30—缝纫机针

40—缝纫机专用的特制家具、底座和罩盖及其零件

90—缝纫机的其他零件

84.53 生皮、皮革的处理、鞣制或加工机器，鞋靴、毛皮及其他皮革制品的制作或修理机器，但缝纫机除外：

10—生皮、皮革的处理、鞣制或加工机器

20—鞋靴制作或修理机器

80—其他机器

90—零件

84.54 金属冶炼及铸造用的转炉、浇包、锭模及铸造机：

10—转炉

20—锭模及浇包

30—铸造机

90—零件

84.55 金属轧机及其轧辊：

10—轧管机

—其他轧机

30—轧机用轧辊

90—其他零件

84.56 用激光、其他光、光子束、超声波、放电、电化学法、电子束、离子束或等离子弧处理各种材料的加工机床：

10—用激光、其他光或光子束处理的

20—用超声波处理的

30—用放电处理的

90—其他

84.57 加工金属的加工中心、单工位组合机床及多工位组合机床：

10—加工中心

20—单工位组合机床

30—多工位组合机床

84.58 切削金属的车床（包括车削中心）：

—卧式车床

—其他车床

84.59 切削金属的钻床、镗床、铣床、攻丝机床（包括直线移动式动力头机床），但品目84.58的车床（包括车削中心）除外：

10—直线移动式动力头机床

—其他钻床

—其他镗铣机床

40—其他镗床

—升降台式铣床

—其他铣床

70—其他攻丝机床

84.60 用磨石、磨料或抛光材料对金属或金属陶瓷进行去毛刺、刃磨、磨削、珩磨、研磨、抛光或其他精加工的机床，但品目84.61的切齿机、齿轮磨床或齿轮精加工机床除外：

—平面磨床，在任一坐标的定位精度至少是0.01毫米
—其他磨床，在任一坐标的定位精度至少是0.01毫米
—刃磨（工具或刀具）机床
40—珩磨或研磨机床
90—其他

84.61 切削金属或金属陶瓷的刨床、牛头刨床、插床、拉床、切齿机、齿轮磨床或齿轮精加工机床、锯床、切断机及其他品目未列名的切削机床：
20—牛头刨床或插床
30—拉床
40—切齿机、齿轮磨床或齿轮精加工机床
50—锯床或切断机
90—其他

84.62 加工金属的锻造（包括模锻）或冲压机床；加工金属的弯曲、折叠、矫直、矫平、剪切、冲孔或开槽机床；其他加工金属或硬质合金的压力机：
10—锻造（包括模锻）或冲压机床及锻锤
—弯曲、折叠、矫直或矫平机床
—剪切机床，但冲剪两用机除外
—冲孔或开槽机床，包括冲剪两用机
—其他

84.63 金属或金属陶瓷的其他非切削加工机床：
10—杆、管、型材、异型材、丝及类似品的拉拔机
20—螺纹滚轧机
30—金属丝加工机
90—其他

84.64 石料、陶瓷、混凝土、石棉水泥或类似矿物材料的加工机床、玻璃冷加工机床：
10—锯床
20—研磨或抛光机床
90—其他

84.65 木材、软木、骨、硬质橡胶、硬质塑料或类似硬质材料的加工机床（包括用打钉或打U形钉、胶粘或其他方法组合前述材料的机器）：
10—不需更换工具即可进行不同机械加工的机器
—其他

84.66 专用于或主要用于品目84.56至84.65所列机器的零件、附件，包括工件或工具的夹具、自启板牙切头、分度头及其他专用于机床的附件；各种手提工具的工具夹具：
10—工具夹具及自启板牙切头

20—工件夹具
30—分度头及其他专用于机床的附件
—其他
84.67 手提式风动或液压工具及本身装有电动或非电动动力装置的手提式工具：
—风动的
—本身装有电动动力装置的
—其他工具
—零件
84.68 焊接机器及装置，不论是否兼有切割功能，但品目85.15的货品除外；气体加温表面回火机器及装置：
10—手提喷焊器
20—其他气体焊接或表面回火机器及装置
80—其他机器及装置
90—零件
84.69 打字机，但品目84.43的打印机除外；文字处理机
84.70 计算机器及具有计算功能的袖珍式数据记录、重现及显示机器；装有计算装置的会计计算机、邮资盖戳机、售票机及类似机器；现金出纳机：
10—不需外接电源的电子计算器及具有计算功能的袖珍式数据记录、重现及显示机器
—其他电子计算器
30—其他计算机器
50—现金出纳机
90—其他
84.71 自动数据处理设备及其部件；其他品目未列名的磁性或光学阅读机、将数据以代码形式转录到数据记录媒体的机器及处理这些数据的机器：
30—重量不超过10公斤的便携式自动数据处理设备，至少由一个中央处理部件、一个键盘及一个显示器组成
—其他自动数据处理设备
50—子目8471.41或8471.49所列以外的处理部件，不论是否在同一机壳内有一个或两个下列部件：存储部件、输入部件、输出部件
60—输入或输出部件，不论是否在同一机壳内有存储部件
70—存储部件
80—自动数据处理设备的其他部件
90—其他
84.72 其他办公室用机器（例如，胶版复印机、油印机、地址印写机、自动付钞机、硬币分类、计数及包装机、削铅笔机、打洞机或订书机）：

10—胶版复印机、油印机
30—信件分类或折叠机或信件装封机、信件开封或闭封机，粘贴或盖销邮票机
90—其他
84.73 专用于或主要用于品目 84.69 至 84.72 所列机器的零件、附件（罩套、提箱及类似品除外）：
10—品目 84.69 所列机器的零件、附件
—品目 84.70 所列机器的零件、附件
30—品目 84.71 所列机器的零件、附件
40—品目 84.72 所列机器的零件、附件
50—同样适用于品目 84.69 至 84.72 中两个或两个以上品目所列机器的零件、附件
84.74 泥土、石料、矿石或其他固体（包括粉状、浆状）矿物质的分类、筛选、分离、洗涤、破碎、磨粉、混合或搅拌机器；固体矿物燃料、陶瓷坯泥、未硬化水泥、石膏材料或其他粉状、浆状矿产品的粘聚或成形机器；铸造用砂模的成形机器：
10—分类、筛选、分离或洗涤机器
20—破碎或磨粉机器
—混合或搅拌机器
80—其他机器
90—零件
84.75 白炽灯泡、灯管、放电灯管、电子管、闪光灯泡及类似品的封装机器；玻璃或玻璃制品的制造或热加工机器：
10—白炽灯泡、灯管、放电灯管、电子管、闪光灯泡及类似品的封装机器
—玻璃或玻璃制品的制造或热加工机器
90—零件
84.76 自动售货机（例如，出售邮票、香烟、食品或饮料的机器），包括钱币兑换机：
—饮料自动销售机
—其他机器
90—零件
84.77 本章其他品目未列名的橡胶或塑料及其产品的加工机器：
10—注射机
20—挤出机
30—吹塑机
40—真空模塑机器及其他热成型机器
—其他模塑或成型机器
80—其他机器

90—零件

84.78 本章其他品目未列名的烟草加工及制作机器：

10—机器

90—零件

84.79 本章其他品目未列名的具有独立功能的机器及机械器具：

10—公共工程用机器

20—提取、加工动物油脂或植物固定油脂的机器

30—木碎料板或木纤维板的挤压机及其他木材或软木处理机

40—绳或缆的制造机器

50—未列名工业用机器人

60—蒸发式空气冷却器

—其他机器及机械器具

90—零件

84.80 金属铸造用型箱；型模底板；阳模；金属用型模（锭模除外）、硬质合金、玻璃、矿物材料、橡胶或塑料用型模：

10—金属铸造用型箱

20—型模底板

30—阳模

—金属、硬质合金用型模

50—玻璃用型模

60—矿物材料用型模

—塑料或橡胶用型模

84.81 用于管道、锅炉、罐、桶或类似品的龙头，旋塞、阀门及类似装置，包括减压阀及恒温控制阀：

10—减压阀

20—油压或气压传动阀

30—止回阀

40—安全阀或溢流阀

80—其他器具

90—零件

84.82 滚动轴承：

10—滚珠轴承

20—锥形滚子轴承，包括锥形滚子组件

30—鼓形滚子轴承

40—滚针轴承

50—其他圆柱形滚子轴承

80—其他,包括球、柱混合轴承

—零件

84.83 传动轴(包括凸轮轴及曲柄轴)及曲柄;轴承座及滑动轴承;齿轮及齿轮传动装置;滚珠或滚子螺杆传动装置;齿轮箱及其他变速装置,包括扭矩变换器;飞轮及滑轮,包括滑轮组;离合器及联轴器(包括万向节):

10—传动轴(包括凸轮轴及曲柄轴)及曲柄

20—装有滚珠或滚子轴承的轴承座

30—未装有滚珠或滚子轴承的轴承座;滑动轴承

40—齿轮及齿轮传动装置,但单独报验的带齿的轮、链轮及其他传动元件除外;滚珠或滚子螺杆传动装置;齿轮箱及其他变速装置,包括扭矩变换器

50—飞轮及滑轮,包括滑轮组

60—离合器及联轴器(包括万向节)

90—单独报验的带齿的轮、链轮及其他传动元件;零件

84.84 密封垫或类似接合衬垫,用金属片与其他材料制成或用双层或多层金属片制成;成套或各种不同材料的密封垫或类似接合衬垫,装于袋、套或类似包装内;机械密封件:

10—密封垫或类似接合衬垫,用金属片与其他材料制成或用双层或多层金属片制成

20—机械密封件

90—其他

84.85

84.86 专用于或主要用于制造半导体单晶柱或圆片、半导体器件、集成电路或平板显示器的机器及装置;本章注释九(三)规定的机器及装置;零件及附件:

10—制造单晶柱或圆片用的机器及装置

20—制造半导体器件或集成电路用的机器及装置

30—制造平板显示器用的机器及装置

40—本章注释九(三)规定的机器及装置

90—零件及附件

84.87 本章其他品目未列名的机器零件,不具有电气接插件、绝缘体、线圈、触点或其他电气器材特征的:

10—船用推进器及桨叶

90—其他

第85章排列结构

本章包括所有电机及电气设备,但下列货品除外:

(一)第84章所列的机器及器具。这些机器及器具即使是电气的,仍应归入第

84 章(参见该章总注释)。以及

(二)从整体上看不归入第十六类的某些货品(参见第十六类总注释)。

与第 84 章相反,本章所列的货品即使由陶瓷材料或玻璃制成,仍应归入本章;但品目 70.11 所列的玻璃外壳(包括玻璃泡及玻璃管)除外。

本章包括:

1. 发电、变电或蓄电的设备及装置。例如,发电机、变压器等(品目 85.01 至 85.04);原电池(品目 85.06)及蓄电池(品目 85.07)。

2. 某些家用器具(品目 85.09),以及电动剃须刀、电动毛发推剪及电动脱毛器(品目 85.10)。

3. 某些利用电性能或电效应(例如,电磁效应、电热性能等)工作的设备及装置(品目 85.05、85.11 至 85.18、85.25 至 85.31 及 85.43)。

4. 声音的录制或重放设备及装置;电视图像的录制或重放设备;上述设备及装置的零件及附件(品目 85.19 至 85.22)。

5. 声音记录媒体或其他信息的类似记录媒体(包括视频信号记录媒体,但第 37 章的照相或电影用胶卷除外)(品目 85.23)。

6. 某些通常不单独使用、但可在电气设备中作为元器件起某种作用的电气物品,例如,电容器(品目 85.32),开关、熔断器、接线盒等(品目 85.35 或 85.36),电灯(品目 85.39),热电子管等各种电子管(品目 85.40),二极管、晶体管及类似的半导体器件(品目 85.41),电气设备用碳精制品(品目 85.45)。

7. 某些因其导电或绝缘性能而应用于电气设备及装置的物品及材料,例如,绝缘电线及其组装件(品目 85.44)、绝缘子(品目 85.46)、绝缘配件及内衬绝缘材料的金属导管(品目 85.47)。

除上述各种电气货品以外,本章还包括永磁铁(尚未磁化的也包括在内),以及永磁铁工件夹具(品目 85.05)。

应当注意,本章仅包括某些类型的电热器具,例如,电炉等(品目 85.14);空间加热设备、家用电热器具等(品目 85.16)。

此外还应当注意,既不能作为品目 85.23 所列产品归类,又不具有其他独立功能的某些电子存储器模件〔例如,单列直插式内存模块(SIMM)和双列直插式内存模块(DIMM)〕,应运用第十六类注释二的规定,按以下规则进行归类:

(1) 仅适用于或主要适用于自动数据处理设备的模件,应按这些机器的零件归入品目 84.73。

(2) 仅适用于或主要适用于其他特定机器或某一相同品目项下多种机器的模件,应按该机器或该组机器的零件进行归类。

(3) 无法确定其主要用途的,模件应归入品目 85.48。

一般来说,电气加热器具应归入其他各章(主要是第 84 章)。例如,蒸汽锅炉及过热水锅炉(品目 84.02);空气调节器(品目 84.15);烘炉、蒸馏设备及其他设备(品目84.19);研光机和类似的滚压机器及其滚筒(品目84.20);家禽孵卵器及育雏器(品目84.36);供木料、软木、皮革等用的通用烫烙机(品目84.79);医疗器械(品目90.18)。

85.01 电动机及发电机(不包括发电机组):
10—输出功率不超过37.5瓦的电动机
20—交直流两用电动机,输出功率超过37.5瓦
—其他直流电动机;直流发电机
40—其他单相交流电动机
—其他多相交流电动机
—交流发电机

85.02 发电机组及旋转式变流机:
—装有压燃式活塞内燃发动机(柴油或半柴油发动机)的发电机组
20—装有点燃式活塞内燃发动机的发电机组
—其他发电机组
40—旋转式变流机

85.03 专用于或主要用于品目85.01或85.02所列机器的零件

85.04 变压器、静止式变流器(例如,整流器)及电感器:
10—放电灯或放电管用镇流器
—液体介质变压器
—其他变压器
40—静止式变流器
50—其他电感器
90—零件

85.05 电磁铁;永磁铁及磁化后准备制永磁铁的物品;电磁铁或永磁铁卡盘、夹具及类似的工件夹具;电磁联轴节、离合器及制动器;电磁起重吸盘:
—永磁铁及磁化后准备制永磁铁的物品
20—电磁联轴节、离合器及制动器
90—其他,包括零件

85.06 原电池及原电池组:
10—二氧化锰的
30—氧化汞的
40—氧化银的
50—锂的
60—锌空气的
80—其他原电池及原电池组

90—零件

85.07 蓄电池,包括隔板,不论是否矩形(包括正方形):

10—铅酸蓄电池,用于起动活塞式发动机

20—其他铅酸蓄电池

30—镍镉蓄电池

40—镍铁蓄电池

80—其他蓄电池

90—零件

85.08 真空吸尘器:

—电动的

60—其他真空吸尘器

70—零件

85.09 家用电动器具,品目85.08的真空吸尘器除外:

40—食品研磨机及搅拌器;水果或蔬菜的榨汁器

80—其他器具

90—零件

85.10 电动剃须刀、电动毛发推剪及电动脱毛器:

10—剃须刀

20—毛发推剪

30—脱毛器

90—零件

85.11 点燃式或压燃式内燃发动机用的电点火及电起动装置(例如,点火磁电机、永磁直流发电机、点火线圈、火花塞、电热塞及起动电机);附属于上述内燃发动机的发电机(例如,直流发电机、交流发电机)及断流器:

10—火花塞

20—点火磁电机;永磁直流发电机;磁飞轮

30—分电器;点火线圈

40—起动电机及两用起动发电机

50—其他发电机

80—其他装置

90—零件

85.12 自行车或机动车辆用的电气照明或信号装置(品目85.39的物品除外)、风挡刮水器、除霜器及去雾器:

10—自行车用照明或视觉信号装置

20—其他照明或视觉信号装置

30—音响信号装置

40—风挡刮水器、除霜器及去雾器

90—零件

85.13 自供能源(例如,使用干电池、蓄电池、永磁发电机)的手提式电灯,但品目 85.12 的照明装置除外:

10—灯

90—零件

85.14 工业或实验室用电炉及电烘箱(包括通过感应或介质损耗工作的);工业或实验室用其他通过感应或介质损耗对材料进行热处理的设备:

10—电阻加热的炉及烘箱

20—通过感应或介质损耗工作的炉及烘箱

30—其他炉及烘箱

40—其他通过感应或介质损耗对材料进行热处理的设备

90—零件

85.15 电气(包括电热气体)、激光、其他光、光子束、超声波、电子束、磁脉冲或等离子弧焊接机器及装置,不论是否兼有切割功能;用于热喷金属或金属陶瓷的电气机器及装置:

—钎焊机器及装置

—电阻焊接机器及装置

—电弧(包括等离子弧)焊接机器及装置

80—其他机器及装置

90—零件

85.16 电热的快速热水器、储存式热水器、浸入式液体加热器;电气空间加热器及土壤加热器;电热的理发器具(例如,电吹风机、电卷发器、电热发钳)及干手器;电熨斗;其他家用电热器具;加热电阻器,但品目 85.45 的货品除外:

10—电热的快速热水器、储存式热水器、浸入式液体加热器

—电气空间加热器及土壤加热器

—电热的理发器具及干手器

40—电熨斗

50—微波炉

60—其他炉;电锅、电热板、加热环、烧烤炉及烘烤器

—其他电热器具

80—加热电阻器

90—零件

85.17 电话机,包括用于蜂窝网络或其他无线网络的电话机;其他发送或接收声音、图像或其他数据用的设备,包括有线或无线网络(例如,局域网或广域网)的通信设备,但品目 84.43、85.25、85.27 或 85.28 的发送或接收设备除外:

—电话机,包括蜂窝网络或其他无线网络用电话机

—其他发送或接收声音、图像或其他数据用的设备,包括有线或无线网络(例如,局域网或广域网)的通信设备

70—零件

85.18 传声器(麦克风)及其座架;扬声器,不论是否装成音箱;耳机及耳塞,不论是否装有传声器,以及由传声器及一个或多个扬声器组成的组合机;音频扩大器;电气扩音机组:

10—传声器(麦克风)及其座架

—扬声器,不论是否装成音箱

30—耳机及耳塞机,不论是否装有传声器,以及由传声器及一个或多个扬声器组成的组合机

40—音频扩大器

50—电气扩音机组

90—零件

85.19 声音录制或重放设备:

20—用硬币、钞票、银行卡、代币或其他支付方式使其工作的设备

30—唱机转盘(唱机唱盘)

50—电话应答机

—其他设备

85.20

85.21 视频信号录制或重放设备,不论是否装有高频调谐器:

10—磁带型

90—其他

85.22 专用于或主要用于品目85.19至85.21所列设备的零件、附件:

10—拾音头

90—其他

85.23 录制声音或其他信息用的圆盘、磁带、固态非易失性数据存储器件、"智能卡"及其他媒体,不论是否已录制,包括供复制圆盘用的母片及母带,但不包括第37章的产品:

—磁性媒体

40—光学媒体

—半导体媒体

80—其他

85.24

85.25 无线电广播、电视发送设备,不论是否装有接收装置或声音的录制、重放装置;电视摄像机、数字照相机及视频摄录一体机:

50—发送设备
60—装有接收装置的发送设备
80—电视摄像机、数字照相机及视频摄录一体机

85.26 雷达设备、无线电导航设备及无线电遥控设备：
10 雷达设备
—其他

85.27 无线电广播接收设备，不论是否与声音的录制、重放装置或时钟组合在同一机壳内：
—不需外接电源的无线电收音机
—需外接电源的汽车用无线电收音机
—其他

85.28 监视器及投影机，未装电视接收装置；电视接收装置，不论是否装有无线电收音装置或声音、图像的录制或重放装置：
—阴极射线管监视器
—其他监视器
—投影机
—电视接收装置，不论是否装有无线电收音装置或声音、图像的录制或重放装置

85.29 专用于或主要用于品目85.25至85.28所列装置或设备的零件：
10—各种天线或天线反射器及其零件
90—其他

85.30 铁道、电车道、道路或内河航道、停车场、港口或机场用的电气信号、安全或交通管理设备(品目86.08的货品除外)：
10—铁道或电车道用的设备
80—其他设备
90—零件

85.31 电气音响或视觉信号装置(例如，电铃、电笛、显示板、防盗或防火报警器)，但品目85.12或85.30的货品除外：
10—防盗或防火报警器及类似装置
20—装有液晶装置(LCD)或发光二极管(LED)的显示板
80—其他装置
90—零件

85.32 固定、可变或可调(微调)电容器：
10—固定电容器，用于50/60赫兹电路，其额定无功功率不低于0.5千乏(电力电容器)
—其他固定电容器

30—可变或可调(微调)电容器
90—零件
85.33 电阻器(包括变阻器及电位器),但加热电阻器除外:
10—固定碳质电阻器,合成或薄膜式
—其他固定电阻器
—线绕可变电阻器,包括变阻器及电位器
40—其他可变电阻器,包括变阻器及电位器
90—零件
85.34 印刷电路
85.35 电路的开关、保护或连接用的电气装置(例如,开关、熔断器、避雷器、电压限幅器、电涌抑制器、插头及其他连接器、接线盒),用于电压超过1000伏的线路:
10—熔断器
—自动断路器
30—隔离开关及断续开关
40—避雷器、电压限幅器及电涌抑制器
90—其他
85.36 电路的开关、保护或连接用的电器装置(例如,开关、继电器、熔断器、电涌抑制器、插头、插座、灯座及其他连接器、接线盒),用于电压不超过1000伏的线路;光导纤维、光导纤维束或光缆用连接器:
10—熔断器
20—自动断路器
30—其他电路保护装置
—继电器
50—其他开关
—灯座、插头及插座
70—光导纤维、光导纤维束或光缆用连接器
90—其他装置
85.37 用于电气控制或电力分配的盘、板、台、柜及其他基座,装有两个或多个品目85.35或85.36所列的装置,包括装有第90章所列的仪器或装置,以及数控装置,但品目85.17的交换机除外:
10—用于电压不超过1000伏的线路
20—用于电压超过1000伏的线路
85.38 专用于或主要用于品目85.35、85.36或85.37所列装置的零件:
10—品目85.37所列货品用的盘、板、台、柜及其他基座,但未装有关装置
90—其他

85.39 白炽灯泡、放电灯管,包括封闭式聚光灯及紫外线灯管或红外线灯泡;弧光灯:

10—封闭式聚光灯

—其他白炽灯泡,但不包括紫外线灯管或红外线灯泡

—放电灯管,但紫外线灯管除外

—紫外线灯管或红外线灯泡;弧光灯

90—零件

85.40 热电子管、冷阴极管或光阴极管(例如,真空管或充气管、汞弧整流管、阴极射线管、电视摄像管):

—阴极射线电视显像管,包括视频监视器用阴极射线管

20—电视摄像管;变像管及图像增强管;其他光阴极管

40—彩色的数据/图形显示管,屏幕荧光点间距小于0.4毫米

50—黑白的或其他单色的数据/图形显示管

60—其他阴极射线管

—微波管(例如,磁控管、速调管、行波管、返波管),但不包括栅控管

—其他管

—零件

85.41 二极管、晶体管及类似的半导体器件;光敏半导体器件,包括不论是否装在组件内或组装成块的光电池;发光二极管;已装配的压电晶体:

10—二极管,但光敏二极管或发光二极管除外

—晶体管,但光敏晶体管除外

30—半导体开关元件、两端交流开关元件及三端双向可控硅开关元件,但光敏器件除外

40—光敏半导体器件,包括不论是否装在组件内或组装成块的光电池;发光二极管

50—其他半导体器件

60—已装配的压电晶体

90—零件

85.42 集成电路:

—集成电路

90—零件

85.43 本章其他品目未列名的具有独立功能的电气设备及装置:

10—粒子加速器

20—信号发生器

30—电镀、电解或电泳设备及装置

40—电篱网激发器

70—其他设备及装置
90—零件

85.44 绝缘(包括漆包或阳极化处理)电线、电缆(包括同轴电缆)及其他绝缘电导体,不论是否有接头;由每根被覆光纤组成的光缆,不论是否与电导体装配或装有接头:
—绕组电线
20—同轴电缆及其他同轴电导体
30—车辆、航空器、船舶用点火布线组及其他布线组
—其他电导体,额定电压不超过 1 000 伏
60—其他电导体,额定电压超过 1 000 伏
70—光缆

85.45 碳电极、碳刷、灯碳棒、电池碳棒及电气设备用的其他石墨或碳精制品,不论是否带金属:
—碳电极
11—炉用
19—其他
20—碳刷
90—其他

85.46 各种材料制的绝缘子:
10—玻璃制
20—陶瓷制
90—其他

85.47 电气机器、器具或设备用的绝缘零件,除了为装配需要而在模制时装入的小金属零件(例如,螺纹孔)以外,全部用绝缘材料制成,但品目 85.46 的绝缘子除外;内衬绝缘材料的贱金属制线路导管及其接头:
10—陶瓷制绝缘零件
20—塑料制绝缘零件
90—其他

85.48 原电池、原电池组及蓄电池的废碎料;废原电池、废原电池组及废蓄电池;机器或设备的本章其他品目未列名的电气零件
10—原电池、原电池组及蓄电池的废碎料;废原电池、废原电池组及废蓄电池
90—其他

第十七类　车辆、航空器、船舶及有关运输设备
（第86章至第89章）

（一）主要内容

本类共4章，包括各种铁道车辆（第86章），其他陆上车辆（第87章），航空器及航天器（第88章），船舶及浮动结构体（第89章）。此外还包括与运输设备有关的具体列名的货品。

（二）排列结构

第86章排列结构

本章包括各种铁道或电车道（包括窄轨铁道、单轨铁道等）用的机车、车辆及其零件，以及某些轨道固定装置及附件。本章还包括经特殊设计、装备适于一种或多种运输方式的集装箱，以及各种机械（包括电动机械）信号、安全或交通管理设备（包括停车场用的在内）。

本章所称的“铁道”及“电车道”，不仅指普通的钢制轨道，还指磁力悬浮轨道或混凝土轨道等类似导轨系统。

上述各种货品分类如下：

一、各种铁道用的机动车辆，例如，机车、铁道或电车道用的机动客车及机动有轨车（品目86.01至86.03）。品目86.02还包括机车煤水车。凡由两种动力驱动的机车，应按其所使用的主要动力归类。

二、铁道或电车道用的维修或服务车辆，不论是否机动的（品目86.04）。

三、各种牵引车辆（铁道或电车道用的客车及行李车、铁道或电车道用的货车、敞车等）（品目86.05及86.06）。

四、铁道或电车道机车及车辆的零件（品目86.07）、铁道或电车道的固定装置和附件以及道路、铁道或其他车辆、船舶或飞机的机械（包括电动机械）信号或交通管理设备（品目86.08）。

五、经特殊设计、装备适用于一种或多种运输方式的集装箱（品目86.09）。

本章还包括在导轨上行驶的气垫车辆（气垫火车）、这类车辆的零件、气垫火车导轨的固定装置及附件以及气垫火车运输系统的机械（包括电动机械）信号、安全或交通管理设备（参见第十七类注释五）。

不完整或未制成的车辆，只要具有完整品或制成品的基本特征，应与相应的完整或已制成车辆一并归类。这些车辆包括：

（一）未装有动力装置、测量仪器、安全装置或维修设备的机车或铁道或电车道用的机动车辆。

（二）未安装座位的客车。

（三）已装有悬架及车轮的货车底架。

另一方面，未装在车架上的铁道或电车道用机动客车、货车、敞车、煤水车的车

身,应作为铁道或电车道机车或车辆的零件归类(品目86.07)。

本章不包括:

1.品目90.23所列供示范用的铁道车辆模型。

2.装在铁道车上的重炮(品目93.01)。

3.玩具火车(品目95.03)。

4.经特殊设计适用于装在旋转木马或其他游乐场娱乐设备上使用,但不构成正式车辆的设备(品目95.08)。

86.01 铁道电力机车,由外部电力或蓄电池驱动:
10—由外部电力驱动
20—由蓄电池驱动
86.02 其他铁道机车;机车煤水车:
10—柴油电力机车
90—其他
86.03 铁道及电车道用的机动客车、货车、敞车,但品目86.04的货品除外:
10—由外部电力驱动
90—其他
86.04 铁道及电车道用的维修或服务车,不论是否机动(例如,工场车、起重机车、道碴捣固车、轨道校正车、检验车及查道车)
86.05 铁道及电车道用的非机动客车;行李车、邮政车和其他铁道及电车道用的非机动特殊用途车辆(品目86.04的货品除外)
86.06 铁道及电车道用的非机动有篷及无篷货车:
10—油罐货车及类似车
30—自卸货车,但子目8606.10的货品除外
—其他
86.07 铁道及电车道机车或其他车辆的零件:
—转向架、轴、轮及其零件
—制动装置及其零件
30—钩、其他联结器、缓冲器及其零件
—其他
86.08 铁道及电车道轨道固定装置及附件;供铁道、电车道、道路、内河航道、停车场、港口或机场用的机械(包括电动机械)信号、安全或交通管理设备;上述货品的零件
86.09 集装箱(包括运输液体的集装箱),经特殊设计、装备适用于各种运输方式

第87章排列结构

除第十六类所列的某些移动式机器以外，本章包括下列各种车辆（参见品目87.01、87.05及87.16的注释）：

一、牵引车、拖拉机（品目87.01）。

二、机动客车（品目87.02或87.03）、货车（品目87.04）或特种机动车（品目87.05）。

三、未装有提升或搬运设备，适用于工厂、仓库、码头或机场短距离运输货物的机动车辆；火车站月台上用的牵引车（品目87.09）。

四、机动的装甲战斗车（品目87.10）。

五、摩托车及边车；脚踏车及残疾人用车，不论是否机动（品目87.11至87.13）。

六、婴孩车（品目87.15）。

七、挂车、半挂车及其他非机动车辆，不论是人力推拉、用畜力拖拉，还是用车辆牵引（品目87.16）。

本章还包括在陆上行驶或兼可在陆上及某些水域（沼泽地带等）行驶的气垫车辆（参见第十七类注释五）。

不完整或未制成的车辆，只要具有完整品或制成品的基本特征，应按相应的完整或制成车辆归类〔参见归类总规则二（一）〕，例如：

（一）尚未装有车轮、轮胎及电池的机动车辆。

（二）尚未装有发动机或内部配件的机动车辆。

（三）尚未装有座垫及轮胎的自行车。

除第十七类注释另有规定的以外（参见第十七类总注释），本章也包括可确定为专用于或主要用于本章所列车辆的零件及附件。

必须注意，水陆两用的机动车辆应作为本章的机动车辆归类。但经特殊制造也可作为道路车辆使用的飞机，仍应作为航空器归类（品目88.02）。

本章不包括：

（一）专供示范而无其他用途的剖面车辆样品及其零件（品目90.23）。

（二）儿童乘骑的带轮玩具及儿童脚踏车（品目95.03）。

（三）冬季运动设备，例如，长雪橇、平底雪橇及类似品（品目95.06）。

（四）装在旋转木马上的车辆及其他作为游乐场娱乐设备用的车辆（品目95.08）。

87.01　牵引车、拖拉机（品目87.09的牵引车除外）：

10—手扶拖拉机

20—半挂车用的公路牵引车

30—履带式牵引车、拖拉机

90—其他

87.02 客运机动车辆,10 座及以上(包括驾驶座):
10—装有压燃式活塞内燃发动机(柴油或半柴油发动机)的车辆
90—其他
87.03 主要用于载人的机动车辆(品目 87.02 的货品除外),包括旅行小客车及赛车:
10—雪地行走专用车;高尔夫球车及类似车辆
—装有点燃往复式活塞内燃发动机的其他车辆
—装有压燃式活塞内燃发动机(柴油或半柴油发动机)的其他车辆:
90—其他
87.04 货运机动车辆:
10—非公路用自卸车
—装有压燃式活塞内燃发动机(柴油或半柴油发动机)的其他货车
—装有点燃式活塞内燃发动机的其他货车
90—其他
87.05 特殊用途的机动车辆(例如,抢修车、起重车、救火车、混凝土搅拌车、道路清洁车、喷洒车、流动工场车及流动放射线检查车),但主要用于载人或运货的车辆除外:
10—起重车
20—钻探车
30—救火车
40—混凝土搅拌车
90—其他
87.06 装有发动机的机动车辆底盘,品目 87.01 至 87.05 所列车辆用
87.07 机动车辆的车身(包括驾驶室),品目 87.01 至 87.05 所列车辆用:
10—品目 87.03 所列车辆用
90 其他
87.08 机动车辆的零件、附件,品目 87.01 至 87.05 所列车辆用:
10—缓冲器(保险杠)及其零件
—车身(包括驾驶室)的其他零件、附件
30—制动器、助力制动器及其零件
40—变速箱及其零件
50—装有差速器的驱动桥及其零件,不论是否装有其他传动部件;非驱动桥及其零件
70—车轮及其零件、附件
80—悬挂系统及其零件(包括减震器)
—其他零件、附件

87.09 短距离运输货物的机动车辆，未装有提升或搬运设备，用于工厂、仓库、码头或机场；火车站台上用的牵引车；上述车辆的零件：

—车辆

11—电动的

19—其他

90—零件

87.10 坦克及其他机动装甲战斗车辆，不论是否装有武器；上述车辆的零件

87.11 摩托车（包括机器脚踏两用车）及装有辅助发动机的脚踏车，不论有无边车；边车：

10—装有往复式活塞内燃发动机，气缸容量（排气量）不超过 50 毫升

20—装有往复式活塞内燃发动机，气缸容量（排气量）超过 50 毫升，但不超过 250 毫升

30—装有往复式活塞内燃发动机，气缸容量（排气量）超过 250 毫升，但不超过 500 毫升

40—装有往复式活塞内燃发动机，气缸容量（排气量）超过 500 毫升，但不超过 800 毫升

50—装有往复式活塞内燃发动机，气缸容量（排气量）超过 800 毫升

90—其他

87.12 自行车及其他非机动脚踏车（包括运货三轮脚踏车）

87.13 残疾人用车，不论是否机动或其他机械驱动：

10—非机械驱动

90—其他

87.14 零件、附件，供品目 87.11 至 87.13 所列车辆用：

—摩托车（包括机器脚踏两用车）用

20—残疾人车辆用

—其他

87.15 婴孩车及其零件

87.16 挂车及半挂车或其他非机械驱动车辆及其零件：

10—供居住或野营用厢式挂车及半挂车

20—农用自装或自卸式挂车及半挂车

—其他货运挂车及半挂车

40—其他挂车及半挂车

80—其他车辆

90—零件

第88章排列结构

本章包括气球、飞艇及无动力航空器(品目88.01);其他航空器、航天器(包括卫星)及其运载工具(品目88.02);某些相关装置,例如,降落伞(品目88.04);航空器的发射装置、甲板停机装置及地面飞行训练器(品目88.05)。根据第十七类注释的规定(参见第十七类总注释),本章也包括上述设备的零件。

不完整或未制成的航空器(例如,未装有发动机或内部设备的航空器),只要它们具有完整品或制成品的基本特征,应按相应的完整或制成的航空器归类。

88.01 气球及飞艇;滑翔机、悬挂滑翔机及其他无动力航空器

88.02 其他航空器(例如,直升机、飞机);航天器(包括卫星)及其运载工具、亚轨道运载工具:

—直升机

20—飞机及其他航空器,空载重量不超过2 000公斤

30—飞机及其他航空器,空载重量超过2 000公斤,但不超过15 000公斤

40—飞机及其他航空器,空载重量超过15 000公斤

60—航天器(包括卫星)及其运载工具、亚轨道运载工具

88.03 品目88.01或88.02所列货品的零件:

10—推进器、水平旋翼及其零件

20—起落架及其零件

30—飞机及直升机的其他零件

90—其他

88.04 降落伞(包括可操纵降落伞及滑翔伞)、旋翼降落伞及其零件、附件

88.05 航空器的发射装置、甲板停机装置或类似装置和地面飞行训练器及其零件:

10—航空器的发射装置及其零件;甲板停机装置或类似装置及其零件

—地面飞行训练器及其零件

第89章排列结构

本章包括船、艇及其他各种船舶(不论是否自航的)和浮动结构体,例如,潜水箱、浮码头、浮筒等。本章也包括专供在水上(海洋、港湾、湖泊)行驶的气垫运输工具(气垫船),不论其是否能够在海滩或浮码头登陆,或是否能够在冰上行驶(参见第十七类注释五)。

本章还包括:

一、未制成或不完整的船舶(例如,未装配动力装置、导航仪器、起重或搬运机器、内部设施等的船舶)。

二、用各种材料制成的船体。

报验时未装配或已拆卸的完整船舶、船体,以及未制成或不完整的船舶(不论是

否已装配），如果具有某种船舶的基本特征，应作为该种船舶归类；否则应归入品目89.06。

与第十七类其他各章所列运输设备的规定相反，本章不包括单独报验的所有船舶或浮动结构体的零件（船体除外）及附件；即使它们可明显确定为船舶或浮动结构体的零件及附件，也不包括在内。这些零件及附件应归入本协调制度其他适当的品目，例如：

（一）第十七类注释二所指的零件及附件。

（二）木制的橹及桨（品目44.21）。

（三）纺织材料制的缆绳（品目56.07）。

（四）帆（品目63.06）。

（五）具有品目73.08所列金属结构体特征的船桅、舱口、舷梯、栏杆、舱壁及船体的零件。

（六）钢铁制的缆索（品目73.12）。

（七）钢铁制的锚（品目73.16）。

（八）推进器及明轮（品目84.87）。

（九）舵（品目44.21、73.25、73.26等）及其他船舶转向及操舵装置（品目84.79）。

下列货品也不归入本章：

1. 观赏用船舶模型（例如，西班牙大帆船及其他帆船）（品目44.20、83.06等）。
2. 品目90.23所列的示范装置或模型。
3. 鱼雷、水雷及类似军需品（品目93.06）。
4. 儿童乘骑的带轮玩具船舶及其他玩具（品目95.03）。
5. 滑水橇及类似品（品目95.06）。
6. 旋转木马或其他游乐场娱乐设备用的小船（品目95.08）。
7. 超过一百年的古物（品目97.06）。

兼可在陆地及某种水域（沼泽地等）上行驶的水陆两用机动车辆及气垫车辆，应作为机动车辆归入第87章；水上飞机及飞船应归入品目88.02。

89.01 巡航船、游览船、渡船、货船、驳船及类似的客运或货运船舶：
10—巡航船、游览船及主要用于客运的类似船舶；各式渡船
20—液货船
30—冷藏船，但子目8901.20的船舶除外
90—其他货运船舶及其他客货兼运船舶

89.02 捕鱼船；加工船及其他加工保藏鱼类产品的船舶

89.03 娱乐或运动用快艇及其他船舶；划艇及轻舟：
10—充气的

—其他

89.04 拖轮及顶推船

89.05 灯船、消防船、挖泥船、起重船及其他不以航行为主要功能的船舶;浮船坞;浮动或潜水式钻探或生产平台:

10—挖泥船

20—浮动或潜水式钻探或生产平台

90—其他

89.06 其他船舶,包括军舰和救生船,但划艇除外:

10—军舰

90—其他

89.07 其他浮动结构体(例如,筏、柜、潜水箱、浮码头、浮筒及航标):

10—充气筏

90—其他

89.08 供拆卸的船舶及其他浮动结构体

第十八类 光学、照相、电影、计量、检验、医疗或外科用仪器及设备、精密仪器及设备;钟表;乐器;上述物品的零件、附件

(第90章至第92章)

(一)主要内容

本类共3章(第90章至第92章)。其中,第90章主要包括光学、计量、医疗仪器、精密仪器及设备等,第91章主要包括钟表,第92章主要包括乐器。

(二)排列结构

第90章排列结构

本章包括范围很广的各种仪器及设备,一般来说,它们均具有深加工和高精度的特征;主要供科学研究(实验室研究工作、科学分析、天文学研究等)、各种专业技术或工业方面(计量、检验、监测等)及医疗方面使用。

本章主要包括:

(一)各种光学元件及光学仪器和器具,不仅包括品目90.01及90.02的简单光学元件,也包括从品目90.04的眼镜到用于天文学、照相、电影及显微观察的复杂光学仪器。

(二)某些具有特殊用途(测量、气象、绘图、计算等)的仪器及器具。

(三)医疗、外科、牙科或兽医用仪器及设备,以及与其相关的放射性治疗、机械治疗、氧气治疗、矫形和修复治疗等用的仪器及设备。

(四)测试材料用机器、仪器及设备。

(五)实验室用的仪器及设备。

(六)各种测量、检验及自动控制用的仪器及设备,不论其是光学的或电气的,特

别是按照本章注释七的规定属于品目 90.32 的仪器及设备。

某些这类仪器是在有关品目中具体列名的,例如,复式光学显微镜(品目 90.11)、电子显微镜(品目 90.12);其他仪器及设备则在有关品目中按具体学科、工业部门等作一般列名(例如,品目 90.05 的天文仪器、品目 90.15 的测量仪器及器具以及品目 90.22 的 X 光等射线的应用设备)。本章也包括用于医疗、外科、牙科或兽医的真空设备(品目 90.18)。

一般来说,本章包括的均为精密仪器及装置;但也有某些例外,例如,本章也包括普通护目镜(品目 90.04),简单的放大镜及不放大影像的潜望镜(品目 90.13),以及不论其精确度如何的分度尺和学生用尺(品目 90.17)、带装饰性的温度计(品目 90.25)。

除本章注释一另有规定的以外(例如,橡胶或皮革制的垫圈及仪表用的皮革膜片),本章的仪器、设备及其零件可用任何材料(包括贵金属或包贵金属,以及天然、合成或再造的宝石或半宝石)制成。

二、不完整或未制成的机器、设备等

〔参见归类总规则的规则二(一)〕

不完整或未制成的机器、器具、仪器或设备,只要具有相应的完整品或制成品的基本特征(例如,在报验时为未装光学元件的照相机或显微镜,以及未装累计装置的电表),即应作为完整品或制成品归类。

三、零件及附件

(本章注释二)

除本章注释一另有规定的以外,凡可确定为专用于或主要用于本章机器、器具、仪器或设备的零件及附件,应与相应的机器、器具等一同归类。

但上述的一般规则不适用于:

(一)零件及附件本身已构成本章或第 84 章、第 85 章、第 91 章某一品目的物品(品目 84.87、85.48 或 90.33 的除外)。例如,电子显微镜用的真空泵仍应作为泵归入品目 84.14;变压器、电磁铁、电容器、电阻器、继电器、电灯泡及电子管等仍归入第 85 章;品目 90.01 或 90.02 的光学元件,不论其将装配在何种仪器或设备上,均应归入前述两品目;钟表机芯则一律归入第 91 章;照相机即使其结构为专门用于其他仪器上的(例如,与显微镜、频闪观测仪等配套使用),仍归入品目 90.06。

(二)同时适用于本章不同品目的多种机器、器具、仪器或设备的零件及附件,应归入品目 90.33,除非其本身已构成其他品目具体列名的完整仪器等〔参见上述(一)款〕。

四、多功能或组合的机器、装置等;功能机组

(本章注释三)

本章注释三明确规定,第十六类注释三及四的规定也适用于本章(参见第十六

类总注释的第六及第七部分)。

一般来说,多功能机器应按机器的主要功能归类。

多功能机器能够进行多种操作。

如果不能确定机器的主要功能,而且根据第十六类注释三的规定,也没有作出明确要求的条文,则可运用归类总规则三(三)进行归类。

组合的机器或装置是由两台或多台不同类型的机器或装置组成的整套设备,各台机器可同时或序贯执行各自的功能,这些功能一般是互补的,不同的功能列在本章的不同品目中。这种组合的机器或装置也应按其主要功能归类。

在执行上述规定时,各种不同的机器或装置如果是一台机器装在另一台机器的内部或上面,或者两者装在同一个底座、支架之上或同一个机壳之内,应作为一个整体对待。

对于一组机器或装置,除非其各台机器或装置是永久性连在一起,或装在同一个底座、支架上或机壳内,否则不能作为一个整体对待。临时组合使用的或通常在结构上不视为组合机器或装置的机器组合体也不能作为一个整体对待。

这些机器或装置的底座、支架或机壳可以装有轮子,以便在使用时可随意移动,但不能因此而构成本协调制度某一品目具体列名的一种物品(例如,车辆)。

地板、混凝土底座、墙、隔板、天花板等,即使经专门装配以备安装机器或装置,也不能视为是将有关机器或装置连成一体的共同底座。

当组合的机器或装置本身就可归入某个特定品目时,无需引用第十六类注释三的规定。

本章包括作为功能机组的由电气(含电子)仪器或装置构成的模拟或数字遥测系统,它们主要有:

(一)发送端的各种设备:

1. 一次探测器(变换器、发射器、模拟数字转换器等),用以将各种性质的被测参数转换成一种等比例的电流、电压或数字信号。

2. 测量放大、收发基本设备,用以在必要时将电流、电压或数字信号增大到脉冲或调频发射器所需的强度。

3. 脉冲或调频发射器,用以将模拟或数字信号传输到另一接收站。

(二)接收端的各种设备:

1. 脉冲、调频或数字信号接收器,用以将收到的信号转换成模拟或数字信号。

2. 测量放大器或转换器,用以在必要时放大模拟或数字信号。

3. 指示或记录仪器,用于标定原始参数并配有机械指针式或光电式显示器。

遥测系统主要应用于石油及天然气生产、各种生产管道、水管、煤气管及下水管设施,以及环境监测系统。

遥感脉冲信号的有线或无线收发设备仍应归入其各自相应的品目(酌情归入品

目 85.17、85.25、或 85.27)，除非它们与上述(一)、(二)两款的仪器或设备组成一体或与之一起构成第 90 章注释三所述的功能机组时，才随整机或整套仪器或设备归入本章。

除在有关注释中注明不包括的货品以外，本章还不包括下列货品：

(一)机器、设备或其他专门技术用途的某些物品，以硫化橡胶(硬质橡胶除外)制成的(品目 40.16)、以皮革或再生皮革制成的(品目 42.05)或以纺织材料制成的(品目 59.11)。

(二)第十五类注释二所指的贱金属制通用零件(第十五类)及以塑料制成的类似品(第 39 章)。

(三)升降、搬运机械(品目 84.25 至 84.28 及 84.86)；品目 84.66 所列的用于机床上调整工件或刀具的配件，包括具有光学读度装置的配件(例如，“光学分度头”)，但其本身主要是光学仪器的除外(例如，校直望远镜)；雷达设备、无线电导航设备及无线电遥控设备(品目 85.26)。

(四)安装有本章所列仪器或设备的航天器(品目 88.02)。

(五)第 95 章的玩具、游戏品、运动用品及其他物品，以及它们的零件及附件。

(六)容量的计量器具，按其构成材料归类。

(七)卷轴、卷筒及类似的芯轴(按其构成材料归类，例如，归入品目 39.23 或第十五类)。

90.01 光导纤维及光导纤维束；光缆，但品目 85.44 的货品除外；偏振材料制的片及板；未装配的各种材料制透镜(包括隐形眼镜片)、棱镜、反射镜及其他光学元件，但未经光学加工的玻璃制上述元件除外：

10—光导纤维、光导纤维束及光缆

20—偏振材料制的片及板

30—隐形眼镜片

40—玻璃制眼镜片

50—其他材料制眼镜片

90—其他

90.02 已装配的各种材料制透镜、棱镜、反射镜及其他光学元件，作为仪器或装置的零件、配件，但未经光学加工的玻璃制上述元件除外：

—物镜

20—滤色镜

90—其他

90.03 眼镜架及其零件：

—眼镜架

90—零件

90.04 矫正视力、保护眼睛或其他用途的眼镜、挡风镜及类似品：
10—太阳镜
90—其他
90.05 双筒望远镜、单筒望远镜、其他光学望远镜及其座架；其他天文仪器及其座架，但不包括射电天文仪器：
10—双筒望远镜
80—其他仪器
90—零件、附件（包括座架）
90.06 照相机（电影摄影机除外）；照相闪光灯装置及闪光灯泡，但品目85.39的放电灯泡除外：
10—制版照相机
30—水下、航空测量或体内器官检查用的特种照相机；法庭或犯罪学用的比较照相机
40——次成像照相机
—其他照相机
—照相闪光灯装置及闪光灯泡
—零件、附件
90.07 电影摄影机、放映机，不论是否带有声音的录制或重放装置：
—摄影机
20—放映机
—零件、附件
90.08 影像投影仪，但电影用除外；照片（电影片除外）放大机及缩片机：
10—幻灯机
20—缩微胶卷、缩微胶片或其他缩微品的阅读机，不论是否可以进行复制
30—其他影像投影仪
40—照片（电影片除外）放大机及缩片机
90—零件、附件
90.09
90.10 本章其他品目未列名的照相（包括电影）洗印用装置及设备；负片显示器；银幕及其他投影屏幕：
10—照相（包括电影）胶卷或成卷感光纸的自动显影装置及设备或将已冲洗胶卷自动曝光到成卷感光纸上的装置及设备
50—照相（包括电影）洗印用其他装置和设备；负片显示器
60—银幕及其他投影屏幕
90—零件、附件
90.11 复式光学显微镜，包括用于缩微照相、显微电影摄影及显微投影的：

10—立体显微镜
20—缩微照相、显微电影摄影及显微投影用的其他显微镜
80—其他显微镜
90—零件、附件
90.12 显微镜,但光学显微镜除外;衍射设备:
10—显微镜,但光学显微镜除外;衍射设备
90—零件、附件
90.13 其他品目未列名的液晶装置;激光器,但激光二极管除外;本章其他品目未列名的光学仪器及器具:
10—武器用望远镜瞄准具;潜望镜式望远镜;作为本章或第十六类的机器、设备、仪器或器具部件的望远镜
20—激光器,但激光二极管除外
80—其他装置、仪器及器具
90—零件、附件
90.14 定向罗盘;其他导航仪器及装置:
10—定向罗盘
20—航空或航天导航仪器及装置(罗盘除外)
80—其他仪器及装置
90—零件、附件
90.15 大地测量(包括摄影测量)、水道测量、海洋、水文、气象或地球物理用仪器及装置,不包括罗盘;测距仪:
10—测距仪
20—经纬仪及视距仪
30—水平仪
40—摄影测量用仪器及装置
80—其他仪器及装置
90—零件、附件
90.16 感量为50毫克或更精密的天平,不论是否带有砝码
90.17 绘图、划线或数学计算仪器及器具(例如,绘图机、比例缩放仪、分度规、绘图工具、计算尺及盘式计算器);本章其他品目未列名的手用测量长度的器具(例如,量尺、量带、千分尺及卡尺):
10—绘图台及绘图机,不论是否自动
20—其他绘图、划线或数学计算器具
30—千分尺,卡尺及量规
80—其他仪器及器具
90—零件、附件

90.18 医疗、外科、牙科或兽医用仪器及器具,包括闪烁扫描装置、其他电气医疗装置及视力检查仪器:

—电气诊断装置(包括功能检查或生理参数检查用装置)

20—紫外线及红外线装置

—注射器、针、导管、插管及类似品

—牙科用其他仪器及器具

50—眼科用其他仪器及器具

90—其他仪器及器具

90.19 机械疗法器具;按摩器具;心理功能测验装置;臭氧治疗器;氧气治疗器、喷雾治疗器、人工呼吸器及其他治疗用呼吸器具:

10—机械疗法器具;按摩器具;心理功能测验装置

20—臭氧治疗器、氧气治疗器、喷雾治疗器、人工呼吸器或其他治疗用呼吸器具

90.20 其他呼吸器具及防毒面具,但不包括既无机械零件,又无可互换过滤器的防护面具

90.21 矫形器具,包括支具、外科手术带、疝气带;夹板及其他骨折用具;人造的人体部分;助听器及为弥补生理缺陷或残疾而穿戴、携带或植入人体内的其他器具:

10—矫形或骨折用器具

—假牙及牙齿固定件

—其他人造的人体部分

40—助听器,不包括零件、附件

50—心脏起博器,不包括零件、附件

90—其他

90.22 X射线或α射线、β射线、γ射线的应用设备,不论是否用于医疗、外科、牙科或兽医,包括射线照相及射线治疗设备、X射线管及其他X射线发生器、高压发生器、控制板及控制台、荧光屏、检查或治疗用的桌、椅及类似品:

—X射线的应用设备,不论是否用于医疗、外科、牙科或兽医,包括射线照相或射线治疗设备

—α射线、β射线、γ射线的应用设备,不论是否用于医疗、外科、牙科或兽医,包括射线照相或射线治疗设备

30—X射线管

90—其他,包括零件、附件

90.23 专供示范(例如,教学或展览)而无其他用途的仪器、装置及模型

90.24 各种材料(例如,金属、木材、纺织材料、纸张、塑料)的硬度、强度、压缩性、弹性或其他机械性能的试验机器及器具:

10—金属材料的试验用机器及器具
80—其他机器及器具
90—零件、附件

90.25 记录式或非记录式的液体比重计及类似的浮子式仪器、温度计、高温计、气压计、湿度计、干湿球湿度计及其组合装置：
—温度计及高温计，未与其他仪器组合
80—其他仪器
90—零件、附件

90.26 液体或气体的流量、液位、压力或其他变化量的测量或检验仪器及装置(例如，流量计、液位计、压力表、热量计)，但不包括品目 90.14、90.15、90.28 或 90.32 的仪器及装置：
10—测量、检验液体流量或液位的仪器及装置
20—测量、检验压力的仪器及装置
80—其他仪器及装置
90—零件、附件

90.27 理化分析仪器及装置(例如，偏振计、折光仪、分光仪、气体或烟雾分析仪)；测量或检验粘性、多孔性、膨胀性、表面张力及类似性能的仪器及装置；测量或检验热量、声量或光量的仪器及装置(包括曝光表)；检镜切片机：
10—气体或烟雾分析仪
20—色谱仪及电泳仪
30—使用光学射线(紫外线、可见光、红外线)的分光仪、分光光度计及摄谱仪
50—使用光学射线(紫外线、可见光、红外线)的其他仪器及装置
80—其他仪器及装置
90—检镜切片机；零件、附件

90.28 生产或供应气体、液体及电力用的计量仪表，包括它们的校准仪表：
10—气量计
20—液量计
30—电量计
90—零件、附件

90.29 转数计、产量计数器、车费计、里程计、步数计及类似仪表；速度计及转速表，品目 90.14 及 90.15 的仪表除外；频闪观测仪：
10—转数计、产量计数器、车费计、里程计、步数计及类似仪表
20—速度计及转速表，频闪观测仪
90—零件、附件

90.30 示波器、频谱分析仪及其他用于电量测量或检验的仪器和装置，不包括品目

90.28 的各种仪表；α 射线、β 射线、γ 射线、X 射线、宇宙射线或其他离子射线的测量或检验仪器及装置：

10—离子射线的测量或检验仪器及装置

20—示波器

—检测电压、电流、电阻或功率的其他仪器及装置

40—无线电通信专用的其他仪器及装置（例如，串音测试器、增益测量仪、失真度表、噪声计）

—其他仪器及装置

90—零件、附件

90.31 本章其他品目未列名的测量或检验仪器、器具及机器；轮廓投影仪：

10—机械零件平衡试验机

20—试验台

—其他光学仪器及器具

80—其他仪器、器具及机器

90—零件、附件

90.32 自动调节或控制仪器及装置：

10—恒温器

20—恒压器

—其他仪器及装置

90—零件、附件

90.33 第 90 章所列机器、器具、仪器或装置用的本章其他品目未列名的零件、附件

第 91 章排列结构

本章包括主要用于计时或进行与时间有关的某些操作的器具，其中包括适于个人随身佩带的时计（手表及秒表）、其他时计（普通钟、装有表芯的钟、闹钟、航海时计、机动车辆用钟等）、时间记录器、时间间隔测量仪以及定时开关；通常还包括它们的零件。

这些物品可用各种材料（包括贵金属）制成，也可以用天然或养殖珍珠，或者用天然、合成或再造的宝石或半宝石进行装饰（参见品目 91.11 及 91.12 的注释）。

与某些其他物品（例如，家具、灯具、墨水台、压纸器、拍纸薄、烟草罐、香烟或雪茄烟打火机、手提包、脂粉盒、烟盒、活动铅笔、手杖等）组装在一起的钟表应按归类总规则的规定进行归类，但其内部装有照明装置的钟表仍应归入本章。

除在各品目注释中具体列出不包括的货品以外，本章还不包括：

（一）日晷仪（日规）、沙漏及水漏（按其构成材料归类）。

（二）音乐自动装置（机械鸣禽及类似品）及没有钟表面的百音盒（品目 92.08）。

（三）玩具钟表及制成钟表状的圣诞树装饰品，例如，没有钟表机芯的钟表饰物

(品目 95.03 或 95.05)。

(四)商店橱窗装饰用的自动模型及其他活动陈列品(品目 96.18)。

(五)艺术品、收藏品及古物(第 97 章)。

91.01 手表、怀表及其他表,包括秒表,表壳用贵金属或包贵金属制成的:
—电力驱动的手表,不论是否附有秒表装置
—其他手表,不论是否附有秒表装置
—其他

91.02 手表、怀表及其他表,包括秒表,但品目 91.01 的货品除外:
—电力驱动的手表,不论是否附有秒表装置
—其他手表,不论是否装有秒表装置
—其他

91.03 以表芯装成的钟,但不包括品目 91.04 的钟:
10—电力驱动的
90—其他

91.04 仪表板钟及车辆、航空器、航天器或船舶用的类似钟

91.05 其他钟:
—闹钟
—挂钟
—其他

91.06 时间记录器以及测量、记录或指示时间间隔的装置,装有钟、表机芯或同步电动机的(例如,考勤钟、时刻记录器):
10—考勤钟、时刻记录器
90—其他

91.07 装有钟、表机芯或同步电动机的定时开关

91.08 已组装的完整表芯:
—电力驱动的
20—自动上弦的
90—其他

91.09 已组装的完整钟芯:
—电力驱动的
90—其他

91.10 未组装或部分组装的完整钟、表机芯(机芯套装件);已组装的不完整钟、表机芯;未组装的不完整钟、表机芯:
—表的
90—其他

91.11 表壳及其零件：

10—贵金属表壳或包贵金属表壳

20—贱金属表壳，不论是否镀金或镀银

80—其他表壳

90—零件

91.12 钟壳和本章所列其他货品的类似外壳及其零件：

20—壳

90—零件

91.13 表带及其零件：

10—贵金属或包贵金属制

20—贱金属制，不论是否镀金或镀银

91.14 钟、表的其他零件：

10—发条，包括游丝

20—宝石轴承

30—钟面或表面

40—夹板及横担（过桥）

90—其他

第92章排列结构

本章包括：

一、乐器（品目92.01至92.08）；

二、乐器的零件及附件（品目92.09）。

某些乐器（钢琴、吉他等）可以带有电气拾音器及扩音器，只要它们在没有电气装置时仍可象普通的同类乐器一样演奏，则仍应归入本章的相应品目。而这类电气设备本身除非已构成乐器的不可分割部分或与乐器装于同一机壳内，否则均不应归入本品目（品目85.18）。

没有电气或电子设备时即不能演奏的电气或电子乐器（品目92.01的自动钢琴除外）应归入品目92.07（参见相应的注释）。因此，品目92.07包括静电或电子的吉他、风琴、钢琴、手风琴、钟琴及类似乐器。

本章的乐器可用任何材料制成，包括用贵金属或包贵金属制成，也可镶嵌宝石或半宝石（天然、合成或再造的）。

根据本章注释二的规定，用于演奏品目92.02弦乐器的弓及拨子以及用于演奏品目92.06打击乐器的棒（包括软头棒）及槌，如果与该项乐器一同报验且数量合理，用途明确的，可归入有关乐器的相应品目而不归入品目92.09。但是，品目92.09所列的卡片、盘或带卷，即使与乐器一同报验，也不应视为该乐器的组成部分，而应作为单独报验的物品对待。

除在以下注释中专门列名的不包括货品以外,本章还不包括:

(一)电子音乐组件(品目85.43)。

(二)由于所用材料的性质、粗糙的加工、音质的次劣或其他特征而可明显确定为作玩具用的乐器(第95章)。例如,某些口琴、小提琴、手风琴、小喇叭、鼓、百音盒。

(三)收藏品(品目97.05)(例如,具有历史学或人类学研究意义的乐器)或超过一百年的古物(品目97.06)。

92.01 钢琴,包括自动钢琴、拨弦古钢琴及其他键盘弦乐器:
10—竖式钢琴
20—大钢琴
90—其他
92.02 其他弦乐器(例如,吉他、小提琴、竖琴):
10—弓弦乐器
90—其他
92.03
92.04
92.05 其他管乐器(例如,单簧管、小号、风笛):
10—铜管乐器
90—其他
92.06 打击乐器(例如,鼓、木琴、钹、响板、响葫芦)
92.07 通过电产生或扩大声音的乐器(例如,电风琴、电吉他、电手风琴):
10—键盘乐器,但手风琴除外
90—其他
92.08 百音盒、游艺场风琴、手摇风琴、机械鸣禽、乐锯及本章其他品目未列名的其他乐器;各种媒诱音响器、哨子、号角、口吹音响信号器:
10—百音盒
90—其他
92.09 乐器的零件(例如,百音盒的机械装置)、附件(例如,机械乐器用的卡片、盘及带卷);节拍器、音叉及各种定音管:
30—乐器用的弦
—其他

第十九类　武器、弹药及其零件、附件
（第 93 章）

（一）主要内容

本类主要包括供军队、警察或其他有组织的机构（海关、边防等）在陆、海、空战斗中使用的各种武器，个人自卫、狩猎等用的武器等。

（二）排列结构

本章包括：

一、军事武装部队、警察或其他有组织的机构（海关、边防部队等）在陆、海、空战斗中使用的各种武器。

二、个人自卫、狩猎及打靶用的武器（例如，用于小型靶场、室内靶场或游乐场射击台的）。

三、靠爆炸药进行发射的其他装置（例如，抛缆枪及维利式信号枪）。

四、弹药及导弹（第 36 章的物品除外）。

除少数例外情况以外（参见品目 93.05 及 93.06 的注释），本章也包括武器的零件、附件及弹药零件。

望远镜瞄准具及其他光学装置，如果适合武器使用并能装在武器上或与有关武器一同报验的，应与武器一并归类。单独报验的此类光学装置不归入本章（第 90 章）。

任何运载工具，即使是军事专用的，不论是否装有武器，均不归入本章。因此，本章不包括铁路装甲车辆（第 86 章）、坦克及装甲车（品目 87.10）、军用飞机（品目 88.01 或 88.02）及军舰（品目 89.06）等。但这些运载工具上使用的武器（枪炮、机枪等）如单独报验，应归入本章（参见品目 93.01 关于安装在铁路或陆地车辆上的某些武器的注释）。

本章也不包括下列货品：

（一）钢盔及其他军用帽类（第 65 章）。

（二）人体防护服，例如，护胸铁甲、铠甲衣、防弹衣等（按其构成材料归类）。

（三）弩、弓和箭以及玩具武器（第 95 章）。

（四）收藏品及古物（品目 97.05 或 97.06）。

本章所列武器及其零件可含有贵金属、包贵金属、天然或养殖珍珠、宝石及半宝石（天然、合成或再造）、玳瑁壳、珍珠母、兽牙及类似品。

93.01　军用武器，但左轮手枪、其他手枪及品目 93.07 的兵器除外：

—火炮武器（例如，大炮、榴弹炮及迫击炮）

20—火箭发射器；火焰喷射器；手榴弹发射器；鱼雷发射管及类似的发射装置

90—其他

93.02 左轮手枪及其他手枪,但品目 93.03 或 93.04 的货品除外

93.03 靠爆炸药发射的其他火器及类似装置(例如,运动用猎枪及步枪、前装枪、维利式信号枪及其他专为发射信号弹的装置、发射空包弹的左轮手枪和其他手枪、弩枪式无痛捕杀器、抛缆枪):

10—前装枪

20—其他运动、狩猎或打靶用猎枪,包括组合式滑膛来复枪

30—其他运动、狩猎或打靶用步枪

90—其他

93.04 其他武器(例如,弹簧枪、气枪、气手枪、警棍),但不包括品目 93.07 的货品

93.05 品目 93.01 至 93.04 所列物品的零件、附件:

10—左轮手枪或其他手枪用

—品目 93.03 的猎枪或步枪用

—其他

93.06 炸弹、手榴弹、鱼雷、地雷、水雷、导弹及类似武器及其零件;子弹、其他弹药和射弹及其零件,包括弹丸及弹垫:

—猎枪子弹及其零件;气枪弹丸

30—其他子弹及其零件

90—其他

93.07 剑、短弯刀、刺刀、长矛和类似的武器及其零件;刀鞘、剑鞘

第二十类 杂项制品

(第 94 章至第 96 章)

(一)主要内容

本类所称的杂项制品是指前述各类、章及品目未包括的货品,从第 94 章至第 96 章。其中第 94 章包括各种家具、寝具、其他章未列名灯具和活动房屋等;第 95 章包括各种玩具、运动或游戏用设备等;第 96 章包括雕刻或模塑制品,扫把、刷子和筛,书写及办公用品,烟具,化妆品用具及其他品日未列名的物品。

(二)排列结构

除本章注释所列不包括的货品以外,本章包括:

一、各种家具及其零件(品目 94.01 至 94.03)。

二、弹簧床垫、床褥及其他寝具或类似用品,装有弹簧、内部用任何材料填塞、衬垫或用海绵橡胶或泡沫塑料制成,不论是否包面(品目 94.04)。

三、用各种材料制成的(第 71 章注释一所列的材料除外)未列名灯具和照明装置、装有固定光源的发光标志、发光铭牌和类似品;上述货品的未列名零件(品目 94.05)。

四、活动房屋(品目 94.06)。

本章所称的“家具”,是指:

(一)任何“可移动”的物品(不包括协调制度中其他品目更为具体列名的货品),它们的主要特征是供放置在地上,并具有实用价值,它们用于民宅、旅馆、戏院、电影院、办公室、教堂、学院、咖啡馆、饭店、实验室、医院、牙医诊所等,以及船舶、飞机、铁道车厢、机动车辆、拖挂蓬车及其他运输工具。必须注意,有些用螺栓等固定在地板上的物品,例如,船用椅子,也可作为“可移动”的家具归入本章。用于庭园、广场、散步场所等地方的类似品(凳子、椅子等)也归属于本类。

(二)下列物品:

1. 悬挂的、固定在墙壁上的、叠摞的或并置的碗橱、书柜、其他架式家具及组合家具,供放置各种物品(书籍、陶器、厨具、玻璃器皿、织物、药物、梳妆用具、收音机或电视机、装饰品等),以及单独报验的组合家具各件。

2. 悬挂或固定在墙壁上的坐具或床。

除上述(二)款所列的货品以外,所称“家具”,不适用于虽作家具使用,但其结构只适于放置在其他家具上或架子上,或悬挂在墙壁或天花板上的物品。

因此,本章不包括其他固定在墙上的装置,例如,衣帽架及类似品、挂匙板、衣刷挂钩及报纸架;也不包括陈设品,例如,散热器屏罩。同样,本章还不包括非落地式的以下货品:小型精细木器及小型木制装饰品(品目 44.20)、塑料或贱金属制的办公室设备(例如,文件分类箱、文件格)(品目 39.26 或 83.04)。

已安装于或准备安装于品目 94.06 的活动房屋内,并与之成为一个整体的设施(橱柜、散热器屏罩等),如果与活动房屋一同报验,也应归入本品目。

品目 94.01 至 94.03 包括任何材料(木、柳条、竹、藤、塑料、贱金属、玻璃、皮革、石、陶瓷等)制成的家具。这些家具不论是否内部填料或外部包面,也不论是否已作表面加工、雕刻、镶嵌、油漆装饰或装有镜子、其他玻璃配件及脚轮等,均应归入上述各有关品目。

但应注意,如果家具中配有的贵金属或包贵金属超出小配件(例如,小标志、条纹、套圈等)范围的,该家具则不可归入本章(第 71 章)。

报验时已拆卸或未组装的家具,如果其零部件是同时报验的,可作为组装家具归类。本规定同样适用于不论是否装有玻璃、大理石或其他材料制的板片、配件或其他零件的家具(例如,装有玻璃台面的木台、装有镜子的木制衣橱、装有大理石台面的餐具柜)。

零 件

本章只包括品目 94.01 至 94.03 及 94.05 所列货品的零件,不论是否坯件,但根据其形状或其他特征可确定为专用于或主要用于上述品目所列家具的零件。如果没有其他更为具体列名的品目,它们应归入本章。

品目 94.06 所列活动房屋的部件,如果单独报验,均应归入其各自适当的品目中。

除了下列各品目注释中所列不包括的货品以外,本章还不包括:

(一)品目44.09的串珠状缘饰及装饰线条。

(二)用塑料或其他材料包覆的带槽木质碎料板条,经切槽后可沿切口折成U形以构成家具的零件(例如,抽屉隔板)(品目44.10)。

(三)玻璃片(包括镜片)、大理石板、其他石板或第68章或第69章所列其他材料的板片,不论是否切割成形,除非它们与其他零件组合并明显作为家具的零、部件(例如,衣橱的镶镜橱门)。

(四)第十五类注释二所指的贱金属制弹簧、锁和其他通用零件(第十五类)以及塑料制的类似品(第39章)。

(五)作玩具用的家具及灯具或照明装置(品目95.03)。

(六)收藏品及古物(第97章)。

94.01 坐具(包括能作床用的两用椅,但品目94.02的货品除外)及其零件:

10—飞机用坐具

20—机动车辆用坐具

30—可调高度的转动坐具

40—能作床用的两用椅,但庭园坐具或野营设备除外

—藤、柳条、竹及类似材料制的坐具

—木框架的其他坐具

—金属框架的其他坐具

80—其他坐具

90—零件

94.02 医疗、外科、牙科或兽医用家具(例如,手术台、检查台、带机械装置的病床、牙科用椅);有旋转、倾斜、升降装置的理发用椅及类似椅;上述物品的零件:

10—牙科、理发及类似用途的椅及其零件

90—其他

94.03 其他家具及其零件:

10—办公室用金属家具

20—其他金属家具

30—办公室用木家具

40—厨房用木家具

50—卧室用木家具

60—其他木家具

70—塑料家具

—其他材料制的家具,包括藤、柳条、竹或类似材料制的

90—零件

94.04 弹簧床垫;寝具及类似用品,装有弹簧、内部用任何材料填充、衬垫或用海绵橡胶、泡沫塑料制成,不论是否包面,(例如,褥垫、棉被、羽绒被、靠垫、座垫及枕头):

10—弹簧床垫

—褥垫

30—睡袋

90—其他

94.05 其他品目未列名的灯具及照明装置,包括探照灯、聚光灯及其零件;装有固定光源的发光标志、发光铭牌及类似品,以及其他品目未列名的这些货品的零件:

10—枝形吊灯及天花板或墙壁上的其他电气照明装置,但不包括公共露天场所或街道上的电气照明装置

20—电气的台灯、床头灯或落地灯

30—圣诞树用的成套灯具

40—其他电灯及照明装置

50—非电气的灯具及照明装置

60—发光标志、发光铭牌及类似品

—零件

94.06 活动房屋

第95章排列结构

本章包括各种玩具,不论是供儿童或供成人娱乐用,还包括户内及户外游戏用设备,运动、体操、竞技用具及器械,某些钓鱼、狩猎或射击用具,旋转木马和其他游乐场用娱乐设备。

本章各品目也包括明显为专用于或主要用于本章所列货品的零件、附件,只要它们不是本章注释一所列不包括的物品。

本章物品一般可用各种材料制成,但天然或养殖珍珠、宝石或半宝石(天然、合成或再造)、贵金属或包贵金属除外。装有上述材料制的小配件的物品仍可归入本章。

除了各品目注释中所列不包括的物品以外,本章还不包括:

(一)品目36.04的烟花及其他烟火制品。

(二)品目40.11、40.12或40.13的橡胶轮胎及其他物品。

(三)帐篷及露营用品(一般归入品目63.06)。

(四)液体泵(品目84.13)、液体或气体的过滤、净化机器及装置(品目84.21)、电动机(品目85.01)、变压器(品目85.04)或无线电遥控装置(品目85.26)。

(五)第93章的武器及其他物品。

95.01

95.02

95.03 三轮车、单脚滑行车、踏板车及类似的带轮玩具；玩偶车；玩偶；其他玩具；缩小（按比例缩小）的模型及类似的娱乐用模型，不论是否活动；各种智力玩具

95.04 游艺场所、桌上或室内游戏用品，包括弹球机、台球、娱乐专用桌及保龄球自动球道设备：

10—与电视接收机配套使用的电子游戏机

20—台球用品及附件

30—用硬币、钞票、银行卡、代币或其他支付方式使其工作的其他游戏用品，但保龄球道设备除外

40—扑克牌

90—其他

95.05 节日（包括狂欢节）用品或其他娱乐用品，包括魔术道具及嬉戏品：

10—圣诞节用品

90—其他

95.06 一般的体育活动、体操、竞技及其他运动（包括乒乓球运动）或户外游戏用的本章其他品目未列名用品及设备；游泳池或戏水池：

—滑雪屐及其他滑雪用具

—滑水板、冲浪板、帆板及其他水上运动用具

—高尔夫球棍及其他高尔夫球用具

40—乒乓球运动用品及器械

—网球拍、羽毛球拍或类似的球拍，不论是否装弦

—球，但高尔夫球及乒乓球除外

70—溜冰鞋及旱冰鞋，包括装有冰刀的溜冰靴

—其他

95.07 钓鱼竿、钓鱼钩及其他钓鱼用品；捞鱼网、捕蝶网及类似网；囮子“鸟”（品目92.08或97.05的货品除外）以及类似的狩猎用品：

10—钓鱼竿

20—钓鱼钩，不论有无系钩丝

30—钓线轮

90—其他

95.08 旋转木马、秋千、射击用靶及其他游乐场的娱乐设备；流动马戏团及流动动物园；流动剧团：

10—流动马戏团及流动动物园

90—其他

第 96 章排列结构

本章包括雕刻和模塑材料及其制品、某些扫把、刷子和筛、某些缝纫用品、某些书写及办公用品、某些烟具、某些化妆用具及协调制度其他品目未具体列名的其他物品。

品目 96. 07 至 96. 14 及 96. 16 至 96. 18 所列物品可以全部或部分由天然或养殖的珍珠、宝石或半宝石(天然、合成或再造)制成,或由贵金属或包贵金属制成。但品目 96. 01 至 96. 06 及 96. 15 所列物品可以装有上述材料制成的小配件。

96. 01 已加工的兽牙、骨、玳瑁壳、角、鹿角、珊瑚、珍珠母及其他动物质雕刻材料及其制品(包括模塑制品):

10—已加工的兽牙及其制品

90—其他

96. 02 已加工的植物质或矿物质雕刻材料及其制品;蜡、硬脂、天然树胶、天然树脂或塑型膏制成的模塑或雕刻制品以及其他品目未列名的模塑或雕刻制品;已加工的未硬化明胶(品目 35. 03 的明胶除外)及未硬化明胶制品

96. 03 帚、刷(包括作为机器、器具、车辆零件的刷)、非机动的手工操作地板清扫器、拖把及毛掸;供制帚、刷用的成束或成簇的材料;油漆块垫及滚筒;橡皮扫帚(橡皮辊除外):

10—用枝条或其他植物材料捆扎而成的帚及刷,不论是否有把

—牙刷、剃须刷、发刷、指甲刷、睫毛刷及其他人体化妆用刷,包括作为器具零件的上述刷

30—画笔、毛笔及化妆用的类似笔

40 油漆刷、涂料刷、清漆刷及类似的刷(子目 9603. 30 的货品除外);油漆块垫及滚筒

50—作为机器、器具、车辆零件的刷

90—其他

96. 04 手用粗筛、细筛

96. 05 个人梳妆、缝纫或清洁鞋靴、衣服用的成套旅行用具

96. 06 钮扣、揿扣、钮扣芯及钮扣和揿扣的其他零件;钮扣坯:

10—揿扣及其零件

—钮扣

30—钮扣芯及钮扣的其他零件;钮扣坯

96. 07 拉链及其零件:

—拉链

20—零件

96.08 圆珠笔；毡尖和其他渗水式笔尖笔及唛头笔；自来水笔、铁笔型自来水笔及其他钢笔；蜡纸铁笔；活动铅笔；钢笔杆、铅笔套及类似的笔套；上述物品的零件（包括帽、夹），但品目96.09的货品除外：

10—圆珠笔

20—毡尖和其他渗水式笔尖笔及唛头笔

—自来水笔、铁笔型自来水笔及其他钢笔

40—活动铅笔

50—由上述两个或多个子目所列物品组成的成套货品

60—圆珠笔芯，由圆珠笔头和墨芯构成

—其他

96.09 铅笔（品目96.08的铅笔除外）、颜色铅笔、铅笔芯、蜡笔、图画碳笔、书写或绘画用粉笔及裁缝划粉：

10—铅笔及颜色铅笔

20—铅笔芯，黑的或其他颜色的

90—其他

96.10 具有书写或绘画面的石板、黑板及类似板，不论是否镶框

96.11 手用日期戳、封缄戳、编号戳及类似印戳（包括标签压印器）；手工操作的排字盘及带有排字盘的手印器

96.12 打字机色带或类似色带，已上油或经其他方法处理能着色的，不论是否装轴或装盒；印台，不论是否已加印油或带盒子：

10—色带

20—印台

96.13 香烟打火机和其他打火器（不论是机械的，还是电气的）及其零件，但打火石及打火机芯除外：

10—袖珍气体打火机，一次性的

20—袖珍气体打火机，可充气的

80—其他打火器

90—零件

96.14 烟斗（包括烟斗头）和烟嘴及其零件

96.15 梳子、发夹及类似品；发卡、卷发夹、卷发器或类似品及其零件，但品目85.16的货品除外：

—梳子、发夹及类似品

90—其他

96.16 香水喷雾器或类似的化妆用喷雾器及其座架、喷头；粉扑及粉拍，施敷脂粉或化妆品用：

10—香水喷雾器或类似的化妆用喷雾器及其座架、喷头

20—粉扑及粉拍,施敷脂粉或化妆品用

96.17 带壳的保温瓶和其他真空容器及其零件,但玻璃瓶胆除外

96.18 裁缝用人体模型及其他人体活动模型;橱窗装饰用的自动模型及其他活动陈列品

第二十一类　艺术品、收藏品及古物
(第97章)

(一)主要内容

本类只有第97章,一般归入本类商品的最大特点是具有一定的收藏价值。主要包括艺术品和收藏品,例如,完全手工绘制的油画、粉画,雕版画、印制画、石印画原本,雕塑品原件,邮票,动物、植物、矿物等的标本和超过100年的古物。

(二)排列结构

本章包括:

一、某种艺术品:完全用手工绘制的油画、绘画及粉画;拼贴画及类似的装饰板(品目97.01);版画、印制画及石印画的原本(品目97.02);雕塑品的原件(品目97.03)。

二、使用过或未使用过的邮票、印花税票及类似票证、邮戳印记、首日封、邮政信笺(印有邮票的纸品)及类似品,但品目49.07的货品除外。

三、具有动物学、植物学、矿物学、解剖学、历史学、考古学、古生物学、人种学或钱币学意义的收集品及珍藏品(品目97.05)。

四、超过一百年的古物(品目97.06)。

但应注意,这些物品如不符合本章注释或本章内各品目所列的条件的,应归入本协调制度的其他章。

品目97.01至97.05的物品即使超过一百年,也仍应归入这些品目内。

97.01 油画、粉画及其他手绘画,但带有手工绘制及手工描饰的制品或品目49.06的图纸除外;拼贴画及类似装饰板:

10—油画、粉画及其他手绘画

90—其他

97.02 雕版画、印制画、石印画的原本

97.03 各种材料制的雕塑品原件

97.04 使用过或未使用过的邮票、印花税票及类似品、邮戳印记、首日封、邮政信笺(印有邮票的纸品)及类似品,但品目49.07的货品除外

97.05 具有动物学、植物学、矿物学、解剖学、历史学、考古学、古生物学、人种学或钱币学意义的收集品及珍藏品

97.06 超过一百年的古物

2

《协调制度》归类总规则

2.1 规则一

2.1.1 条文内容

类、章及分章的标题，仅为查找方便而设；具有法律效力的归类，应按品目条文和有关类注或章注确定，如品目、类注或章注无其他规定，按以下规则确定。

2.1.2 条文解释

(1)由于商品种类繁多，《协调制度》中的类、章、分章的标题不可能全部包括进去；类、章、分章标题只为方便查找，本身不是归类的依据。

(2)具有法律效力的归类要按品目条文、类注释、章注释的顺序先后确定；注释在货品商品编码归类中的作用是用来限定类、章、品目所包括的货品范围。

(3)如果按品目条文、类注或章注还无法确定归类，则按下面的其他规则(规则二、三、四、五)确定品目的归类。

2.2 规则二

2.2.1 条文内容

(一)品目所列货品，应视为包括该项货品的不完整品或未制成品，只要在进口或出口时该项不完整品或未制成品具有完整品或制成品的基本特征；还应视为包括该货品的完整品或制成品(或按本款可作为完整品或制成品归类的货品)在进口或出口时的未组装件或拆散件。

(二)品目中所列材料或物质,应视为包括该种材料或物质与其他材料或物质混合或组合的物品。品目所列某种材料或物质构成的货品,应视为包括全部或部分由该种材料或物质构成的货品。由一种以上材料或物质构成的货品,应按规则三归类。

2.2.2 条文解释

(1)规则二(一)将所有列出某一些物品的品目范围扩大为不仅包括完整的物品,而且还包括该物品的不完整品或未制成品,只要报验时它们具有完整品或制成品的基本特征。

不完整品是指货品缺少某些部分、不完整;未制成品是指货品尚未完全制成,需进一步加工才成为制成品。例如:缺少鞍座的山地自行车,商品编码为8712.0030。

一般可以这样判断是否具备“基本特征”:

①对于不完整品而言,主要是看其关键部件是否存在,以冰箱为例,如果压缩机、蒸发器、冷凝器、箱体这些关键部件存在,则可以判断为具有冰箱的基本特征;

②对于未制成品而言,主要看其是否具有制成品的特征,如齿轮的毛坯,须经进一步完善方可作为制成品或制成零件使用,但已具有制成品或制成零件的大概形状或轮廓,则可以判断为具有齿轮的基本特征。

(2)规则二(一)的第二部分规定,完整品或制成品的未组装件或拆散件应归入已组装物品的同一品目。例如,品目85.17不仅包括已组装好的电话机,还应包括电话机的未组装件或拆散件。

未组装件或拆散件指货品尚未组装或已拆散。货品以未组装或拆散形式报验,通常是由于包装、装卸或运输上的需要,或是为了便于包装、装卸或运输。

规则二(一)的规定一般不适用于第一类至第六类所包括的货品。

(3)规则二(二)的主要含义:品目中所列的某种材料包括了该种材料的混合物或组合物,但是,添加的物质或组合起来的材料不能改变原来物品的主要特征、特性。例如:稻谷中加入了杀鼠剂,已经成为了一种用于杀灭老鼠的毒饵,就不能再按品目10.06的“稻谷”归类。

2.3 规则三

2.3.1 条文内容

当货品按规则二(二)或由于其他原因看起来可归入两个或两个以上品目时,应按以下规则归类。

(一)列名比较具体的品目优先于列名一般的品目。但是如果两个或两个以上品目都仅述及混合或组合货品所含的某部分材料或物质,或零售的成套货品中的某些货品,即使其中某个品目对该货品描述得更为全面、详细,这些货品在有关品目的列名应视为同样具体。

（二）混合物，不同材料构成或不同部件组成的组合物以及零售的成套货品，如果不能按照规则三（一）归类时，在本款可适用的条件下，应按构成货品基本特征的材料或部件归类。

（三）货品不能按照规则三（一）或（二）归类时，应按号列顺序归入其可归入的最末一个品目。

2.3.2 条文解释

（1）当一种货品似乎在两个或者更多的品目都涉及时，对应的品目条文内容具体、详细的，优先于品目条文内容一般、概括的。归类次序为：a）具体列名；b）基本特征；c）从后归类。

（2）对于混合物、不同材料构成或不同部件组成的组合物以及零售的成套货品，如果不能按照规则三（一）归类时，应按构成货品基本特征的材料或部件归类。例如：速冻馄饨（带有小调料包及小压缩蔬菜包，零售包装），该货品虽然是由馄饨及调料包、压缩蔬菜包组成的零售包装速冻食品，但是，其中的主要成分是馄饨，因此，应归入商品编码1902.2000。

"零售的成套货品"，是指同时符合以下三个条件的货品。

①由至少两种看起来可归入不同品目的不同物品构成的。例如，六把乳酪叉不能作为本款规则所称的成套货品。

②为了迎合某项需求或开展某项专门活动而将几件产品或物品包装在一起的。

③其包装形式适于直接销售给用户而货物无需重新包装的（例如，装于盒、箱内或固定于板上）。

例如：成套理发工具，由一个电动理发推子、一把梳子、一把剪子、一把刷子及一条毛巾，装于一个皮匣子组成，符合上述的三个条件，所以属于"零售的成套货品"。

不符合以上三个条件时，不能看成是规则三（二）中的零售成套货品。例如，"包装在一起的手表与打火机"，由于不符合以上第二个条件，所以只能分开归类。

（3）从后归类原则，即归类时无法适用规则三（一）或（二）的规定时，将该货品似乎可归入的商品编码进行比较，然后按照排列顺序在最后的品目进行归类。

2.4 规则四

2.4.1 条文内容

根据上述规则无法归类的货品，应归入与其最相类似的货品的品目。

2.4.2 条文解释

货品在没有具体列名的情况下，应该根据其基本特征、功能特性、用途、材料、加工方式等将其归入与之最相类似的品目。

2.5 规则五

2.5.1 条文内容

除上述规则外,本规则适用于下列货品的归类。

(一)制成特殊形状仅适用于盛装某个或某套物品并适合长期使用的照相机套、乐器盒、枪套、绘图仪器盒、项链盒及类似容器,如果与所装物品同时进口或出口并通常与所装物品一同出售的,应与所装物品一并归类。但本款不适用于本身构成整个货品基本特征的容器。

(二)除规则五(一)规定的以外,与所装货品同时进口或出口的包装材料或包装容器,如果通常是用来包装这类货品的,应与所装货品一并归类。但明显可重复使用的包装材料和包装容器可不受本款限制。

2.5.2 条文解释

1. 规则五(一)仅适用于同时符合以下各条规定的容器

(1)制成特定形状或形式,专门盛装某一物品或某套物品的,即专门按所要盛装的物品进行设计的,有些容器还制成所装物品的特殊形状。

(2)适合长期使用的,即容器的使用期限与所盛装的物品相比是相称的,在物品不使用期间(例如:运输或储藏期间),这些容器还起保护物品的作用。

(3)与所装物品一同报验的(单独报验的容器应归入其所应归入的品目)。

(4)通常与所装物品一同出售的。

(5)本身并不构成整个货品基本特征的。

例如:嘉士伯啤酒(听装,麦芽酿造)。麦芽酿造的啤酒应归入商品编码2203.0000。本题听装麦芽酿造的啤酒,其包装用的易拉罐是专为该啤酒而设计的。外表应印有该啤酒的品牌、产地等内容,并且未单独进口,因此,应将包装罐与所盛装的啤酒视为一个货品。所以,根据本题对所需归类货品限定的条件,啤酒(听装,麦芽酿造)应归入商品编码2203.0000。

但是,本款规则不适用于本身构成整个货品基本特征的容器。例如,装有茶叶的银质茶叶罐。

2. 规则五(二)仅适用于同时符合以下各条规定的包装材料及包装容器

(1)规则五(一)以外的。

(2)通常用于包装有关货品的。

(3)与所装物品一同报验的(单独报验的包装材料及包装容器应归入其所应归入的品目)。

(4)不属于明显可重复使用的。

例如:装有电视机的瓦楞纸箱,由于符合以上条件,因此应与电视机一并归入品目 85.28。

但是,如果是明显可重复使用的包装材料和包装容器,则本款规定不适用。例如:“煤气罐装有液化煤气”,由于具有明显可重复使用的特性,所以不能与液化煤气一并归类,而应与液化煤气分开归类。

2.6 规则六

2.6.1 条文内容

货品在某一品目项下各子目的法定归类,应按子目条文或有关的子目注释以及以上各条规则来确定,但子目的比较只能在同一数级上进行。除本商品目录条文另有规定的以外,有关的类注、章注也适用于本规则。

2.6.2 条文解释

归类货品在子目内归类的依据是子目条文和子目注释,在子目条文和子目注释没有具体规定的情况下,方可按类注或章注的规定进行归类。即先子目,后类、章的归类原则。

在具体确定子目时,还应当注意以下两点。

(1)确定子目时,一定要按先确定一级子目、再二级子目、然后三级子目、最后四级子目的顺序进行。

(2)确定子目时,应遵循“同级比较”的原则,即一级子目与一级子目比较,二级子目与二级子目比较。依次类推。

例如,“中华绒螯蟹种苗”,在归入品目 03.06 项下子目时,应按以下步骤进行:

①先确定一级子目,即将两个一级子目“冻的”与“未冻的”进行比较后归入“未冻的”;

②再确定二级子目,即将二级子目“龙虾”、“大螯虾”、“小虾及对虾”、“蟹”、“其他”进行比较后归入“蟹”;

③然后确定三级子目,即将两个三级子目“种苗”与“其他”进行比较后归入“种苗”。

所以中华绒螯蟹种苗归入子目 0306.2410。

3

各类进出口商品的归类技巧

作为商品归类的初学者，首先要弄清楚商品的分类。

现介绍一种简易归类口诀：

自然世界动植矿，一二五类在取样；
三类四类口中物，矿产物料翻翻五；
化工原料挺复杂，打开六类仔细查；
塑料制品放第七，橡胶聚合酯烷烯；
八类生皮合成革，箱包容套皮毛造；
九类木秸草制品，框板柳条样样行；
十类木浆纤维素，报刊书籍纸品做；
十一税则是大类，纺织原料服装堆；
鞋帽伞杖属十二，人发羽毛大半归；
水泥石料写十三，玻璃石棉云母粘；
贵金珠宝十四见，硬币珍珠同类现；
十五查找贱金属，金属陶瓷工具物；
电子设备不含表，机器电器十六找；
光学仪器十八类，手表乐器别忘了；
武器弹药特别类，单记十九少劳累；
杂项制品口袋相，家具文具灯具亮；
玩具游戏活动房，体育器械二十讲；
二十一类物品贵，艺术收藏古物类；
余下运输工具栏，放在十七谈一谈；
商品归类实在难，记住大类第一环。

3.1 第一类:活动物;动物产品

3.1.1 主要内容

本类共5章(第1章至第5章),包括了除特殊情况外的所有种类的活动物以及经过有限度的一些简单加工的动物产品。

第1章:除第3章及第1章章注三规定以外的活动物。【地上跑的、天上飞的、活的家禽家畜】

第2章:肉及食用杂碎。【第1章动物的肉及杂碎,供人食用】

第3章:鱼、甲壳动物、软体动物及其他水生无脊椎动物。【水里游的】

第4章:乳品、蛋品、天然蜂蜜、其他食用动物产品。【分泌物】

第5章:其他未加工或简单加工的各种未列名的动物产品。【不能直接食用】

3.1.2 归类技巧

1. 活动物的归类

活动物(例如马、牛、猪、羊、鸡、狗、蛇、蜂)归入第1章。但是,如果与流动马戏团及流动动物园的设备同时报验并作为其组成部分,则应归入品目95.08。

鱼、甲壳动物(例如龙虾、大螯虾、淡水小龙虾、蟹、河虾及对虾)、软体动物(例如牡蛎(蚝)、海扇、贻贝、蚌、墨鱼、鱿鱼、章鱼及蜗牛)及其他水生无脊椎动物(例如海胆、海参及海蜇)归入第3章。

2. 动物杂碎的归类

动物杂碎分为供人食用的、专供药用的、既供人食用又供药用及供人食用又有其他用途。

(1)供人使用的杂碎,包括头、脚、尾、心、舌,归入第2章;如果因保存不善导致变质不适合供人食用则归入第5章。例如:新鲜的鸡爪应归入品目02.07。

(2)专供制药用的杂碎,包括胆囊、肾上腺、胎盘,如为鲜、冷、冻或用其他方法临时保藏的,归入品目05.10;如经干制的则归入品目30.01。

(3)既可供人食用,又可供制药用的杂碎,包括肝、肾、肺、脑、胰腺、脾、脊髓,归类如下:

临时保藏(用化学液体保鲜防腐)以供药用的,归入品目05.10;

干制的归入品目30.01;

其他如果适合供人食用则归入第2章,不适合供人食用则归入第5章。

(4)既可供人食用,又有其他用途的杂碎,如动物皮,如果适合供人食用则归入第2章;不适合供人食用则归入第5章或其他有关章。

(5)特别注意,动物的肠、膀胱、动物产品,不能按照动物杂碎归入第2章,而应归入第5章;动物血如果符合品目30.02的规定,则归入品目30.02。

3. 动物加工产品的归类

动物的加工程度是判断动物产品归入本类简单加工产品还是归入第四类深加工动物产品的重要标准。

动物产品归类时,要先查第 2 章的品目条文与相应的章注、类注,如果相符则归入第 2 章,否则归入第四类。

简单加工,一般理解为动物产品没有被“做熟”,还是生的;深加工,可以理解为已经被“做熟”。

例如:“用盐腌制的咸鸡”应归入品目 02. 10;而“油炸鸡腿”,其加工程度已超出第 2 章的范围,因此应归入品目 16. 02。

3. 2　第二类:植物产品

3. 2. 1　主要内容

本类共 9 章(第 6 章至第 14 章),包括各种类的活植物及经过有限度地简单加工的植物产品。

第 6 章:活树及其他活植物、鳞茎、根及类似品,插花及装饰用簇叶。

第 7 章:食用蔬菜、根及块茎。

第 8 章:食用水果及坚果,甜瓜或柑橘属水果的果皮。

第 9 章:咖啡、茶、马黛茶及调味香料。

第 10 章:谷物。

第 11 章:制粉工业产品、麦芽、淀粉、菊粉、面筋。

第 12 章:含油子仁及果实、杂项子仁及果实、工业用或药用植物、稻草、秸秆及饲料。

第 13 章:虫胶、树胶、树脂及其他植物汁液。

第 14 章:编结用植物材料、其他植物产品。

3. 2. 2　归类技巧

1. 干蔬菜的归类

(1)干蔬菜归类时要特别注意章注三的有关规定。

品目 07. 12 包括干制的归入品目 07. 01 ~07. 11 的各种蔬菜,但下列各项除外:

①作蔬菜用的脱荚干豆(品目 07. 13);

②品目 11. 02 ~11. 04 所列形状的甜玉米;

④马铃薯细粉、粗粉、粉末、粉片、颗粒及团粒(品目 11. 05);

④用品目 07. 13 的干豆制成的细粉、粗粉及粉末(品目 11. 06)。

(2)干蔬菜归类时,由于商品知识所限,不能完全了解某一货品的归属时,可以结合第 20 章的有关品目加以辨别。

例如：干制的小白蘑菇。由于小白蘑菇已经过干制，属于干蔬菜，故应归入品目07.12“干蔬菜，整个、切块、切片、破碎或制成粉状，但未经进一步加工的”。

再按列名归入一级子目“蘑菇、木耳、银耳及块茵”。

由于二级子目并无小白蘑菇的列名，无法确定小白蘑菇是否属于“伞菌属蘑菇”，从而无法确定二级子目是归入“伞菌属蘑菇”还是“其他”。

根据品目20.03项下的一级子目“伞菌属蘑菇”包括四级子目2003.1011“小白蘑菇”，可知小白蘑菇属于“伞菌属蘑菇”，故干制的小白蘑菇应归入二级子目0712.3100“伞菌属蘑菇”。

2. 混合调味香料的归类

混合调味香料归类时，要注意第9章章注一的规定，品目09.04～09.10所列产品的混合物，应按下列规定归类：

①同一品目的两种或两种以上产品的混合物仍应归入该品目；

②不同品目的两种或两种以上产品的混合物应归入品目09.10。

同一品目是指商品编码的前4位相同。

例如：肉桂（占70%）与丁香（占30%）的混合物，由于肉桂归品目09.06，丁香归品目09.07，属于不同品目的混合物，所以应归入品目09.10。

而对于胡椒粉（占70%）与辣椒粉（占30%）的混合物，由于胡椒粉与辣椒粉都归入品目09.04，属于同一品目的混合物，所以仍应归入品目09.04。

3. 加工产品的归类

植物产品与动物产品的归类思路一样，需特别注意其加工程度。简单加工的植物产品归入本类，如果进行了进一步地深加工，则应归入后面的其他类（如第四类）。

归类时仍先在第二类相应章的有关品目条文与章注、类注中查找，如果相符则归入本类，否则应作为深加工而归入其他类。

3.3 第三类：动、植物油、脂及其分解产品；精制的食用油脂；动、植物蜡

3.3.1 主要内容

本类只有1章（第15章），包括：以第一、第二类的动物、植物为原料加工得到的动物、植物油脂；油脂的分解产品；混合食用油脂；动物、植物蜡；处理油脂或蜡所剩的残渣。

3.3.2 归类技巧

动、植物油脂根据其加工程度归入下列各章：

动物油脂（初榨、精制）……………………………………品目15.01～15.06

植物油脂（初榨、精制）……………………………………品目15.07～15.15

油脂(化学改性) ……………………………………品目 15.16、15.18
混合食用油脂 ……………………………………品目 15.17
动、植物蜡………………………………………品目 15.21
残渣 ………………………………………………品目 15.22

3.4 第四类:食品;饮料、酒及醋;烟草及其制品

3.4.1 主要内容

本类共 9 章(第 16 章至第 24 章),包括以动物、植物为原料加工得到的食品、饮料、酒、醋、动物饲料、烟草等。

第 16 章:主要以第一类的动物为原料加工得到的食品。

第 17 章:糖及糖食。

第 18 章:可可及制品。

第 19 章:谷物、粮食粉、淀粉或乳的制品。

第 20 章:蔬菜、水果、坚果等的产品。

第 21 章:其他杂项食品。

第 22 章:饮料、酒、醋。

第 23 章:食品工业的残渣及废料、饲料。

第 24 章:烟草及其制品。

3.4.2 归类技巧

1. 混合食品的归类

混合食品归类关键要看动物类原料的含量是否在 20% 以上(不同的动物原料的含量可以合并计算),如果在 20% 以上则归入第 16 章。

对于含有两种或两种以上动物类原料的食品,应按其中重量最大的产品归入第 16 章的相应品目。

例如:"猪肉占 15%、牛肉占 20%、马铃薯占 65% 的罐头食品",因为猪肉加上牛肉合计为 35%,超过了 20%,所以可归入第 16 章的品目 16.02,又因为牛肉含量超过猪肉,所以应按牛肉食品归入子目 1602.5010。

但是,特别要注意的是:如果该混合食品属于品目 19.02 的包馅食品和品目 21.03、21.04 的食品,则不论其中的动物类原料的含量是否在 20% 以上,一律不再归入第 16 章,而应归入品目 19.02、21.03、21.04。

例如:"猪肉占 30%、白菜占 20%、面粉占 50% 的水饺",尽管其中猪肉的含量在 20% 以上,但由于水饺属于品目 19.02 的包馅食品,所以仍应归入品目 19.02。

2. 均化混合食品的归类

均化食品,一般是指经精细均化制成供婴幼儿食用或营养用的零售包装食品;每

件净重不超过250克；为了调味、保藏或其他目的，均化食品中可以加入少量其他配料，还可以含有少量可见的肉粒或食用杂碎粒。

均化食品可分为四种。

(1)由肉、食用杂碎或动物血经精细均化制成的，归入1602.1000。

例如：由猪肉经精细均化制成供婴幼儿食用的净重250克的食品，应作为"均化食品"归入子目。

(2)由蔬菜经精细均化制成的，归入2005.1000。

例如：由马铃薯经精细均化制成供婴幼儿食用的净重200克的食品，应作为"均化食品"归入子目2005.1000。

(3)由果实经精细均化制成的，归入2007.1000。

例如：由苹果经精细均化制成供婴幼儿食用的净重150克的食品，应作为"均化食品"归入子目2007.1000。

(4)由两种或两种以上的基本配料经精细均化制成的，归入2104.2000。

例如：猪肉占60%、青菜占30%加上调料制成的专供婴幼儿食用的均化食品(净重150克包装)，由于其是由猪肉和青菜两种基本配料制成，属于该章注规定的"均化混合食品"，所以应归入品目21.04。

3. 酒的归类

酒的归类重要的在于酒的加工方法，是属于发酵酒还是蒸馏酒。发酵酒归入品目22.03～22.06，而蒸馏酒归入品目22.07～22.08。

一般来说，白酒、洋酒属于蒸馏酒；黄酒、果酒属于发酵酒。啤酒有自己的列名。

4. 其他食品的归类

本类商品中第16章至第21章的各种食品的归类与第一、第二类的动物、植物产品有着密切的联系，如果不能很好地判断其加工程度，那么很容易出现错误。

第一、第二类产品与第四类产品的相关联系，见下表：

简单加工产品	第2至3章 肉、鱼	第4章 乳、蛋	第7至8章 蔬菜、水果	第9章 茶	第11章 粉
复杂加工产品	第16章 均化、肠、罐头	第19章 面食	第20章 罐头	第21章 杂项食品 (调料等)	第19章 面食

3.5 第五类：矿产品

3.5.1 主要内容

本类共3章(第25章至第27章)，包括原矿及经过一定程度加工的矿产品。

第25章:其他矿。

第26章:主要的金属矿。

第27章:燃料(主要是煤、石油、天然气)及其加工产品。

3.5.2 归类技巧

1. 第25章矿物的归类

第25章货品只包括原产状态的矿产品或只经过洗涤、破碎、磨碎、研粉、淘洗、筛分以及用浮选、磁选和其他机械物理方法(不包括结晶法)精选过的矿产品。如果加工程度超出了焙烧、煅烧、混合或超过品目所列的加工范围及本章品目条文和本章章注四的规定,则不能再归入本章。

2. 第26章矿物的归类

要特别注意第26章章注二的规定。

3. 第27章矿物的归类

经化学提取得到的矿物能归入本章的一般是一些粗产品,如果经进一步的化学提纯,则应归入第29章。

3.6 第六类:化学工业及相关工业的产品

3.6.1 主要内容

本类共11章(第28章至第38章),可分成两部分。

第一部分为第28章至第29章,主要为单独的已有化学定义的化学品。

第28章:元素和无机化合物。

第29章:有机化合物。

第二部分为第30章至第38章,主要为按用途分类的化工品。

第30章:药品,包括用于医疗、外科、牙科或兽医用的某些其他物质或物料。

第31章:肥料,包括通常作为天然或人造肥料的绝大多数产品。

第32章:染料、颜料、油漆、油墨等,包括用于鞣料及软化皮革的制剂、植物鞣膏、合成鞣料以及人造脱灰碱液,也包括植物、动物或矿物着色料及有机合成着色料以及用这些着色料制成的大部分制剂,还包括清漆、干燥剂及油灰等各种其他制品。

第33章:精油及香膏、芳香料制品及化妆、盥洗品。

第34章:肥皂、有机表面活性剂、洗涤剂、润滑剂、光洁剂、蜡烛等。

第35章:蛋白质物质、改性淀料、胶、酶。

第36章:炸药、烟火制品、火柴、易燃制品。

第37章:照相及电影用品。

第38章:杂项化工产品。

3.6.2 归类技巧

1. 化工品的归类

一种化工品制成一定剂量或制成零售包装而且同时符合品目 30.04、30.05、30.06、32.12、33.03、33.04、33.05、33.06、33.07、35.06、37.07、38.08 的规定，则应优先归入上述品目。

2. 第一部分与第二部分的归类区别

如果一种化工品是单独的化学元素及单独的已有化学定义的化合物（包括无机化合物和有机化合物），则应归入第 28 章或 29 章；

如果由几种不同化学成分混合配制而成的，则主要按其用途归类，应归入第 30 章至第 38 章。

3. 第 29 章有机化工商品的归类

本章一个显著的特点在于，大部分货品均带有“酉”字旁，如：醇、酚、醚、醛、酮等。

维生素、激素、生物碱、抗菌素等归入品目 29.36 ~ 29.42。

4. 药品的归类

(1) 如果是已配定剂量或已制成零售包装，即能够马上服用的药品，则归入品目 30.04。

(2) 如果是未配定剂量也未制成零售包装，未混合产品按其成分归入第 29 章或第 28 章，混合产品归入品目 30.03。

在判断药品中是否含有维生素、激素、生物碱、抗菌素等时，可查阅第 29 章进行比对。

(3) 供静脉摄入用的滋养品可作为药品归入第 30 章。

(4) 有利于身体健康、抵御疾病作用的营养品、糖尿病食品、强化食品、保健食品、滋补饮料及矿泉水不能作为药品归入第 30 章，只能作为食品、饮料而归入第四类。

(5) 具有治疗及预防疾病作用的化妆盥洗品，不能作为药品归入第 30 章，仍应按化妆盥洗品归入第 33 章。

例如：具有去屑止痒功效的“飘柔”洗发香波，应按护发品归入品目 33.05。

5. 肥料的归类

(1) 单独的已有化学定义的化合物，即使属于氮肥、磷肥、钾肥或其他肥料，只有符合第 31 章有关章注的规定，才能归入第 31 章，否则应归入第 28 章或 29 章。

(2) 制成片剂及类似形状或每包毛重不超过 10 千克的第 31 章中的肥料，则应归入品目 31.05。

6. 染料和颜料的归类

(1) 按染料和颜料的来源和加工归入品目 32.03 ~ 32.06。

(2) 无机颜料（不包括用做发光体的无机产品）如果是单独的符合化学定义的，

则不能归入本章而应归入第28章。

7. 油漆的归类

(1)以合成聚合物或化学改性天然聚合物之外的其他原料为基本成分制成的油漆,应归入品目32.10。

(2)以合成聚合物或化学改性天然聚合物为基本成分制成的油漆,则再看其所用介质,其中,分散于或溶于非水介质的归入品目32.08,分散于或溶于水介质的归入品目32.09。

(3)油漆归类时还要特别注意章注中规定的溶剂重量的百分比。

8. 香料的归类

(1)天然香料归入品目33.01。

(2)化学合成的单独化学成分的香料,则一般应归入第29章。

(3)几种香料的混合物或香料与其他成分的混合物,则一般应归入品目33.02。

9. 化妆品的归类

化妆品一般按其用途归入品目33.03~33.07。

"芳香料制品及化妆盥洗品"一般是指:香袋;通过燃烧散发香气的制品;香纸及用化妆品浸渍或涂布的纸;隐形眼镜片或假眼用的溶液;用香水或化妆品浸渍、涂布、包覆的絮胎、毡呢及无纺织物;动物用盥洗品。

10. 洗涤用品的归类

洗涤用品归类时要注意与化妆品归类有所区别。一般适用于人的,应优先归入第33章。

11. 照相用品的归类

该货品一般是指底片、胶片,而不是照相器材。

12. 农药的归类

农药按其列名归入品目38.08。

农药原药(未混合,未制成零售包装)则应归入第29章或第28章。

13. 杂项化学产品的归类

按用途分类时前面几章未涉及的杂项化工产品应归入第38章。

3.7 第七类:塑料及其制品;橡胶及其制品

3.7.1 主要内容

本类共2章(第39章至第40章),是由高分子聚合物组成的塑料与橡胶以及它们的制品。

第39章:塑料及其制品。

第40章:橡胶及其制品。

3.7.2 归类技巧

1."初级形状"塑料的归类

"初级形状"塑料应按照注释分别归入品目39.01~39.14。

"初级形状"塑料是指:液状及糊状,包括分散体(乳浊液及悬浮液)及溶液;不规则形状的块、团、粉(包括压型粉)、颗粒、粉片及类似的散装形状。

2.共聚物的归类

1)品目的确定

第39章章注四规定,在本章中,除条文另有规定的以外,共聚物(包括共缩聚物、共加聚物,嵌段共聚物及接枝共聚物)应按聚合物中重量最大的那种共聚单体单元所构成的聚合物归入相应品目。在本注释中,归入同一品目的聚合物的共聚单体单元应作为一种单体单元对待。

如果没有任何一种共聚单体单元重量为最大,共聚物应按号列顺序归入其可归入的最末一个品目。

具体方法为:

首先,将属于同一品目下的单体单元的含量相加;

然后,按含量高的品目归类,如果含量相等则"从后归类"。

例1:由45%乙烯、35%丙烯及20%异丁烯的单体单元组成的初级形状的共聚物,由于丙烯与异丁烯的聚合物同属品目39.02,二者的比例相加为55%,超过乙烯单体单元的含量,所以应归入品目39.02。

例2:由50%乙烯与50%苯乙烯的单体单元组成的初级形状的共聚物,由于乙烯单体单元的含量与苯乙烯单体单元的含量相等,所以应归入品目39.03。

2)子目的确定

第39章子目注释一规定,属于本章任一品目项下的聚合物(包括共聚物)应按下列规则归类。

(1)在同级子目中有一个"其他"子目的。

A.子目所列聚合物名称冠有"聚(多)"的(例如,聚乙烯及聚酰胺-6,6),是指列名的该种聚合物单体单元含量在整个聚合物中按重量计必须占95%及其以上。

B.子目3901.30、3903.20、3903.30及3904.30所列的共聚物,如果该种共聚单体单元含量在整个聚合物中按重量计占95%及其以上,即应归入上述子目。

不符合上述A、B两款规定的聚合物,应按聚合物中重量最大的那种单体单元(与其他各种单一的共聚单体单元相比)所构成的聚合物归入该级其他相应子目。为此,归入同一子目的聚合物单体单元应作为一种单体单元对待。只有在同级子目中的聚合物共聚单体单元才可以进行比较。

例1:由95%乙烯与5%丙烯的单体单元组成的共聚物粒子(比重0.93),应按聚乙烯归入子目3901.1000。

例2:由45%乙烯、35%丙烯及20%异丁烯的单体单元组成的初级形状的共聚物，由于丙烯与异丁烯的聚合物同属品目39.02，二者相加为55%，超过乙烯单体单元的含量，所以应归入品目39.02，又由于丙烯单体单元的含量超过了异丁烯单体单元的含量，所以应归入子目3902.3090。

(2)在同级子目中没有"其他"子目的。

聚合物应按聚合物中重量最大的那种单体单元(与其他各种单一的共聚单体单元相比)所构成的聚合物归入该级相应子目。为此，归入同一子目的聚合物单体单元应作为一种单体单元对待。只有在同级子目中的聚合物共聚单体单元才可以进行比较。

3. 聚合物混合体的归类

(1)聚合物混合体应按聚合物中重量最大的那种共聚单体单元所构成的聚合物归入相应品目。归入同一品目的聚合物的共聚单体单元应作为一种单体单元对待。

(2)如果没有任何一种共聚单体单元重量为最大，聚合物混合体应按号列顺序归入其可归入的最末一个品目。

(3)聚合物混合体应按单体单元比例相等、种类相同的聚合物归入相应子目。

例如：由96%的聚乙烯和4%的聚丙烯组成，比重大于0.94的聚合物混合体，应归入子目3901.2000。

4. 塑料半制品和制品的归类

(1)根据加工形状、程度判断属于塑料半制品还是塑料制品。

(2)塑料半制品根据其具体形状归入39.16~39.21的有关品目，而塑料制品则根据其用途归入39.22~39.26的有关品目。

例如：塑料管属于半制品，所以应归入品目39.17；塑料茶杯属于制品，所以应归入品目39.24。

5. 塑料的废碎料和下脚料的归类

对于塑料的废碎料和下脚料，一般情况下可直接按39.15的品目条文"塑料的废碎料及下脚料"归入该品目。但是如果其同时满足初级形状、单一种类、热塑性这三个条件，则不能归入39.15，而应归入39.01~39.14的相应品目。

例如：粒子状的聚乙烯(密度0.93)下脚料，应归入子目3901.1000。

6. 天然橡胶和合成橡胶的归类

首先，有一些橡胶由于不符合第40章章注四关于"合成橡胶"的定义，所以尽管取了个"橡胶"的名称，还是要按"塑料"归入第39章。例如"乙丙橡胶"、"硅橡胶"等。

其次，天然橡胶或合成橡胶根据其是否经硫化而分成未硫化橡胶和硫化橡胶，前者归入品目40.01~40.06，后者归入品目40.07~40.17。例如：新的轿车用橡胶轮胎属于硫化橡胶制品，应归入品目40.11。

然后，对于硫化橡胶根据其加工形状和用途来确定归类。而对于初级形状或板、片、带形状的未硫化橡胶，则需要根据以下规定决定归入品目40.01、40.02还是品目

40.05。

(1)品目40.01及40.02不适用于任何凝结前或凝结后与下列物质相混合的橡胶或橡胶混合物:

①硫化剂、促进剂、防焦剂或活性剂(为制造预硫胶乳所加入的除外);

②颜料或其他着色料,但仅为易于识别而加入的除外;

③增塑剂或增量剂(用油增量的橡胶中所加的矿物油除外)、填料、增强剂、有机溶剂或其他物质,但以下(2)所述的除外。

(2)含有下列物质的橡胶或橡胶混合物,只要仍具有原料的基本特性,应归入品目40.01或40.02:

①乳化剂或防粘剂;

②少量的乳化剂分解产品;

③微量的下列物质,即热敏剂(一般为制造热敏胶乳用)、阳离子表面活性剂(一般为制造阳性胶乳用)、抗氧剂、凝固剂、碎裂剂、抗冻剂、胶溶剂、保存剂、稳定剂、黏度控制剂或类似的特殊用途添加剂。

3.8 第八类:生皮、皮革、毛皮及其制品;鞍具及挽具;旅行用品、手提包及类似品;动物肠线(蚕胶丝除外)制品

3.8.1 主要内容

本类共3章(第41章至第43章)。

第41章:生皮和皮革,不包括制品,其结构按加工程度由低到高排列。

第42章:大部分是由第41章的原料经进一步加工制得的制品,同时还包括几乎由任何材料制成的包及旅行用品。

第43章:主要包括生毛皮、毛皮、人造毛皮及其制品。

3.8.2 归类技巧

1. 带毛生皮或已鞣制带毛皮张的归类

一般情况下,带毛的生皮或已鞣制的带毛皮张归入第43章,但有些动物的生皮即使带毛也不归入第43章,而归入第41章,具体种类见第41章注释一(三)。

例如:生的带毛兔皮归入品目43.01,已鞣制的兔毛皮张归入品目43.02;而带毛的生绵羊皮归入品目41.02,已鞣制的带毛绵羊皮归入品目43.02。

2. 品目42.02所含容器的归类

品目42.02的条文分为两部分。

其中第一部分为衣箱、提箱、小手袋、公文箱、公文包、书包、眼镜盒、望远镜盒、照相机套、乐器盒、枪套及类似容器。这些容器基本上都装有固定的物品并长期使用,除第42章注释二(一)和注释二(二)另有规定的以外,这一部分所包括的物品可用

任何材料制成。

第二部分为旅行包、食品或饮料保温包、化妆包、帆布包、手提包、购物袋、钱夹、钱包、地图盒、瓶盒、首饰盒、粉盒、刀叉餐具盒及类似容器,只能用皮革或再生皮革、塑料片、纺织材料、钢纸或纸板制成,或全部或主要用上述材料或纸包覆。

3. 皮革服装和毛皮服装的归类

皮革或再生皮革制的服装归入品目 42.03。

毛皮制服装归入品目 43.03,即使毛皮作衬里的服装也归入品目 43.03;人造毛皮服装归入品目 43.04,即使人造毛皮作衬里的服装也归入品目 43.04。

毛皮或人造毛皮仅作为装饰的服装一般不归入本类,按其服装的面料归入相应品目。

用皮革与毛皮或用皮革与人造毛皮制成的分指手套、连指手套及露指手套应归入品目 42.03,不应误归入第 43 章。

例如:貂皮大衣为毛皮制的服装,归入子目 4303.1010;羊皮夹克为皮革制的服装,归入子目 4203.1000;仅在衣领和袖口用毛皮装饰的粗花呢大衣则按纺织服装归入第 62 章的相关品目。

4. 用做机器零件的皮革制品的归类

用做机器零件的皮带、皮制垫圈等应归入子目 4205.0020,而不按机器零件归入第十六类。

3.9　第九类:木及木制品;木炭;软木及软木制品;稻草、秸杆、针茅或其他编结材料制品;篮筐及柳条编结品

3.9.1　主要内容

本类共 3 章(第 44 章至第 46 章)。

第 44 章:主要包括木及其制品,其结构是按照加工程度由低到高排列,木材原料(不包括竹的原料)归入品目 44.01 ~44.06,木制品归入品目 44.14 ~44.21。

第 45 章:主要包括软木及其制品。

第 46 章:主要包括各种编结材料制品。

3.9.2　归类技巧

树种及加工程度是第 44 章归类的重要因素。例如:木制的电线杆如果经过防腐处理,则归入子目 4403.10;如果没有经过类似处理,则应根据其树种材质分别归入该品目的其他子目。

除另有规定的以外,竹的原料归在第 14 章,竹及其他木质材料制品一般也按木制品归入同一品目。例如:竹制筷子归入品目 44.19,竹制牙签归入品目 44.21,但竹制编结材料制品则归入第 46 章。

1. 木板材的归类

一般板材按其厚度归入品目44.07或44.08；若在端部和侧面制成连续形状（如带有槽、榫等）则归入品目44.09；若是木质碎料板、木纤维板及胶合板的端部和侧面也制成连续形状（如带有槽、榫等），应归入品目44.10~44.12。

品目44.11项下的一级子目是按纤维板的生产工艺分类的。其中，子目4411.1的中密度纤维板（MDF）只包括用干法生产工艺获得的纤维板，按其厚度和密度进行归类；而子目4411.9的其他木纤维板一般是用湿法生产工艺获得的纤维板，只按其密度进行归类。

例1：木纤维板，密度为每立方厘米0.8克，未经机械加工，规格（长×宽×厚）为2 400毫米×1 200毫米×8毫米，采用湿法生产。此纤维板因采用湿法生产，所以归入子目4411.9，然后根据其密度归入4411.9300。

例2：表面为巴栲红柳桉木薄板，其他两层为针叶木薄板制的三合板（每层厚度为1毫米）。此胶合板为仅由薄板制的胶合板，且每层厚度不超过6毫米，所以归入子目4412.3，又因巴栲红柳桉木属于本章子目注释列名的热带木，所以归入4412.3100。

2. 木地板的归类

天然木地板（又称实木地板，其侧面带有槽和榫）归入品目44.09；碎料板制木地板（其侧面不论是否制成品目44.09所列的连续形状）归入品目44.10；纤维板制木地板（其侧面不论是否制成品目44.09所列的连续形状）归入品目44.11；胶合板制木地板（其侧面不论是否制成品目44.09所列的连续形状）归入品目44.12；已拼装的拼花木地板归入品目44.18；由品目44.10~44.12为原料生产的制成品应归入品目44.18。

3. 木制品的归类

大部分木制品归入品目44.14~44.21，其中品目44.21为其他木制品，但不是所有未列名的木制品都归入此品目，必须是其他品目未列名及本章注释一未排除的。例如：木制的衣箱应归入品目42.02；木制的家具应归入第94章；木制衣架归入4421.1000，但若是落地式木制衣架，因具有家具的特征，应归入品目94.03。

4. 编结产品的归类

编结产品一般归入第46章，但归入本章的编结品所用材料范围具有一定的限制，即只适用于第46章注释一所列的“编结材料”。

同时注意，只有截面尺寸大于1毫米的塑料单丝及表观宽度大于5毫米的塑料扁条的编结制品才归入本章。若截面尺寸不超过1毫米的塑料单丝及表观宽度不超过5毫米的塑料扁条制品，要按纺织品归入第54章。

3.10 第十类:木浆及其他纤维状纤维素浆;回收(废碎)纸或纸板;纸、纸板及其制品

3.10.1 主要内容

本类共3章(第47章至第49章),按加工程度分列于各章。

第47章:纸浆、废纸。

第48章:纸张及其制品。

第49章:印刷品。

3.10.2 归类技巧

1. 纸张的归类

(1)在第48章纸张及其制品归类时,要特别注意纸的规格尺寸。

同一品种的纸因规格尺寸不同而归入不同的品目。一般情况下,品目48.01和48.03~48.09仅适用于大规格尺寸的纸,即成条或成卷时宽度要大于36厘米;成矩形(包括正方形)时一边超过36厘米,另一边要超过15厘米(以未折叠计);对于品目48.01和48.03~48.09所列名的小规格尺寸的纸(即不符合本章注释八规定的尺寸要求),一般要归入48.16~48.23的相关品目。

例如:宽度为120厘米成卷的卫生纸归入品目48.03,而宽度为12厘米(在36厘米以下)成卷的卫生纸应归入品目48.18。

(2)在确定部分子目时,有些还要考虑所含纸浆的种类。造纸的主要原料为木浆,根据其加工方法的不同将木浆常分为机械浆、化学浆和化学机械浆三种。如子目4802.5要求不含机械浆或化学机械浆或这些纸浆的含量不超过全部纤维含量的10%。

2. 涂布纸的归类

涂布纸是指在纸的单面或双面加以涂料,以使纸面产生特殊的光泽或使其适合特定需要。

若是涂布高岭土或其他无机物质,则归入品目48.10,如铜版纸等;若是涂布塑料、沥青、焦油、蜡或其他有机物质,则归入品目48.11,如涂塑相纸、绝缘纸和热敏纸等。

3. 壁纸的归类

只有成卷状且宽度在45~160厘米之间的壁纸才归入品目48.14。

若不符合这些条件,即使用做壁纸也不能归入品目48.14。若既可铺地又可用做壁纸则按铺地制品归入品目48.23。

4. 已印刷的壁纸及标签的归类

品目48.14的壁纸及品目48.21的纸或纸板制各种标签,即使已经印制仍归入第48章,而不归入第49章。

5. 报纸、杂志的归类

一般的报纸、杂志归入品目49.02。但是,第49章注释三规定:用纸以外材料装订成册的报纸、杂志和期刊以及一期以上装订在同一封面里的成套报纸、杂志和期刊,应归入品目49.01,不论是否有广告材料。

例如,装订成册的《半月谈》杂志全年合订本应归入子目4901.9900。

6. 邮票的归类

我国发行未使用的新邮票按印刷品归入品目49.07;我国发行已使用的旧邮票按收藏品归入品目97.04;外国发行但我国不承认其面值的邮票,不论是否已使用,均按收藏品归入品目97.04。

另外,归类时请注意,第49章所称的“印刷”,不仅包括以普通手工印刷或机械印刷的方法印制,还包括用胶版复印机、油印机印制,在自动数据处理设备控制下打印绘制、压印、冲印、感光复印、热敏复印或打字。

3.11 第十一类:纺织原料及纺织制品

3.11.1 主要内容

本类共14章(第59章至第63章),包括纺织纤维、半成品及制成品。

这14章可分成两部分。

第一部分为第50章至第55章,一般来说,是纺织原料,即还没有加工成半成品、成品;是按纤维类别划分的,每章内又按纺织品的加工程度由低到高排列,基本按“纺织纤维—纱线—机织物”的顺序。

第50章:蚕丝及其机织物。

第51章:羊毛、动物细毛或粗毛及其机织物。

第52章:棉花及其机织物。

第53章:其他植物纺织纤维、纸纱线及其机织物。

第54章:化学纤维长丝及其机织物。

第55章:化学纤维短纤及其机织物。

第二部分为第56章至第63章,包括以特殊的方式或工艺制成的或有特殊用途的半成品及制成品,并且除品目58.09和59.02外,品目所列产品一般不分纺织原料的性质。

第56章:絮胎、毡呢及无纺织物、绳索及其制品。

第57章:地毯及纺织材料铺地用品。

第58章:特种机织物、刺绣品等。

第59章:浸渍、涂层、包覆或层压的纺织物、工业用纺织制品。

第60章:针织物及钩编织物。

第61章:针织或钩编服装。

第62章:非针织或钩编服装。

第63章:其他纺织制成品。

3.11.2 归类技巧

纺织产品是HS中的一个重要部分,只有熟悉纺织产品的分类、纺织加工工序,掌握HS对纺织品的归类要求,才能正确归类。

1. 纺织产品的结构规律

在对本类商品归类时,首先要对本类商品有个基本认识,掌握其结构规律,从而为正确归类打下基础。

第一部分:第50章至第55章(纤维、普通纱线、普通机织物)。

- 天然
  - 丝……………………………………………………第50章
  - 毛……………………………………………………第51章
  - 棉……………………………………………………第52章
  - 麻……………………………………………………第53章
- 化学
  - 长丝…………………………………………………第54章
  - 短纤…………………………………………………第55章

第二部分:第56章至第63章(特种纱线、特种织物、制成品)。

无纺织物、特种纱线等 ……………………………第56章

地毯等……………………………………………………第57章

特种机织物、刺绣品等 ……………………………第58章

特殊处理的织物、工业用纺织制品 ………………第59章

针织物、钩编织物 ……………………………………第60章

服装(针织或钩编)……………………………………第61章

服装(非针织非钩编)…………………………………第62章

其他制成品………………………………………………第63章

2. 纺织材料的分类

纺织纤维分为天然纤维与化学纤维。天然纤维主要有丝、毛、棉、麻;化学纤维又分为合成纤维和人造纤维。

- 纺织纤维
  - 天然纤维
    - 丝
    - 毛
    - 棉
    - 麻
  - 化学纤维
    - 人造纤维:粘胶纤维、醋酸纤维、铜铵纤维
    - 合成纤维
      - 人造聚酯纤维(如:涤纶)
      - 聚酰胺 (如:尼龙)
      - 聚丙烯腈 (如:腈纶)
      - 聚氨酯 (如:氨纶)
      - 聚丙烯 (如:丙纶)

合成纤维是将有机单体物质加以聚合而制成聚合物(例如:聚酰胺、聚酯、聚丙烯、聚氨基甲酸酯);或通过上述加工将聚合物经化学改性制得(例如:聚乙酸乙烯酯水解制得的聚乙烯醇)。

人造纤维是将天然有机聚合物(例如,纤维素)溶解或化学处理制成聚合物(例如:铜铵纤维或粘胶纤维),或将天然有机聚合物(例如,纤维素、酪蛋白及其他蛋白质或藻酸)经化学改性制成聚合物(例如:醋酸纤维素纤维或藻酸盐纤维)。

常见的合成纤维有聚酯(俗称涤纶)和聚酰胺(俗称尼龙)等等,常见的人造纤维有粘胶纤维和醋酸纤维等等。

3. 混纺材料的归类

1)混纺材料归类的原则

根据 HS 第十一类类注二的规定,可归入第 50 章至第 55 章及品目 58.09 或 59.02 的由两种或两种以上纺织材料混合制成的货品,应按其中重量最大的那种纺织材料归类,即两种纺织材料混合时,要看哪种材料的重量大,然后按照重量大的那种材料归类。

当没有一种纺织材料重量较大时,应按可归入的有关品目中最后一个品目所列的纺织材料归类。

当归入第 54 章及第 55 章的货品与其他章的货品进行比较时,应将这两章作为一个单一的章对待,即如果第 54 章、第 55 章一同与某一章货品混合时,先将第 54 章、第 55 章的货品重量相加,然后再与其他货品比较大小。

同一章或同一品目所列各种不同的纺织材料应作为单一的纺织材料对待。

2)混纺材料归类的具体方法

首先确定所在章,并将属于同一章的不同纺织材料的重量合并后与其他章作比较,再归入重量较大的那一章,如果重量相等则从后归类。

其次确定品目,与确定章的方法一样,将属于同一品目的不同纺织材料的重量合并后与其他品目作比较,归入重量较大的那个品目,如果重量相等则从后归类。

例 1:按重量计含以下比例纤维的每平方米重 80 克且漂白的平纹机织物:65% 的棉,35% 的聚酯短纤。由于棉的含量超过了聚酯短纤(化学纤维短纤)的含量,所以归入第 52 章,然后根据棉的含量(65%,在 85% 以下)和每平方米克重(80 克,不超过 200 克)及主要与化学纤维混纺的条件归入品目 52.10,最后按漂白、平纹的机织物归入子目 5210.2100。

例 2:按重量计含以下比例纤维的机织物:40% 的合成纤维短纤,35% 的精梳羊毛,25% 的精梳兔毛。由于精梳羊毛和精梳兔毛同属于第 51 章的纤维,应合并计算(即 35% +25% =60%),其含量超过了第 55 章的合成纤维短纤,所以按动物毛的机织物归入第 51 章,在确定品目时,因精梳羊毛的含量超过了精梳兔毛的含量,故按精梳羊毛的机织物归入品目 51.12,然后根据羊毛含量(35%,在 85% 以下)和主要与化学纤维短纤混纺的条件归入子目 5112.3000。

4. 织物的归类

与纱线的归类相似,首先确定是属于普通机织物还是属于其他织物,前者归入第50章至第55章,后者归入第56章至第60章。

织物按织法分以下几种:

机织物	普通	第50至第55章
	特种	第58章
絮胎、毡呢、无纺织物		第56章
地毯		第57章
针织物、钩编织物		第60章
其他特殊加工的织物		第58章至第59章

例如:普通的棉机织物归入第52章,棉针织物归入第60章,用塑料涂布的棉机织物归入第59章。

5. 纺织制成品的归类

符合下列条件,应作为本类所称"制成的"纺织品归类:

①裁剪成除正方形或长方形以外的其他形状的;

②呈制成状态,无需缝纫或其他进一步加工(或仅需剪断分隔联线)即可使用的(例如,某些抹布、毛巾、台布、方披巾、毯子);

③已缝边或滚边,或者在任一边带有结制的流苏,但不包括为防止剪边脱纱而锁边或用其他简单方法处理的织物;

④裁剪成一定尺寸并经抽纱加工的;

⑤缝合、胶合或用其他方法拼合而成的(将两段或两段以上同样料子的织物首尾连接而成的匹头以及由两层或两层以上的织物,不论中间有无胎料,层叠而成的匹头除外);

⑥针织或钩编成一定形状,不论报验时是单件还是以若干件相连成幅的。

例如:仅从大块布料裁剪下来的长方形(包括正方形)物品,如果未经加工和不带剪断分隔联线形成的流苏,不应视为"制成的"纺织品;而纺织材料的服装式样则可视为"制成的"纺织品。

6. 服装及衣着附件的归类

服装及衣着附件的归类是本类中较重要的内容。其归类技巧如下。

(1)按织法判断应归入第61章还是第62章:

服装	针织或钩编	第61章(品目62.12的商品除外)
	非针织、非钩编	第62章

(2)在第61章或第62章内,优先考虑婴儿服装及衣着附件,然后再考虑用塑料、橡胶或其他材料处理过的织物制成的服装(第62章还包括用毡呢、无纺布制成的服装)。

(3)注意服装及衣着附件的结构规律。以第61为例:一般是由外到内,同类服装先男后女,再到不分性别的服装,然后是婴儿服装、其他服装、衣着附件。

对于服装,凡门襟为左压右的,应视为男式;右压左的,应视为女式。但本规定不适用于其式样已明显为男式或女式的服装。无法区别是男式还是女式的服装,应按女式服装归入有关品目。

(4)如果是套装(西服套装,便服套装,滑雪套装),必须符合相应的章注规定,才能作为套装一并归类,否则必须分开归类。

套装归类时,要特别注意章注的相关规定。

7. 特殊面料制作的服装的归类

(1)既可归入品目61.13,也可归入本章其他品目的服装,除品目61.11所列的仍归入该品目外,其余的应一律归入品目61.13。

(2)既可归入品目62.10,也可归入本章其他品目的服装,除品目62.09所列的仍归入该品目外,其余的应一律归入品目62.10。

例如:由单面涂布高分子树脂的涤纶机织物面料(涂层可明显看出)制成的雨衣,应归入品目62.10。

3.12 第十二类:鞋、帽、伞、杖、鞭及其零件;已加工的羽毛及其制品;人造花;人发制品

3.12.1 主要内容

本类共4章(第64章至第67章)。

第64章:主要包括各种鞋靴。

第65章:主要包括各种帽类。

第66章:主要包括雨伞、阳伞、手杖、鞭子等。

第67章:主要包括羽毛制品、人造花和人发制品等。

3.12.2 归类技巧

1. 鞋靴及其零件的归类

(1)鞋靴一般按其外底和鞋面的材料归入不同的品目。当鞋面和鞋底由不同材料构成时,则鞋面的材料应以占表面面积最大的那种材料为准,而鞋底的材料应以与地面接触最广的那种材料为准。

例如:尺寸为26码的旅游鞋,鞋面由皮革和帆布构成且皮革的表面积大于帆布的表面积,鞋底材料为橡胶。由于鞋底为橡胶,鞋面主要为皮革材料,所以该旅游鞋应归入子目6403.9900。

(2)当按"运动鞋靴"归类时应符合第64章子目注释的条件。例如,我国习惯所称的某些运动鞋,若不符合第64章子目注释规定的条件,仍不能按"运动鞋靴"归类。

(3)某些鞋靴不能误归入本章。例如:装有冰刀或轮子的滑冰鞋应按运动用鞋归入第95章;明显已穿过的旧鞋应归入品目63.09;石棉制的鞋应归入品目68.12。

(4)鞋靴的零件不包括第64章注释二所列的货品。例如:鞋带、鞋钉等不能按鞋靴的零件归类,一般按材料属性归类。

2. 帽的归类

一般的帽类归入本章,但特殊用途及材料制成的帽类不归入本章,即旧的帽类归入品目63.09,石棉制的帽类归入品目68.12,玩偶用帽及其他玩具用帽或狂欢节的用品归入第95章。

3.13 第十三类:石料、石膏、水泥、石棉、云母及类似材料的制品;陶瓷产品;玻璃及其制品

3.13.1 主要内容

本类共3章(第68章至第70章)。

第68章:主要包括石料、石膏、水泥、石棉等制品。

第69章:主要包括成形后经过烧制的陶瓷制品。

第70章:主要包括各种玻璃及其制品。

本类所包含的商品大都是由第五类的矿产品经进一步加工所制得的制品,本类的商品基本上都是制成品,不包括原料。

3.13.2 归类技巧

1. 第68章产品的归类

第68章包括石料、石膏、水泥、石棉等制品,主要来源于第五类的原料,并且一般只是对第五类的矿产品改变原来的形状,而不改变其原料的性质,这也是本章的产品与后面两章产品的主要区别。另外,品目68.12包括石棉织造的服装、鞋帽,应注意,不要将石棉织造的服装按纺织品归入第十一类。

2. 陶瓷制品的归类

有些陶瓷制品已在第69章注释二排除的,不归入本章。例如:陶瓷制的电器用绝缘子归入品目85.46。但也有一些陶瓷制品即使具有第十六类机器的特征或零件的特征,仍应归入本章,例如:陶瓷泵、陶瓷水龙头等均归入本章。

对属于耐火材料的陶瓷制品,如果既可归入69.01~69.03中的一个品目,又可归入69.04~69.14中的一个品目,此时应优先归入品目69.01~69.03。

3. 玻璃及其制品的归类

第70章既包括玻璃的半制成品(玻璃板、片、球等),也包括玻璃制品。本章的某些玻璃制品虽具专有用途,若已在本章列名,仍归入本章。例如:钟表玻璃仍归入本章的品目70.15,而不按钟表零件归入第91章;玩偶等用的玻璃假眼仍归入本章

的品目70.18,而不按玩具的零件归入第95章。

只有玻璃纤维和未经光学加工的光学元件才归入品目70.19和70.14,而光导纤维、经光学加工的光学元件应归入品目90.01,不归入本章;只有不带外壳的保温瓶胆才归入本章的品目70.20,带外壳的保温瓶应归入品目96.17,不归入本章。

3.14 第十四类:天然或养殖珍珠、宝石或半宝石、贵金属、包贵金属及其制品;仿首饰、硬币

3.14.1 主要内容

本类共1章(第71章)。

第71章:主要包括贵金属及其制品、珍珠和宝石及其制品,同时也包括仿首饰和硬币。

3.14.2 归类技巧

1. 贵金属的归类

贵金属:
- 铂:铂、铱、锇、钯、铑、钌
- 金
- 银

但是子目7110.1所指的"铂"只包括铂本身,不包括铂族元素的其他元素。例如:子目7110.1910的"板、片"只包括铂本身这一种元素的板、片。

2. 贵金属合金的归类

首先要看贵金属的含量,只要其中一种贵金属含量达到合金重量的2%,便视为贵金属合金,这不同于第十五类贱金属合金的归类原则(按含量较高的金属归类)。

根据本章注释五:首先,只要铂含量大于等于2%,就按铂合金归类,铂含量不一定为合金中含量最高的贵金属;其次,只要金含量大于等于2%,不含铂或铂含量小于2%,就按金合金归类,金含量不一定为合金中含量最高的贵金属;最后,银含量大于等于2%的其他合金,按银合金归类。

因此,贵金属合金归类的先后顺序为:铂合金最优先,其次是金合金,最后银合金。即如果某货品含有铂和银,如果两者含量均超过2%,即使银含量大于铂,也应按照铂归类。

例如:按重量计含铁80%、铜15%、银3%、金2%的金属合金(未经锻造,非货币用),应按金合金归类,所以应归入子目7108.1200。

3. 包贵金属和镀贵金属的归类

包贵金属是指以贱金属为底料,在其一面或多面用焊接、熔接、热轧或类似机械方法覆盖一层贵金属的材料,它与镀贵金属的区别及归类情况如下表所示。

名称	相同点	加工方式	归类
包贵金属	表面均为贵金属	通过焊接、熔接、热轧等机械方法制得	按所包的贵金属(外层材料)归类,即包金按照金归类
镀贵金属		通过电镀等化学方法制得	按被镀的材料(内层材料)归类,即镀金按照底料归类

4. 首饰、金银器具的归类

首饰、金银器具及其他制品归入品目 71.13～71.16。

1)首饰

首饰是指个人用小饰物(例如戒指、手镯、项圈、饰针、耳环、表链、表链饰物、垂饰、领带别针、袖扣、饰扣、宗教性或其他勋章及徽章等)以及通常放置在衣袋、手提包或佩戴在身上的个人用品(例如,烟盒、粉盒、链袋、口香丸盒、念珠)。

完全由贵金属或包贵金属制的首饰归入品目 71

完全由珍珠、宝石制的首饰归入品目 71.16;

镶嵌珍珠、宝石的贵金属或包贵金属制的首饰归入品目 71.13。

例如:金制的手镯归入品目 71.13;玛瑙制的手镯归入品目 71.16。

2)金银器具

金银器具包括装饰品、餐具、梳妆用具、吸烟用具及类似的家庭、办公室或宗教用的其他物品,应归入品目 71.14。

5. 仿首饰的归类

"仿首饰"是用珠宝、贵金属或包贵金属以外的物品制成的,其范围为个人用小饰物(例如:戒指、手镯、项圈、饰针、耳环、表链、表链饰物、垂饰、领带别针、袖扣、饰扣、宗教性或其他勋章及徽章等),应归入品目 71.17。

例如:铂制的戒指归入品目 71.13;而铜制的戒指应归入品目 71.17。

3.15 第十五类:贱金属及其制品

3.15.1 主要内容

本类共 12 章(第 72 章至第 83 章),主要包括贱金属材料及结构较简单的贱金属制品、金属陶瓷及其制品。

第 72 章:主要包括钢铁锭、板、条杆及丝等。

第 73 章:主要包括钢铁制品。

第 74 章:铜及其制品。

第 75 章:镍及其制品。

第 76 章:铝及其制品。

第 77 章:为空章。

第78章:铅及其制品。

第79章:锌及其制品。

第80章:锡及其制品。

第81章:其他贱金属、金属陶瓷及其制品。

第82章:主要包括贱金属工具等。

第83章:包括贱金属杂项制品。

本类的排列结构如下:

钢铁及其制品……………………………………………第72章至第73章

有色金属、金属陶瓷及其制品 …………………………第74章至第81章

其他贱金属制品…………………………………………第82章至第83章

其中第72章至第81章是按金属属性分章的,除第72章、73章外,同一章内一般按加工程度由低到高的顺序排列,即:初级形状—半制成品—制成品。

钢铁作为最重要的贱金属被分为两章,即第72章只包括钢铁的初级形状和半制成品(即钢材),第73章主要包括钢铁制品。

第82章至第83章是按商品的功能及用途排列的,主要包括特殊功能和用途的制成品。其中:第82章包括贱金属工具等;第83章为杂项金属制品。

3.15.2 归类技巧

1."通用零件"的归类

(1)"通用零件"的范围主要包括:

①品目73.07的钢铁制管子附件,品目73.12的线、绳、索、缆,品目73.15的链,品目73.17或73.18的各种钉及其他贱金属制的类似品(第74章至第81章的相关品目);

②品目73.20的钢铁制弹簧及弹簧片和其他贱金属制的弹簧及弹簧片(第74章至第81章的相关品目);

③品目83.01的锁等,品目83.02的家具等用的五金件,品目83.06的框架及镜子,品目83.08的管形铆钉等,品目83.10的标志牌等。

(2)由于HS中第十六、第十七、第十八、第十九、第二十类的类注释或章注释中均将第十五类注释二的"通用零件"排除掉,因此,即使这些零件作为其他机器设备、器具的零件,仍归入本类。

例如:内燃机排气门用合金钢制螺旋弹簧,属于本类注释二"通用零件"的范围,应归入子目7320.2090。

2.第82章、第83章列名制品的归类

只要是贱金属制的第82章、第83章列名的制品,应优先归入这两章,而不再按材料属性归入前面各章。

例如:铝制的易拉罐盖应归入第83章的品目83.09;钢铁制成条的订书机用订书钉应归入第83章的品目83.05,而不按普通钉归入第73章的品目73.17。

3. 合金及复合材料制品的归类

(1)贱金属与贱金属的合金按所含重量最大的那种金属归类;本类贱金属与非本类元素(贵金属除外)构成的合金,只有本类贱金属的总重量等于或超过其他类元素的总重量时才归入本类。但有两种特例:品目72.02的铁合金及品目74.05的铜母合金,它们不按含量最大的金属归类。

例如:由65%的铜和35%的锌构成的铜锌合金管材。该管材铜的含量高于锌的含量,故按铜的合金归入品目74.11。

(2)含有两种或两种以上贱金属的制品,应按其所含重量最大的那种贱金属的制品归类。

例如:多种材料制成的烟灰缸,包括一个铁制底座(占总重量的30%),一个铝制的托盘(占总重量的30%),一个钢制的托盘板(占总重量的30%),一个铜制的按钮(占总重量的10%)。该商品是由多种贱金属组成的制品,应把铁和钢的部分相加(30% +30% =60%),其总重量超过了铝的总重量和铜的总重量,故按钢铁制品归入第73章的品目73.23。

4. 钢及钢材的分类

第72章按钢的加工程度和类型分为四个分章。

在HS中钢按所含元素的不同分为非合金钢和合金钢。

一般只含碳元素的钢称为非合金钢或称为碳钢。除碳元素外,还含有其他元素的钢称为合金钢。钢的详细分类如下表所示。

名称		特点
非合金钢		在冶金行业又称为碳钢
合金钢	不锈钢	主要含铬的合金钢,且各种元素含量符合HS定义
	硅电钢	主要含硅的合金钢,且各种元素含量符合HS定义
	高速钢	主要含钨、钒、钼等,且各种元素含量符合HS定义
	硅锰钢	主要含硅及锰的合金钢,且各种元素含量符合HS定义
	其他合金钢	加入不同元素,呈现不同性质,用于不同场合

其中,合金钢中最常见的为不锈钢,只有符合下列条件才视为不锈钢:按重量计含碳量在1.2%及其以下、含铬量在10.5%及其以上的合金钢,不论是否含有其他元素。

钢材在HS中一般分为平板轧材、条杆、丝和各种型材、异型材等。

5. 非合金钢平板轧材的归类

(1)必须符合下列条件才能作为平板轧材归类。

截面为矩形(正方形除外)并且不符合子目第72章注释一(九)款所述定义的下

列形状实心轧制产品：

①层叠的卷材；

②平直形状，其厚度如果在 4.75 毫米以下，则宽度至少是厚度的 10 倍；其厚度如果在 4.75 毫米及其以上，其宽度应超过 150 毫米，并且至少应为厚度的 2 倍。

平板轧材包括直接轧制而成并有凸起式样（例如，凹槽、肋条形、格槽、珠粒、菱形）的产品以及穿孔、抛光或制成瓦楞形的产品，但不具有其他品目所列制品或产品的特征。

（2）非合金钢平板轧材归类时还要考虑其他因素，如规格（宽度、厚度）、轧制方式（热轧还是冷轧）、有无镀涂层和包覆层、报验状态（卷状、非卷状）等。其归类流程如下：

- 平板轧材
  - 宽度<600 毫米　品目 72.11、72.12
    - 镀涂　品目 72.12
    - 热轧或冷轧镀涂　品目 72.11
  - 宽度≥600 毫米　品目 72.08～72.10
    - 镀涂　品目 72.10
    - 冷轧　品目 72.09
    - 热轧　品目 72.08

例如：非合金钢镀锌（热浸镀）平板轧材，长度为 2 400 毫米，宽度为 1 200 毫米，厚度为 1.2 毫米。该钢材符合平板轧材的条件，且宽度大于 600 毫米，所以归入子目 7210.4900。

6. 非合金钢条杆、型材、丝及空心材的归类

对这些钢材归类时，必须符合第 72 章注释一（十一）至（十四）的条件。

非合金钢条杆、型材、丝及空心材的归类如下表所示。

名称		特点	归类
条杆类	盘条	热轧不规则盘卷状	品目 72.13
	热轧条杆	热轧直条状	品目 72.14
	冷轧条杆	冷轧直条状	品目 72.15
角材、型材及异型材		符合第 72 章注释一（十三）的要求	品目 72.16
丝		冷加工规则盘卷状	品目 72.17

续表

名称		特点	归类
空心材	空心钻钢	用于钻探，且外形尺寸在15毫米~52毫米之间，最大内径小于最大外径的1/2	品目72.28
	管	全长截面相同并且只有一个闭合空间的同心中空产品	品目73.04~73.06
	空心异型材	不符合“管”的定义，且主要是内外截面形状不同的空心产品	品目73.06

7. 钢铁容器的归类

盛装物料用的钢铁囤、柜、罐、桶、盒及类似容器一般按其容积的不同归入品目73.09~73.10，但这两个品目并不是包括所有的钢铁容器，一般只包括非家用的；若是家庭或厨房用的钢铁容器，如粗腰饼干桶、茶叶罐、糖听及类似容器应归入品目73.23，这些容器不能误按容积小于300升的容器归入品目73.10。

8. 各种“钢铁钉”的归类

在HS中有各种“钢铁钉”，如果类型、用途不同，它们的归类也不同。归纳如下表：

序号	商品描述	归类
1	普通钢铁钉、平头钉、图钉	品目73.17
2	订书机用的钉书钉	品目83.05
3	带有铜或铜合金钉头的钢铁钉、平头钉	品目74.15
4	钢铁制螺钉、普通铆钉（实心的）	品目73.18
5	管形铆钉和开口铆钉（这些产品主要用于衣着、鞋帽、帐篷、皮革制品和工程技术）	品目83.08

9. 可互换性工具及刀具的归类

机床用可互换性工具及刀具，如锻压、冲压用模具和机床上用的各种刀具，虽作为第十六类机器的零件，但仍要归入第82章。例如，钻床用的钻头、车床用的车刀、铣床用的铣刀等归入品目82.07，但木工锯床用的锯片要归入品目82.02。

10. 成套工具及餐具的归类

由品目82.05中不同种类的货品构成的成套工具仍归入该品目内（即子目8205.9000）；

由品目82.02~82.05中两个或多个品目所列工具组成的零售包装成套工具归入品目82.06；

由品目82.11中不同种类的刀构成的成套刀具仍归入该品目内（即子目8211.1000）；

由品目82.11中的一把或多把刀具与品目82.15至少数量相同的物品构成的成套餐具以及由品目82.15中不同种类的贱金属货品构成的成套餐具，应归入品目82.15。

例如：由10把品目82.11的西餐用刀具和10把品目82.15的西餐用餐叉（均为不锈钢制）组成成套餐具后，并归入子目8215.2000。

11. 手动机械器具的归类

手动机械器具一般归入第82章，有的还有重量的限制。

例如：手摇的钻孔工具归入品目82.05；用于加工或调制食品或饮料的手动机械器具（且重量不超过10千克）归入品目82.10。

3.16 第十六类：机器、机械器具、电器设备及其零件；录音机及放声机、电视图像、声音的录制和重放设备及其零件、附件

3.16.1 主要内容

本类共2章（第84章至第85章）。

第84章：主要包括非电气的机器、机械器具及其零件。

第85章：主要包括电气电子产品及其零件。

3.16.2 归类技巧

1. 组合机器、多功能机器的归类

（1）组合机器是指由两部及两部以上机器装配在一起形成的机器。一般是一台机器装在另一台机器的内部或上面，或者两者装在同一底座、支架上，或同一个机壳内，且这组机器必须是永久性地连在一起。

（2）多功能机器是指具有两种及两种以上互补或交替功能的机器。

（3）组合机器与多功能机器的归类原则：

①按机器的主要功能归类；

②当不能确定其主要功能时，按“从后归类”的原则归类。

例如：具有提供热、冷水功能的饮水机。该设备具有加热和制冷两种功能，其用途为提供饮用水，属于多功能机器，比较两种功能，很难确定哪一种为主要功能，所以按“从后归类”的原则归入品目85.16。

2. 功能机组的归类

（1）功能机组是指由几个具有不同功能的机器（包括机组部件）结合在一起而构成的。这些机器通常由管道、传动装置、电缆或其他装置连接起来。

（2）功能机组的归类原则是，组合后的功能明显符合第84章或第85章某个品目所列功能时，全部机器或部件均归入该品目，而不再分别归类。

例如:番茄酱的成套加工设备,由番茄破碎设备、番茄汁浓缩设备、杀菌设备、电气控制柜等组成。这套设备的主要功能是食品加工,符合功能机组的条件,应将成套设备一并归入子目8438.6000。

3.机器零件的归类

本类机器所属零件归类的一般步骤如下:

①考虑是否是本类注释一、第84章注释一和第85章注释一排他条款中的商品,若已排除,则不能归入本类;

②考虑是否是第84章、第85章列名的商品,若已列名,则按列名归类;

③考虑是否是专用零件,若符合条件则与机器一并归类或归入指定的专用零件品目;

④考虑是否可归入品目84.87或品目85.48。

例1:电冰箱用压缩机,它作为电冰箱的一个部件,在品目84.14内有列名,故应归入8414.30项下的相关子目。

例2:电冰箱用壳体,该壳体作为冰箱的专用零件,应归入8418.99项下的相关子目。

4.可归入多个品目的机器或零件的归类

(1)当出现既可按功能归入品目84.01~84.24或品目84.86,又可按应用行业归入品目84.25~84.80的情况时,优先归入品目84.01~84.24或品目84.86。

例如:工业用火腿蒸煮器,既可按利用温度变化工作的机器归入品目84.19,又可按食品(肉类)的加工机器归入品目84.38,应优先归入品目84.19。

(2)在对特种机床进行归类时,也会出现可归入多个品目的情况:既可按特种机床归入品目84.56,同时又可按功能归入品目84.57~84.65,此时应优先按特种机床归入品目84.56。

例如:利用激光在各种材料上打孔的机床。该机床既可按加工方式(激光加工)归入品目84.56,又可按功能(钻孔)归入品目84.59,此时,应将该机床归入子目8456.1000。

(3)对于集成电路、晶体管等,也会出现可归入多个品目的情况:既可按其功能归入品目85.42或85.41,又可按所用机器设备的零件归入相关品目,此时应优先归入品目85.42或85.41。

5.第84章结构规律

第84章主要包含非电气的机器、机械器具及其零件,是HS中品目最多的一章,有87个品目,从排列结构上看可分为如下品目。

(1)品目84.01~84.24,主要按商品的功能列目。详见下列结构:

品目84.01 ……………………………………核反应堆等

品目84.02~84.05……………………………锅炉及其他气体发生器

品目84.06~84.12……………………………动力机器

品目 84.13 ~ 84.14……………………………液体泵、气体泵或压缩机
品目 84.15 ~ 84.19……………………………能量的转化机器
品目 84.20 ~ 84.24……………………………其他按功能列名的机器

(2)品目 84.25 ~ 84.78,主要按商品的应用行业(或用途)列目。详见下列结构:

品目 84.25 ~ 84.31……………………………起重与搬运机器
品目 84.32 ~ 84.38……………………………农、林、食品加工机器
品目 84.39 ~ 84.43……………………………造纸、印刷机器
品目 84.44 ~ 84.52……………………………纺织及相关机器
品目 84.53 ……………………………………皮革加工机器
品目 84.54 ~ 84.55……………………………冶金制造机器
品目 84.56 ~ 84.66……………………………机床
品目 84.69 ~ 84.73……………………………办公机器
品目 84.74 ~ 84.78……………………………其他

(3)品目 84.79 包括不能归入本章该品目以前任何品目的机器及机械器具;品目 84.80 包括金属铸造用的型箱及阳模,还包括模制某些材料用的手工模具或机器模具(锭模除外);品目 84.81 ~ 84.84 包括某些可作为机器零件使用或可用做其他章货品零件的通用物品;品目 84.86 包括专用于或主要用于制造半导体单晶柱或圆片、半导体器件、集成电路或平板显示器的机器及装置以及本章注释九(三)所列的机器及装置;品目 84.87 包括其他品目未列名的非电气零件。

6. 动力机器及其零部件的归类

动力机器(电动机除外)归入品目 84.06 ~ 84.12。其中内燃机为最广泛的动力机器之一,点燃式内燃发动机(主要包括汽油机)归入品目 84.07,压燃式内燃发动机(即柴油机)归入品目 84.08。

液压、气压动力装置(即以液体能或压缩气体作为动力源的装置)也作为动力装置归入品目 84.12。

电动机(将电能转变成机械能的动力装置)归入品目 85.01。

只有“主要用于或专用于”内燃机的零部件才归入品目 84.09,如活塞、连杆、汽缸体、汽缸盖等。

例 1:别克轿车用发动机,汽缸容量为 1.6 升,发动机为点燃往复式内燃发动机,应归入子目 8407.3410。

例 2:摩托车用汽缸盖,此商品属于内燃机专用的零件,应归入品目 84.09,又因摩托车用的发动机一般为点燃式内燃发动机,所以应归入子目 8409.9199。

7. 液体泵、气体泵和压缩机的归类

液体泵、气体泵和压缩机是应用较广泛的通用机器。

液体泵归入品目 84.13,归入本品目的液体泵可以带有计量装置或计价装置,不要将计量泵按仪器归入第 90 章。

气泵、压缩机等归入品目 84. 14,本品目还包括手动或动力驱动的用以压缩空气或其他气体(如氟利昂)或抽成真空的机器设备,空气或其他气体循环用的机器(风机和风扇),如手动的打气筒也归入此品目。

例 1:活塞式内燃机冷却用水泵,该水泵属于液体泵,按其功能归入品目 84. 13,然后根据其用途按活塞式内燃机用冷却剂泵归入子目 8413. 3090。

例 2:轿车空调用压缩机,该压缩机用于制冷设备,按其功能归入品目 84. 14,又因轿车用的压缩机一般由发动机直接驱动,属于非电动机驱动的压缩机,所以归入子目 8414. 3090。

8. 制冷设备的归类

制冷设备主要包括空调器和电冰箱等。空调器及其专用零件归入品目 84. 15,其他制冷设备及其零件归入品目 84. 18。

例 1:家用分体式空调,具有制冷和制热功能,制冷量为 3 200 大卡/小时。此空调属于分体式,归入品目 84. 15,然后根据分体式和制冷量归入子目 8415. 1021。

例 2:可逆式热泵(制冷量为 2 800 大卡/小时)。可逆式热泵为双向传送热量的热泵,属于装有冷热循环换向阀的制冷装置,应按空调器归入品目 84. 15,再根据其制冷量归入子目 8415. 8110。

9. 利用温度变化处理材料的设备的归类

利用温度变化处理材料的设备一般归入品目 84. 19,但品目 84. 19 的条文分成两部分,分号前面的商品必须是非家用的,不论是否用电加热,而分号后面的商品必须是非电热的,不论是否家用。

例如:电热医用消毒设备(将要消毒的物品或材料放入设备内加热至高温以杀灭细菌),该消毒设备属于利用温度变化处理材料的设备,根据其功能归入品目 84. 19,然后按医用消毒器具归入子日 8419. 2000。

10. 印刷机械及打印、复印、传真等多功能机器的归类

印刷(打印)、复印、传真等机器归入品目 84. 43。该品目下的结构如下:

传统印刷机器(即采用品目 84. 42 的印版进行印刷的机器)………子目 8443. 1

其他机器　可与自动数据处理设备或网络相连的　具有多功能……………………子目 8443. 31

　　　　　　　　　　　　　　　　　　　　　　具有单功能……………………子目 8443. 32

　　　　　不可与可与自动数据处理设备或网络相连的……………子目 8443. 39

零件……………………………………………………………………子目 8443. 9

归入本品目的机器在确定子目时,主要考虑的因素有:是否是传统的印刷机器,是否可与自动数据处理设备或网络(这里的网络既包括计算机网络,也包括电话网络、电报网络等)相连,具有打印、复印、传真中的多功能还是单功能。

应注意,具有单一功能的打印机不能按自动数据处理设备的输出部件归入品目 84. 71,具有单一功能的传真机不能按通信设备归入品目 85. 17。

例1:激光打印机(只有打印功能),该打印机可与自动数据处理设备相连,归入子目8443.3212。

例2:激光打印机用硒鼓,硒鼓作为打印机的零件,应归入子目8443.9990。

11. 各种加工机床及零件的归类

各种加工机床归入品目84.56~84.65,机床的分类及其归类归纳如下:

特种加工机床			品目84.56
金属加工机床	金属切削机床	加工中心、组合机床	品目84.57
		车床	品目84.58
		钻、镗、铣、攻丝机床	品目84.59
		磨床(不含齿轮磨床)	品目84.60
		刨、插、拉、齿轮加工(含齿轮磨床)、锯机床	品目84.61
		压力加工机床	品目84.62
		其他非切削加工机床	品目84.63
其他加工机床		加工矿物质等	品目84.64
		加工木材、塑料、橡胶等	品目84.65

机床的一般归类技巧如下。

(1)看它是否符合本章章注九有关品目84.86规定的设备和装置,若符合则优先归入品目84.86。

(2)判断是否是用激光、光子束、超声波等加工各种材料的特种加工机床。若符合则优先归入品目84.56;若不相符,则根据加工对象的不同,加工金属的机床归入品目84.57~84.63,加工其他材料的机床归入品目84.64~84.65。而加工金属的机床,还要区分是金属切削机床(即加工过程中有切屑产生)还是压力加工机床或其他非切削加工机床,前者则按加工方式归入品目84.57~84.61,后者则按压力加工机床或其他非切削加工机床归入84.62~84.63。

品目84.57的加工中心不包括车削中心,因车削中心以车削为主要加工方式,仍按车床归入品目84.58。

(3)确定某些子目时还要考虑是立式机床还是卧式机床,立式指机床的回转主轴为垂直方向,卧式指机床的回转主轴为水平方向。

(4)品目84.64的机床加工对象包括石料、陶瓷、混凝土、石棉水泥、玻璃等矿物质;品目84.65的加工对象包括木材、软木、骨、硬质橡胶、硬质塑料等。例如:木工用刨床、钻床、铣床等应归入品目84.65。

(5)只有专用于上述机床的零、附件才归入零件专用品目84.66,如工具夹具、工件夹具及分度头等;若是在其他品目列名的零、附件,则归入其他相关品目。例如:机床上用的刀具(如车刀、铣刀、钻头等)归入品目82.07。

例1:数控齿轮磨床。加工普通工件的一般磨床(如平面磨床、外圆磨床等)归入品目84.60,但在品目84.60的条文中已明确品目84.61的用于加工齿轮的磨床除外，所以将此磨床归入品目 84.61，然后按功能及数控的条件归入子目 8461.4010。

例 2：非数控卷板机(用于将较厚的板材卷成圆筒状)。此卷板机通过压力使板材弯曲，属于通过压力加工金属的设备，应归入品目 84.62，然后按功能和非数控的条件归入子目 8462.2990。

12. 自动数据处理设备及零部件的归类

(1)自动数据处理设备只有符合下列条件的才归入品目 84.71：

①存储处理程序和执行程序直接需要的起码的数据；

②按照用户的要求随意编辑程序；

③按照用户指令进行算术计算；

④在运行过程中，可不需人为干预而通过逻辑判断，执行一个处理程序，程序可改变计算机指令的执行。

(2)自动数据处理设备的部件如果单独报验，应归入品目 84.71。

常见的自动数据处理设备及部件归类如下：

便携式自动数据处理设备……………………………………………子目 8471.30

其他以系统形式报验的自动数据处理设备…………………………子目 8471.49

单独报验的部件：

自动数据处理部件……………………………………………………子目 8471.50

输入输出部件…………………………………………………………子目 8471.60

存储部件………………………………………………………………子目 8471.70

其他部件………………………………………………………………子目 8471.80

例如：一起报验的微电脑主机(含 CPU、主板、硬盘等)、键盘(输入设备)和显示器(输出设备)一并按"系统"归入子目 8471.49，而单独报验的微电脑主机(含 CPU、主板、硬盘等)归入子目 8471.50，单独报验的键盘归入 8471.6071，单独报验的微电脑用内存条应作为自动数据处理设备的零件归入 8473.3090，而单独报验的显示器则应归入品目 85.28 的相关子目。

(3)配有自动数据处理设备，或与数据处理设备连用，但却从事数据处理以外的某项专门功能的机器、仪器或设备不归入品目 84.71，应按其功能归入相应的品目。

例如：与电脑连接使用的名片印刷机，主要功能是印刷，应归入品目 84.43。

13. 半导体、集成电路及平板显示器制造设备的归类

半导体、集成电路及平板显示器制造设备归入品目 84.86，这是 2007 年版 HS 新增的一个品目。

为保证该品目项下商品的准确归类，第 84 章还新增加了注释九。根据第 84 章注释九(四)，符合品目 84.86 规定的设备和装置在归类时优先于 HS 的其他所有品目。

14. 通用机械零部件的归类

通用机械零部件归入品目 84.80～84.84 及 84.87，其中：

模具(包括金属铸造、玻璃热加工、陶瓷、水泥制品、橡胶、塑料制品等用的模具)归入品目84.80;

机器设备用的各种阀门及龙头归入品目84.81;

机器设备用的传动装置(如传动轴、变速箱及单个齿轮、离合器及联轴器等)归入品目84.83;

滚动轴承和滑动轴承都属于轴承,但前者归入品目84.81,后者归入品目84.83,装这些轴承的轴承座归入品目84.83;

只有用金属片与其他材料制成或用双层或多层金属片制成的密封垫或类似接合衬垫才归入品目84.84,而用单一材料制的密封垫不归入品目84.84,应按所用材料归类;

成套的各式密封垫(必须至少配有两个及两个以上,由不同材料制成)也归入品目84.84。

例如:点燃式内燃发动机用的汽缸密封垫(由两层铜片中间夹一层纸板构成),该密封垫是用金属片与其他材料制成的密封垫,符合品目84.84条文的描述,所以归入子目8484.1000。

本章其他品目未列名的通用机器零件归入品目84.87,如不同行业的机器上可通用的手轮就归入品目84.87。

15.第85章结构规律

第85章主要包含电气电子产品及其零件,基本上是按商品的功能排列的。

16.电池的归类

电池按其是否可充电分为原电池和蓄电池,一般不可充电的原电池归入品目85.06,可以充电的蓄电池归入品目85.07。例如:石英手表用的扣式锂电池为不可充电的电池,归入子目8506.5000,而手机用锂电池为可充电电池,归入子目8507.8020。

但与这两类电池工作原理不同的光电池则要归入子目8541.4000。

废的原电池、蓄电池归入品目85.48。

17.电动机械器具的归类

(1)一般电动机械器具归入品目85.08~85.10。其中真空吸尘器不论是家用还是非家用,一律归入品目85.08,电动剃须刀归入品目85.10,其他家用的电动机械器具归入品目85.09。

(2)品目85.09仅适用于“家用”和“电动”的器具,还应注意归入该品目的有些家用电动器具要受质量的限制(不超过20千克)。例如:食品用切片机、绞肉机等。

例如,不同类型绞肉机的归类。小于20千克的家用电动绞肉机归入品目85.09,大于20千克的电动绞肉机则要按工业用的食品加工机器归入品目84.38,不超过10千克的手摇绞肉机则应按手工工具归入品目82.10。

另外,其他品目已列名的家用电动器具不归入本品目。例如:家用洗衣机在品目

84.50已有列名。

18. 加热器具的归类

加热器具归类时一般要考虑的因素包括:工业或实验室用还是家用,是炉具还是一般加热器具,是电加热还是非电加热。

一般将电加热的工业或实验室用炉具归入品目85.14,而非电加热的工业或实验室用炉具归入品目84.17;一般家用的电加热器具归入品目85.16,家用非电热的器具归入品目84.19,非家用的加热器具(不论是否为电加热)也归入品目84.19。

例如:燃气热水器,由于其为非电热的,故应归入品目84.19;农产品干燥用的器具,由于其为非家用的,故应归入品目84.19。

19. 焊接设备的归类

对焊接设备归类时,首先判断其工作方式,若是以电气、激光、光子束、超声波、电子束、等离子弧等方式工作的焊接设备,归入品目85.15;若是以其他方式工作的焊接设备(例如气焊设备、摩擦焊设备),则归入品目84.68。

20. 通信设备的归类

不论是有线通信设备还是无线通信设备,一律归入品目85.17,只有在确定子目时才区分是有线通信设备还是无线通信设备。常见的通信设备包括有线电话、蜂窝网络电话或其他无线网络电话(主要指手机),基站,电话交换机,光通信用设备(如光端机等),计算机网络通信用设备(如以太网交换机、路由器、集线器等),其他声音、图像或其他数据的转换及接收设备和发送设备。

应注意,无绳电话机不同于无线电话机,无绳电话机又称子母机,由主机和副机两部分组成,因主机与电话线相连,只是主机与副机的通信为无线方式,故无绳电话机仍属有线通信设备,而无线电话机属无线通信设备。

用于声音、图像或其他数据的发送设备不要误归入品目85.25,计算机通信用的路由器、集线器等不要误按自动数据处理设备的部件归入品目84.71;其他品目已列名的通信设备,不归入本品目,例如:传真机已在品目84.43列名,不要误按通信设备归入本品日。

21. 音像设备及无线广播、电视接收设备的归类

音像设备主要包括声音的录制或播放设备、转化设备(话筒和喇叭)等,图像的录制、播放设备及摄像机等。音像设备及无线广播、电视接收设备的归类情况如下表所示。

信号种类	变换方式	归类
声音	话筒和喇叭(声音~电信号)	品目85.18
	放音(记录媒体~声音)	品目85.19
	录音(声音~记录媒体)	品目85.19
	收音(无线电广播信号~声音)	品目85.27
图像	录放像(图像电信号~记录媒体)	品目85.21
	摄像(图像~记录媒体)	品目85.25
	电视(无线电电视信号~图像、声音)	品目85.28

22. 记录媒体的归类

记录媒体一律归入品目85.23,只有在确定本国的七八位子目时才考虑是否录制信息。目前常见的记录媒体主要包括磁性媒体、光学媒体和半导体媒体。磁性媒体常见的类型为磁带、磁盘及磁卡;光学媒体常见的类型主要是光盘;半导体媒体常见的类型有U盘、数码相机用的记忆棒、SD卡、CF卡、SM卡等。

应注意,微电脑用内存条不能作为记录媒体归入品目85.23,应作为自动数据处理设备的零件归入8473.3090;移动硬盘不能作为记录媒体归入品目85.23,应作为自动数据处理设备的存储部件归入8471.7010。

例如:DVD光盘(内含国外获奖影片),此光盘属光学记录媒体,归入品目85.23,因它既包含声音信息,又包含图像信息,所以归入子目8523.4090。

23. 灯、灯具的归类

对灯、灯具进行归类时,一般考虑的因素包括:是否带有灯座、何种用途等。对于不带灯座的各种灯泡、灯管等电光源归入品目85.39;带有灯座的灯具归入品目94.05,机动车辆(不含火车、飞机)的照明灯、信号灯归入品目85.12,火车和飞机的前灯等归入品目94.05,自供电源的灯(如手电筒、手提式应急灯)归入品目85.13,交通管理用的信号灯(交叉路口的红绿灯等)归入品目85.30,照相机用的闪光灯及灯泡归入品目90.06。

24. 通用电子元器件及简单电器装置的归类

通用电子元器件一般按其不同的特性归入品目85.32~85.33、85.40~85.42,这些元器件一般作为电气设备的零件,其中无源元件主要包括归入品目85.32的电容器,归入品目85.33的电阻器(但加热电阻器归入品目85.16);有源元件主要包括归入品目85.40的热电子管、冷阴极管或光阴极管和归入品目85.41的半导体器件(二极管、晶体管等)。

集成电路归入品目85.42,然后按其用途(处理器及控制器用、存储器用、放大器用等)归入不同的子目。

常见的电感元器件在前面的品目已有列名,应归入品目85.04。

简单的电器装置一般分为高压电器(电压 >1 000 伏)和低压电器(电压≤1 000 伏),前者归入品目 85. 35,后者归入品目 85. 36;而由品目 85. 35 的高压电器或品目 85. 36 的低压电器组成的组合体通常装于盘、板、台上或柜子里,这些商品应归入品目 85. 37,如一些电器控制柜、数控装置等,本品目同时也包含一些较为复杂的装置,如可编程序控制器等。

例如:耳机插座,属于连接电路的电气装置,且为低压电器(电压小于 1 000 伏),归入品目 85. 36,然后按插座归入子目 8536. 6900。

25. 具有独立功能未列名机电产品的归类

具有独立功能且其他品目未列名的机电产品一般归入品目 84. 79(机械设备)或 85. 43(电气设备)。这两个品目又可看做第 84 章和第 85 章的兜底品目,归入这两个品目的商品必须满足:

①任何类注释或章注释中均未规定不包括在这两章内;

②未更为具体地列入 HS 其他各章的某一品目内;

③根据其功能和用途均不能归入这两章的其他品目。

例如:配有机械装置的潜水箱,应作为未列名的机械设备归入品目 84. 79。

3. 17 第十七类:车辆、航空器、船舶及有关运输设备

3. 17. 1 主要内容

本类共 4 章(第 86 章至第 89 章)。

第 86 章:各种铁道车辆。

第 87 章:其他陆上车辆。

第 88 章:航空器及航天器。

第 89 章:船舶及浮动结构体。

此外还包括与运输设备有关的具体列名的货品,如归入品目 86. 09 的集装箱,归入品目 86. 08 的铁道或电车轨道固定装置及附件和机械信号装置,归入品目 88. 04 的降落伞等。

3. 17. 2 归类技巧

1. 多用途运输设备的归类

第 86 章:在导轨上运行的气垫火车;

第 87 章:水陆两用的气垫运输工具;

第 87 章:既能在道路上又能在轨道上行驶的车辆;

第 87 章:水陆两用的机动车辆;

第 88 章:可兼作地面车辆的航空器;

第 89 章:水上航行但只能在海滩或浮码头上登陆或在冰上行驶的气垫运输工

具。

2. 运输设备零件、附件的归类

根据本类注释二，其他类已列名的零、附件不归入本类，常见的有第 84 章、85 章列名的机电产品，第十五类注释二规定的“通用零件”及塑料制的类似品。例如：汽车发动机是车辆的一个部件，但是发动机在第 84 章有列名，故汽车用发动机仍归入第 84 章，而不归入第 87 章。

只有专用于本类设备的零件、附件才与设备一并归类或归入零件专用的品目。同时应注意，本类只有第 86 章至第 88 章包括这些运输设备的零件、附件，第 89 章不包括零件、附件，只包括船舶及浮动结构体等运输设备，所以即使能确定专用于或主要用于船舶也不归入本章，一般按主要用途归入前面各章。例如，船舶用舵机作为船舶的一个部件，应归入子目 8479.8910，而不归入第 89 章。

3. 客车、货车的归类

(1)用于载人的机动车辆按座位数分为两种：10 座及其以上的车辆和 10 座以下的车辆。

10 座及其以上的车辆，主要按发动机类型（压燃式活塞内燃发动机、其他内燃发动机）和座位数等因素归入品目 87.02 项下的相关子目，其中座位数包括驾驶员座位和折叠椅座位数。

10 座以下的车辆，主要按用途、发动机类型（点燃式活塞内燃发动机、压燃式活塞内燃发动机）、汽缸容量等因素归入品目 87.03 项下的相关子目。

点燃式活塞内燃发动机主要包括用火花塞点火的汽油发动机和沼气发动机；压燃式活塞内燃发动机主要包括柴油发动机。

(2)用于载货的车辆按发动机类型（点燃式活塞内燃发动机、压燃式活塞内燃发动机）和车辆总质量归入品目 87.04 项下的相关子目。

汽缸容量指发动机运转时汽缸所排出气体的体积。

车辆的总重量：车辆的自重 + 最大设计载荷 + 加满油的油箱质量 + 驾驶员的质量。

例如：旅游观光电瓶车，座位数（包括驾驶员座）16 人。此车属 10 座以上载人的客运车辆，应归入品目 87.02。

4. 特种车辆的归类

不以载人、载货为主要目的的特种车辆归入品目 87.05。例如：消防车、起重车等。

而有些特殊用途的车辆仍以载人、载货为主要目的。例如：囚车、警车、灵车、赛车等仍以载人为主要目的，这些车要归入品目 87.02 ~ 87.03，不按特种车辆归类；冷藏货车、液罐车、运钞车、自动装卸货车（装有绞车、提升机等装置，但主要用于运输）等仍以载货为主要目的，这些车要归入品目 87.04，不按特种车辆归类。

用于展示、教学用而无其他用途的未剖开或已剖开的模型车辆及真实车辆不归入第 87 章,而归入品目 90.23。

5. 机动车辆底盘的归类

机动车辆底盘常见的有三种类型,它们的归类如下。

只装有发动机的机动车辆底盘归入品目 87.06。

装有驾驶室和发动机的机动车辆底盘,按相应的整车归入品目 87.02～87.04。

只有机动车辆底盘(未装有驾驶室和发动机),按机动车辆的零件归入品目 87.08。

6. 汽车零件、附件的归类

通常所称的汽车零件、附件,一般指品目 87.01～87.05 所列机动车辆用的零件、附件。

对这些零件、附件进行归类时,首先判断是否是本类注释二已排除掉的(即在其他类已列名),只有确定在其他类未列名的情况下,才归入品目 87.08;其次根据零件所在车辆的部位(缓冲器、车身、制动器、变速箱、驱动桥、车轮、悬挂系统等)确定第五位子目;最后确定第六位至第八位子目,由于我国所列的某些第七、第八位子目是按前面整车类型所列,所以在确定这些子目前必须先确定整车的商品编码。

例 1:变速箱(车辆总重量为 12 吨的重型货车用,柴油发动机),应按货车专用零件归入品目 87.08,然后按列名归入子目 8708.4,又因该货车整车归入子目 8704.2230,故最后将此变速箱归入子目 8708.4040。

例 2:带充气系统的安全气囊(小轿车用)。安全气囊属于轿车专用的零件,归入品目 87.08,比较该品目下的一级子目,归入子目 8708.9,然后按列名归入子目 8708.9500。

7. 摩托车和自行车的归类

摩托车和自行车分别归入品目 87.11 和 87.12。摩托车按发动机类型和汽缸容量归入不同的子目,自行车按用途和车轮直径(以英寸为单位)归入不同的子目。

电动自动车应按装有辅助动力的脚踏车归入子目 8711.9010。

摩托车及自行车的零件、附件归入品日 87.14,但摩托车用的发动机及发动机的零件因在第 84 章已有列名,不归入本品目。

8. 其他运输设备的归类

坦克及其他机动装甲战斗车辆,不论是否装有武器,都不要误按武器归入第 93 章,一律归入品目 87.10,

第 86 章主要包括铁道运输设备及其零件,但也有部分设备即使不用于铁道运输仍归入本章。例如:用于内河航道、港口、停车场或机场等场所的机械交通信号设备归入品目 86.08(若是电气的交通信号设备应归入品目 85.30),集装箱即使不用于铁道运输(如用于海运)仍归入品目 86.09。

3.18 第十八类:光学、照相、电影、计量、检验、医疗或外科用仪器及设备、精密仪器及设备;钟表;乐器;上述物品的零件、附件

3.18.1 主要内容

本类共3章(第90章至第92章)。

第90章:主要包括光学、计量、医疗仪器、精密仪器及设备等。

第91章:主要包括钟表。

第92章:主要包括乐器。

3.18.2 归类技巧

1. 第90章的结构规律

第90章的光学、计量、医疗仪器、精密仪器,在结构编排上有一定规律,掌握这个规律,有助于正确归类(见下表)。

各种光学仪器设备	简单光学元件(分未装配和已装配)	品目90.01~90.02
	简单光学器具(眼镜、眼镜架、望远镜)	品目90.03~90.05
	复杂光学器具(照相机、摄影机、显微镜等)	品目90.06~90.13
计量、测绘等仪器及器具		品目90.14~90.17及90.28、90.29
医疗仪器及器械		品目90.18~90.22
专供示范而无其他用途的仪器、装置及模型		品目90.23
其他测试分析仪器及自动调节和控制装置		品目90.24~90.27、90.29~90.32

2. 光学元件的归类

对于玻璃制的光学元件,只有经过光学加工的光学元件(但未装配的)才归入品目90.01,未经光学加工的光学元件应按材料归入品目70.14;其他材料(如有机玻璃)制的光学元件不论是否经过光学加工,一律归入品目90.01。

若是已装配(即带有镜筒或框架)同时还要"作为仪器装置的零件、配件"的光学元件才归入品目90.02。例如:已装配的用于显微镜的物镜归入90.02.19.90,而已装框的放大镜,因其不作为仪器装置的零件、配件,所以不归入本品目,应归入子目9013.8010。

3. 光学仪器的归类

光学仪器一般按其功能和用途归入品目90.05~90.13。其中:双筒望远镜、单筒望远镜等普通望远镜归入品目90.05,但用于机床上的校直望远镜和坦克上的潜望镜要归入品目90.13;印刷制版用的电子分色机、激光照相排版设备归入品目

90.06,不要按制版的设备归入品目84.42。

品目90.05~90.13包含的商品大部分是光学仪器,但也包括一些看起来不属于光学仪器的设备,例如:电子显微镜归入子目9012.1000,液晶显示板归入子目9013.8030。

4. 医疗器械及器具的归类

医疗器械及器具一般归入品目90.18~90.22。

在确定其品目时,一般要根据其工作原理、特性及用途等因素。同样用于疾病诊断的医疗器械,因其工作原理不同而归入不同的品目。例如:B型超声波检查仪、核磁共振成像仪和X射线断层检查仪均是通过影像进行疾病诊断的仪器,但因其成像原理不同而归入不同的品目,因此,B型超声波检查仪、核磁共振成像仪归入品目90.18,而X射线断层检查仪(又称CT机),利用X射线进行扫描成像,归入品目90.22。

机械疗法、氧疗法、臭氧疗法、吸入疗法、人工呼吸及按摩等用的设备及装置归入品目90.19。

矫形用具、人造假肢及骨折用具(包括兽用)及弥补人体生理缺陷的器具归入品目90.21。

X射线或α射线、β射线、γ射线的应用设备归入品目90.22。品目90.22不仅包括用于医疗上的应用设备,还包括用于其他行业(如工业)上的应用设备。例如:冶金工业中用于检查合金均匀性的X射线设备仍归入此品目。用于探测X射线或α射线、β射线、γ射线的设备不归入本品目,应归入品目90.30。

其他用于医疗、外科、牙科或兽医的仪器及器具(未在其他品目列名)归入品目90.18。例如:电子眼压记录仪属于医疗电子诊断设备,应归入品目90.18。

但也有部分医疗仪器已在其他品目列名。例如:测量体温的体温表归入品目90.25,观察病理切片的生物显微镜归入品目90.11或90.12,分析、检验血液、组织液、尿液等的仪器设备和检镜切片机归入品目90.27,眼底照相机归入品目90.06。

5. 第90章设备所用零件、附件的归类

第90章设备用零件、附件的归类流程归纳如下:

仪器的零件、附件

是否是本章、第84章、第85章、第91章

是↓

列名的零件、附件及第十五类注释二的通用零件→是→归入相应品目

否↓

是否是主要用于或专用于本章的零件、附件→是→归入相应品目

否↓

归入品目90.33

6. 钟表及计时器具的归类

用于计时或与时间有关的某些操作器具(如考勤钟、定时开关等)及其零件归入第 91 章。本章的排列结构顺序为:完整品—不完整品(如钟表芯)—零件。

品目 91. 01 与 91. 02 所列手表的区别:只有表壳全部用贵金属或包贵金属制得的表才归入品目 91. 01;若表壳用贵金属或包贵金属以外的材料制成,表壳用贵金属或包贵金属制成而表背面用钢制成或表壳用镶嵌贵金属的贱金属制成的表均归入品目 91. 02。

某些钟表零件已在第 91 章注释一中排除,不要归入本章。

7. 乐器的归类

各种乐器及其零件归入第 92 章。乐器归类的关键是确定其种类(弦乐器、管乐器、打击乐器、电子乐器、其他未列名乐器)。例如:普通钢琴归入品目 92. 01,而目前市场上销售的电钢琴不能按普通钢琴归类,因它属于电子乐器,应归入品目 92. 07。

归入第 92 章的乐器可以带有电拾音器及扩音器,但这类电气装置必须已构成乐器的不可分割部分或与乐器装在同一机壳内。

3. 19　第十九类:武器、弹药及其零件、附件

3. 19. 1　主要内容

本类共 1 章(第 93 章)。主要包括供军队、警察或其他有组织的机构(海关、边防等)在陆、海、空战斗中使用的各种武器以及个人自卫、狩猎等用的武器等。

3. 19. 2　归类技巧

本类商品在归类时应注意以下两点。

①装甲战斗车辆不能作为武器归入本章,应按车辆归入品目 87. 10;弓、箭、钝头击剑等不能作为武器归入本章,应作为运动用品归入第 95 章。

②其他章已列名的武器及零件不应归入本章。例如:第 90 章的武器瞄准用的望远镜。

3. 20　第二十类:杂项制品

3. 20. 1 主要内容

本类共 3 章(第 94 章至第 96 章)。本类所称的杂项制品是指前述各类、章及品目未包括的货品。

第 94 章:包括各种家具、寝具、其他章未列名灯具和活动房屋等。

第 95 章:包括各种玩具、运动或游戏用设备等。

第 96 章:包括雕刻或模塑制品,扫把、刷子和筛,书写及办公用品,烟具,化妆品

用具及其他品目未列名的物品。

3.20.2 归类技巧

1. 家具及其零件的归类

具有实用价值的落地式“可移动”的家具(如桌、椅等),落地式或悬挂的、固定在墙壁上叠摞的碗橱、书柜、其他架式家具、坐具及床归入品目94.01~94.03;单独报验的组合家具各件均归入本章,但落地灯不能按家具归类,应按灯具归入品目94.05。

品目94.02的医疗、外科、牙科或兽医用的家具不能带有医疗器械(设备),如带有牙科器械的牙科用椅不能归入本品目,而应按医疗器械归入品目90.18。

具有特定用途或为安装特定用途的装置、设备而特制的家具,一般按特定用途的装置、设备归类。例如:有橡棋盘桌面的桌子和桌球台归入品目95.04,作为缝纫机台架用的家具归入品目84.52。

品目94.01~94.03的家具可用木、柳条、竹、藤、塑料、贱金属、玻璃、皮革、石、陶瓷等材料制成。如玻璃制的柜台仍归入本章,而不按玻璃制品归类。

专用于或主要用于本章家具的零件归入本章相应品目;单独报验的玻璃或镜子、大理石等按材料归类。

本章也包括机动车辆、飞机等用的坐具及零件(如座椅调角器),这些坐具及零件不能按车辆或飞机的零件归入第十七类。

2. 床上用品及寝具的归类

装有弹簧或内部填充棉花、羊毛、马毛、羽绒、合成纤维等或以海绵橡胶或泡沫塑料制成的床上用品及寝具,如褥垫、被褥及床罩(内含填充物)、鸭绒被、棉被、枕头、靠垫、座垫、睡袋等归入品目94.04;

未装有内部填充物的床上用品及寝具,如床单、床罩、枕头套、鸭绒被套、靠垫套、毯子等则按纺织品归入第63章。

3. 玩具的归类

儿童乘骑的带轮玩具(如二轮车、踏板车、踏板汽车等),玩偶车,玩偶及其零件、附件(如玩偶用的服装、鞋、靴、帽等)和其他供儿童或成人娱乐用的各种智力玩具或其他玩具均归入品目95.03,但宠物玩具不归入品目95.03。

4. 体育用品和游乐场用娱乐设备的归类

一般体育用品归入品目95.06或95.07,游乐场用娱乐设备归入品目95.08。

体育用品中不同用途的球归入不同的子目,归纳如下:

可充气的足球、篮球、排球归入子目9506.6210;

草地网球归入子目9506.6100;

乒乓球归入子目9506.4010;

高尔夫球归入子目9506.3200;

羽毛球归入子目9506.9190。

5. 杂项制品的归类

各种钮扣归入品目96.06,拉链归入品目96.07,梳子归入品目96.15,这些不应按制成材料归入其他类。

打字机色带归入品目96.12,不应按打印机的零件归入第84章。

裁缝用和商品陈列或广告宣传用的人体活动模型归入品目96.18,不应按专供示范用模型归入品目90.23。

3.21 第二十一类:艺术品、收藏品及古物

3.21.1 主要内容

本类只有第97章,一般归入本类商品的最大特点是具有一定的收藏价值。

本类主要包括艺术品和收藏品。例如:完全手工绘制的油画、粉画,雕版画、印制画、石印画原本,雕塑品原件,邮票,动物、植物、矿物等的标本和超过100年的古物。

3.21.2 归类技巧

1. 超过100年古物的归类

除品目97.01~97.05以外的物品,若超过100年则优先归入品目97.06。例如:超过100年的乐器不按乐器归入第92章,而应归入品目97.06;而品目97.01~97.05的物品即使超过100年,仍归入原品目。

2. 雕版画、印制画、石印画原本和雕塑品原件的归类

只有完全用手工制作的印版直接印制出的原本才归入品目97.02,而使用机器或照相制版方法制作的印版印制出的原本不能归入本品目;

只有各种材料制的雕塑品原件才归入品目97.03,而成批生产的复制品不能归入本品目。

3. 其他艺术品、收藏品的归类

对于已装框的油画、粉画,若框架的种类和价值与作品相称,此时一并按作品归类;若框架种类和价值与作品不相称,则框架与作品应分别归类。

本章与第49章未使用过的邮票的区别:本章邮票具有收藏价值,以收藏为主要目的;而第49章邮票不具有收藏价值。

4

例题分析及技巧

4.1 纺织品类

1. 全棉的漂白平纹机织物,250 克/平方米

【答案】 5209.2100

【解析】 该织物是纺织品,故应在第十一类"纺织原料及纺织制品"中查找。

对于普通的机织物,应按原料来确定有关章,由于该机织物的材料是"棉",故应归入第 52 章。

然后根据题目条件归入品目 52.09"棉机织物,按重量计含棉量在 85% 及其以上,每平方米重量超过 200 克"。

再根据"漂白"和"平纹"两个条件,归入子目 5209.2100。

所以正确的商品编码是 5209.2100,其 8 位数字之和为 19。

对于单一材料制成的纺织品,仅需按照《进出口商品名称与编码》(以下简称《编码》)目录即可归入相关章;归入品目时,一定要注意有关品目注释中的棉含量、每平方米克重等内容。

2. 由漂白的棉线和浅黄色的人造棉线织成的平纹机织物,300 克/平方米,其中按重量计,棉和人造棉含量各为 50%

【答案】 5516.4300

【解析】 该织物是纺织品,故应在第十一类"纺织原料及纺织制品"中查找。

对于普通的机织物,应按原料来确定有关章。根据第十一类类注二的规定("可归入第 50 章至第 55 章及品目 58.09 或 59.02 的由两种或两种以上纺织材料混合制成的货品,应按其中重量最大的那种纺织材料归类。当没有一种纺织材料重量较大

时,应按可归入的有关品目中最后一个品目所列的纺织材料归类。"),由于棉的产品归在第52章,人造棉(属于化学纤维中的人造纤维,并且属于短纤维)的产品归在第55章,现棉与人造棉含量相等,即应"从后归类",故应归入第55章。

然后归入品目55.16"人造纤维短纤纺制的机织物"。

由于人造棉的含量为50%,故应归入一级子目"按重量计人造纤维短纤含量在85%以下,主要或仅与棉混纺"。

根据第十一类子目注释一(八)的规定,色织机织物是指除印花机织物以外的下列机织物:

①用各种不同颜色纱线或同一颜色不同深浅(纤维的自然色彩除外)纱线织成的机织物;

②用未漂白或漂白纱线与着色纱线织成的机织物;

③用夹色纱线或混色纱线织成的机织物。

故用漂白的棉线和浅黄色的人造棉线织成的机织物属于色织机织物,应归入二级子目"色织"。

所以正确的商品编码是5516.4300,其8位数字之和为24。

对于两种材料混纺织物,首先应比较材料重量的大小,然后按照重量大的归类。能与棉混纺的织物,通常为第55章的短纤。

3. 精梳喀什米尔山羊绒制针织女式披巾

【答案】 6117.1000

【解析】 纺织材料制的披巾属于衣着附件,而服装及衣着附件有两章:第61章和62章。其中,除品目62.12外,第61章是针织或钩编的,而第62章是非针织或非钩编的。由于题目中的披巾是针织的,故应到第61章"针织或钩编的服装及衣着附件"中查找。由于披巾在第61章的品目中没有列名,故应归入品目61.17"其他制成的针织或钩编的衣着附件"。

然后按列名归入一级子目6117.1000"披巾、头巾、围巾、披纱、面纱及类似品"。

所以正确的商品编码是6117.1000,其8位数字之和为16。

通常为供人穿着的服装及衣着附件按照加工工艺,即针织、钩编的归入第61章,非针织、非钩编的(机织)归入第62章。

4. 含棉40%、涤纶短纤40%、桑蚕丝20%的灯芯绒(已割绒),已染色,250克/平方米

【答案】 5801.3200

【解析】 灯芯绒是纺织品,故应在第十一类"纺织原料及纺织制品"中查找。

由于灯芯绒是起绒机织物,属于特种机织物,故应在第58章"特种机织物;簇绒织物;花边;装饰毯;装饰带;刺绣品"中查找。

然后按品目条文的规定归入品目58.01"起绒机织物及绳绒织物"。

根据第十一类子目注释二(一)的规定("含有两种或两种以上纺织材料的第56章至第63章的产品,应根据本类注释二对第50章至第55章或品目58.09的此类纺织材料产品归类的规定来确定归类。")以及第十一类类注二(一)的规定("可归入第50章至第55章及品目58.09或59.02的由两种或两种以上纺织材料混合制成的货品,应按其中重量最大的那种纺织材料归类。当没有一种纺织材料重量较大时,应按可归入的有关品目中最后一个品目所列的纺织材料归类。"),由于题目中的灯芯绒是由棉、涤纶、桑蚕丝三种材料混纺而成,其中,涤纶属于化学纤维,桑蚕丝属于丝,而棉与涤纶重量含量相等,故应按一级子目"棉制"和"化学纤维制"的后一个子目来归类,即归入一级子目"化学纤维制"。

然后按列名归入二级子目5801.3200"割绒的灯芯绒"。

所以正确的商品编码是5801.3200,其8位数字之和为19。

【提示】 本题关键是判断出灯芯绒是特种机织物,而不能按化学纤维短纤制的普通机织物误归入第55章。

绒,一般为特种机织物;

三种材料混纺时,首先判断三种材料各属于哪一章,如果分别在不同的章,则比较相互间的重量大小,然后按照最大重量的材料归入相应章;

三种材料混纺时,如果其中有第54章、第55章的货品,则应将这两章的货品重量相加,然后与其他货品比较。

5. 女式雨衣,由涤纶机织物表面(单面)涂布高分子树脂的面料(涂层可明显看出)制成

【答案】 6210.3000

【解析】 纺织材料制的雨衣属于服装,而服装有两章:第61章和62章。其中,除品目62.12外,第61章是针织或钩编的,而第62章是非针织或非钩编的。由于题目中的雨衣是机织的,故应到第62章"非针织或非钩编的服装及衣着附件"中查找。

由于题目中的雨衣所用织物是由涂布高分子树脂(即塑料)的纺织物制成的,符合品目59.03"用塑料浸渍、涂布、包覆或层压的纺织物",进而符合品目62.10"用品目56.02、56.03、59.03、59.06或59.07的织物制成的服装"。根据第62章章注五的规定("既可归入品目62.10,也可归入本章其他品目的服装,除品目62.09所列的仍归入该品目外,其余的应一律归入品目62.10。"),故该雨衣应归入品目62.10。

由于普通面料的女式雨衣可归入子目6202.11~6202.19,故题目中的女式雨衣应归入品目62.10中的一级子目6210.3000"子目6202.11~6202.19所列类型的其他服装"。

所以正确的商品编码是6210.3000,其8位数字之和为12。

【提示】 本题关键是根据第62章章注五确定品目62.10优先归类,另外,子目不能误归6210.5000。

用第59章经“塑料浸渍、涂布、包覆或层压的纺织物”制成的成品服装一般首选归入62.10。

6. 单独进口的羊毛针织西服背心

【答案】 6110.1100

【解析】 针织西服背心属于针织服装,应到第61章“针织或钩编的服装及衣着附件”中查找。

由于西服背心属于外穿背心,故应归入品目61.10“针织或钩编的套头衫、开襟衫、背心及类似品”。

然后按列名归入一级子目“羊毛或动物细毛制”。

再按列名归入二级子目6110.1100“羊毛制”。

所以正确的商品编码是6110.1100,其8位数字之和为10。

【提示】 本题关键是不要把西服背心误按内穿背心归入品目61.09。

看似简单的归类题目,一定要将题目所给条件一一使用。

服装归类时要特别注意服装分类一般是由外到内,同类服装先男后女,再到不分性别的服装,然后是婴儿服装、其他服装、衣着附件。

7. 全棉染色的灯芯绒(已割绒)机织物,450克/平方米

【答案】 5801.2200

【解析】 由于灯芯绒是起绒机织物,属于特种机织物,故应到第58章“特种机织物;簇绒织物;花边;装饰毯;装饰带;刺绣品”中查找。

然后按品目条文的规定归入品目58.01“起绒机织物及绳绒织物,但品目58.02或58.06的织物除外”。

由于题目中的灯芯绒是全棉的,故归入一级子目“棉制”。

然后按列名归入二级子目5801.2200“割绒的灯芯绒”。

所以正确的商品编码是5801.2200,其8位数字之和为18。

【提示】 本题关键是判断出灯芯绒是特种机织物,而不能按棉制的普通机织物误归入第52章。

绒,一般为第58章的特种机织物。

8. 粘胶纤维短纤维纺制成多股纱线,1.2万分特

【答案】 5607.9090

【解析】 本题的纱线属于纺织原料,应到第十一类“纺织原料及纺织制品”中查找。

根据第十一类类注三(一)的规定(“本类的纱线(单纱、多股纱线或缆线)除下列(二)款另有规定的以外,凡符合以下规格的应作为‘线、绳、索、缆’:2、化学纤维纱线(包括第54章的用两根及以上单丝纺成的纱线),细度在1万分特以上。”),由于粘胶纤维属于化学纤维,题目中纱线的细度达到1.2万分特,超过了1万分特,所以该化学纤维制的短纤纱线不能按普通纱线归入第55章,而应作为“线、绳、索、缆”归

入第 56 章“特种纱线;线、绳、索、缆及其制品”。

然后归入品目 56.07“线、绳、索、缆,不论是否编织或编结而成……”

由于粘胶纤维属于化学纤维中的人造纤维,未在一级子目列名,故归入一级子目“其他”。

同理归入三级子目 5607.9090“其他”。

所以正确的商品编码是 5607.9090,其 8 位数字之和为 36。

【提示】 本题关键是根据该纱线的细度,按照第十一类类注三(一)的规定,判断不是普通纱线,而应作为“线、绳、索、缆”归类。

9. 针织束腰胸衣,材质按重量计,棉占 90%,莱卡(氨纶)占 10%

【答案】 6212.3090

【解析】 胸衣属于衣着附件,而服装及衣着附件有两章:61 章和 62 章。根据第 61 章章注二(一)的规定(“本章不包括品目 62.12 的货品。”),由于束腰胸衣符合品目 62.12 的规定(“胸罩、束腰带、紧身胸衣、吊裤带、吊袜带、束袜带和类似品及其零件,不论是否针织或钩编的。”),故尽管题目中的束腰胸衣是针织的,也不能归入第 61 章,而应归入品目 62.12。然后按列名归入一级子目“束腰胸衣”。

由于该束腰胸衣是由棉与氨纶两种材料混纺而成,根据第十一类子目注释二(一)的规定(“含有两种或两种以上纺织材料的第 56 章至第 63 章的产品,应根据本类注释二对第 50 章至第 55 章或品目 58.09 的此类纺织材料产品归类的规定来确定归类。”)以及第十一类类注二(一)的规定(“可归入第 50 章至第 55 章及品目 58.09 或 59.02 的由两种或两种以上纺织材料混合制成的货品,应按其中重量最大的那种纺织材料归类。”),故应按棉制的归类(棉占 90%)。由于棉制的未在三级子目列名,故应归入三级子目 6212.3090“其他纺织材料制”。

所以正确的商品编码是 6212.3090,其 8 位数字之和为 23。

【提示】 本题关键是不能因为该胸衣是针织的,就不注意看章注而直接归入第 61 章。

女士用内衣,不必再按照加工工艺判断是归入第 61 章还是归入第 62 章,而均应归入 62.12。

10. 女式棉(含 8% 氨纶)牛仔短裤,机织

【答案】 6204.6200

【解析】 “短裤,机织”,属于非针织或非钩编的服装,按照类章标题索引,可归入第 62 章。

“女式短裤,机织”,符合 62.04 的品目条文,且类、章注释未作特别说明,确定归入品目 62.04,再归入一级子目“长裤、护胸背带工装裤、马裤及短裤”。

“棉(含 8% 氨纶)”,棉的含量超过了氨纶的含量,根据子目条文,确定该商品应归入子目 6204.6200,其 8 位数字之和为 20。

有些题目字数虽少,但包含了很多内容。解题是一定要将题目提示中的所有条

件使用上。

11. 手工钩编的涤纶餐台布

【答案】 6302.4010

【解析】 "餐台布",属于餐桌用的纺织制成品,按照类、章标题索引,可归入第63章。"餐台布"符合63.02的品目条文("床上、餐桌、盥洗及厨房用的织物制品。"),且类、章注释未作特别说明,可确定该商品归入品目63.02。

"钩编的餐台布",归入一级子目"针织或钩编的餐桌用织物制品"。

"手工钩编的餐台布",根据子目条文,确定该商品应归入子目6302.4010,其8位数字之和为16。

纺织制成品(服装除外),一般归入第63章。

12. 棉30%、羊毛30%、涤纶短纤25%、腈纶短纤15%的浅黄色平纹机织物,250克/平方米

【答案】 5515.1300

【解析】 "机织物",属纺织品,按照类、章标题索引,可归入第十一类。

"棉30%、羊毛30%、涤纶短纤25%、腈纶短纤15%的机织物",混纺制品,按第十一类类注二的规定,以其中重量最大的纺织材料确定其归入何章:棉的产品归在第52章,羊毛的产品归在第51章,而涤纶短纤和腈纶短纤同属化纤短纤,合计含量为40%,因此该项商品应归入第55章(化纤短纤)。

涤纶短纤和腈纶短纤属于合成纤维,与之混纺的棉与羊毛含量相等("棉30%、羊毛30%"),因此该商品看起来既可归入品目55.14(合成纤维短纤机织物,合成纤维短纤含量在85%以下,主要或仅与棉混纺,每平方米重量大于170克),也可以归入品目55.15(主要或仅与羊毛棍纺的合成纤维短纤机织物),按第十一类类注二的规定,该商品应"从后"归入品目55.15。

涤纶短纤属于聚酯纤维,且其含量(25%)超过了腈纶短纤的含量(15%),根据子目条文,确定该商品应归入子目5515.1300,其8位数字之和为20。

题中表述"浅黄色平纹",无实际归类意义,不影响该项商品的归类。

三种以上材料混纺时,首先应将各类货品进行分类,看是否能相互合并相加。如,第54章货品可与第55章货品相加。

三种以上材料混纺时,最终应将不同货品合并至两类或三类,然后进行比较,能够比较出大小,则按照重量大的归类,如果出现重量相同,则从后归类。

如:

A + B + c + d

A + B + (c + d)

三者比较后,按照重量最大的归入相应的章。

A + (c + d)与 B + (c + d)进行比较,如果分出大小,按照大的归类;含量相等时,从后归类。

13. 天丝棉单股纱线，由天丝65%、棉35%混纺而成，其中的天丝(tencel)是一种新型纤维，是由木质浆粕为原料进行再生的纤维素纤维

【答案】 5510.3000

【解析】 “天丝棉单股纱线”，纺织原料，按照类、章标题索引，可归入第十一类。

因“天丝是以木质浆粕为原料进行再生的纤维素纤维”，故可判断它属于化学纤维中的人造纤维，由于可与棉混纺，故属于化学短纤。“天丝棉单股纱线”，混纺纱线，按第十一类类注二的规定，以其中重量最大的纺织材料确定其归入何章：棉的产品归在第52章，化学短纤的产品归在第55章，因该商品中天丝(65%)含量超过棉(35%)的含量，故应归入第55章。

人造纤维短纤纱线，符合55.10的品目条文，可确定该商品归入品目55.10。

主要或仅与棉混纺的人造纤维短纤纱线应归入子目5510.3000，其8位数字之和为14。

4.2　机械、电气类

1. 电子眼压记录仪，通过记录眼动脉压、眼静脉压的变化，对眼睛进行诊断

【答案】 9018.1990

【解析】 该记录仪属于医疗设备，故应在第90章“光学、照相、电影、计量、检验、医疗或外科用仪器及设备、精密仪器及设备”中查找。

然后按90.18的品目条文“医疗、外科、牙科或兽医用仪器及器具，包括闪烁扫描装置、其他电气医疗装置及视力检查仪器”归入品目90.18。

由于该眼压记录仪本身并不是一种治疗设备，而是一种“通过记录眼动脉压、眼静脉压的变化，对眼睛进行诊断”的电气诊断装置，所以应归入一级子目“电气诊断装置(包括功能检查或生理参数检查用装置)”。

由于未在二级子目列名，故归入二级子目“其他”。

再归入三级子目“其他”。

所以正确的商品编码是9018.1990，其8位数字之和为37。

【提示】 本题关键是能够正确判断出电子眼压记录仪属于“电气诊断装置”，而不能直接归入9018.5000“眼科用其他仪器及器具”。

2. 安放在公共场所的饮料自动售货机(装有制冷装置)

【答案】 8476.2100

【解析】 自动售货机属于机器设备，应在第84章“核反应堆、锅炉、机器、机械器具及其零件”中查找。

然后按列名归入84.76“自动售货机(例如：出售邮票、香烟、食品或饮料的机器)”。

再按列名归入一级子目“饮料自动售货机”。

由于该自动售货机装有制冷装置,故归入二级子目“装有加热或制冷装置的”。

所以正确的商品编码是8476.2100,其8位数字之和为28。

3.“菲利普”牌915型电动剃须刀

【答案】 8510.1000

【解析】 电动剃须刀属于电器,应到第85章“电机、电气设备及其零件,录音机及放声机、电视图像、声音的录制和重放设备及其零件、附件”中查找。然后按品目条文的列名归入品目85.10“电动剃须刀、电动毛发推剪及电动脱毛器”。

再按子目条文的列名归入一级子目8510.1000“剃须刀”。

所以正确的商品编码是8510.1000,其8位数字之和为15。

4.“可口可乐”饮料自动灌装机

【答案】 8422.3010

【解析】 饮料灌装机属于机器设备,应到第84章“核反应堆、锅炉、机器、机械器具及其零件”中查找。

然后按容器的装填机器归入品目84.22“瓶、罐、箱、袋或其他容器装填、封口、密封、贴标签的机器;瓶、罐、管、筒或类似容器的包封机器……”。

再按子目条文的规定归入一级子目“瓶、罐、箱、袋或其他容器装填、封口、密封、贴标签的机器;瓶、罐、管、筒或类似容器的包封机器”。

由于题目中的灌装机是用来灌装“可口可乐”饮料的,故归入三级子目“饮料及液体食品灌装设备”。

最后由于题目中的灌装机是自动设备,不是“手提式”,故不应归入四级子目8422.3019“其他”。

所以正确的商品编码是8422.3010,其8位数字之和为20。

5.表面镀铬的铜制浴缸用水龙头

【答案】 8481.8090

【解析】 龙头尽管属于贱金属(铜是贱金属)的制品,但是根据第十五类类注一的规定(“本类不包括:(六)第十六类的物品(机器、机械器具及电气设备)”),由于龙头符合品目84.81“用于管道、锅炉、罐、桶或类似品的龙头,旋塞、阀门及类似装置,包括减压阀及恒温控制阀”,故不能按贱金属制品归入第十五类“贱金属及其制品”,而应归入品目84.81。

由于龙头未在一级子目中列名,故归入一级子目“其他器具”。

然后归入三级子目8481.8090“其他”。

所以正确的商品编码是8481.8090,其8位数字之和为38。

【提示】 本题关键是熟悉第84章的商品,不能按铜制品误归入第76章。

6.家用电卷发器

【答案】 8516.3200

【解析】 家用电卷发器属于电器设备，应在第 85 章“电机、电气设备及其零件”中查找。

然后按列名归入品目 85.16“电热的理发器具（例如：电吹风机、电卷发器、电热发钳）及干手器”。

再按列名归入一级子目“电热的理发器具及干手器”。

由于电卷发器未在二级子目列名，故归入二级子目 8516.3200“其他理发器具”。

所以正确的商品编码是 8516.3200，其 8 位数字之和为 25。

7. 已制成特定形状的 B 型超声波诊断仪的外壳

【答案】 9018.1210

【解析】 超声波诊断仪属于医疗设备，应在第 90 章“光学、照相、电影、计量、检验、医疗或外科用仪器及设备、精密仪器及设备；上述物品的零件、附件”中查找。由于题目是超声波诊断仪的外壳，即诊断仪的零件，并且该零件未在第 84 章、第 85 章、第 90 章或第 91 章各品目列名（即不符合第 90 章章注二（一）的规定），根据第 90 章章注二（二）的规定，“其他零件、附件，如果专用于或主要用于某种或同一品目项下的多种机器、仪器或器具（包括品目 90.10、90.13 或 90.31 的机器、仪器或器具），应归入相应机器、仪器或器具的品目”，故已制成特定形状（即专用）的诊断仪的零件应归入相应的诊断仪的品目。由于 B 型超声波诊断仪属于品目 90.18“医疗、外科、牙科或兽医用仪器及器具，包括闪烁扫描装置、其他电气医疗装置及视力检查仪器”，故 B 型超声波诊断仪的外壳也应归入品目 90.18。

由于品目 90.18 项下并无一级子目“零件”的列名，故 B 型超声波诊断仪的外壳应按相应的诊断仪的一级子目归入“电气诊断装置（包括功能检查或生理参数检查用装置）”。

按同样方法确定二级、三级子目，故 B 型超声波诊断仪的外壳应归入 B 型超声波诊断仪的子日 9018.1210。

所以正确的商品编码是 9018.1210，其 8 位数字之和为 22。

【提示】 本题关键是运用第 90 章章注二来判断零件的归类。

8. 汽车用调频调幅立体声收放音组合机

【答案】 8527.2100

【解析】 专用于汽车的收放音组合机，虽可看成是汽车的零件，但是根据第十七类类注二的规定（“本类所称‘零件’，不适用于下列货品，不论其是否确定为供本类货品使用：（六）电机或电气设备（第 85 章）。”），收放音组合机应归入第 85 章。

由于题目中的收放音组合机符合 85.27 品目条文“无线电广播接收设备，不论是否与声音的录制、重放装置或时钟组合在同一机壳内”，故应归入品目 85.27。

又由于汽车用收放音组合机需外接电源，故应归入一级子目“需外接电源的汽车用无线电收音机，包括兼可接收无线电话、电报的设备”。

然后按列名归入二级子目 8527.2100“收录（放）音组合机”。

所以正确的商品编码是 8527.2100，其 8 位数字之和为 25。

【提示】 本题关键是收放音组合机具有收音(即无线电广播接收)和放音两种功能，而品目 85.20“磁带录音机及其他声音录制设备，不论是否装有声音重放装置”具有的则是录音或录音与放音的功能，所以不能误归入品目 85.20。

9.“帅康”牌抽油烟机(罩平面尺寸为 80 厘米 ×45 厘米)

【答案】 8414.6010

【解析】 抽油烟机属于装有风扇的通风罩，故应归入品目 84.14“装有风扇的通风罩或循环气罩，不论其是否装有过滤器”。

由于罩平面尺寸为 80 厘米 ×45 厘米，故应归入一级子目“罩的平面最大边长不超过 120 厘米的通风罩或循环气罩”。

然后按列名归入三级子目 8414.6010“抽油烟机”。

所以正确的商品编码是 8414.6010，其 8 位数字之和为 24。

【提示】 本题关键是根据抽油烟机的结构、功能判断出是属于装有风扇的通风罩，而不能当成气体的过滤、净化装置而误归入子目 8421.3929。

10. 长途客运车辆(50 座，柴油发动机)安装的防抱死制动系统(ABS)

【答案】 8708.3920

【解析】 汽车用的防抱死制动系统属于汽车零件，应归入品目 87.08“机动车辆的零件、附件，品目 87.01 ~ 87.05 所列车辆用”。

由于 ABS 属于汽车的制动装置，故应归入一级子目“制动器、助力制动器及其零件”。

又由于 ABS 未在二级子目列名，故应归入二级子目“其他”。

再次，由于题目中的 ABS 是用于长途客运车辆(50 座，柴油发动机)，而该车辆应归入子目 8702.1091，即该 ABS 是子目 8702.1091 所列车辆用，故应归入三级子目 8708.3920“子目 8702.1091 及 8702.9010 所列车辆用”。

所以正确的商品编码是 8708.3920，其 8 位数字之和为 37。

【提示】 本题关键是子目归类时不能直接按四级子目的列名误归入 8708.3991“防抱死制动系统(ABS)”。

11. 吊秤，最大称重为 1 000 千克

【答案】 8423.8290

【解析】 “吊秤”，属于衡器，按照类、章标题索引，可归入第 84 章。

吊秤，符合 84.23 的品目条文，且类、章注释未作特别说明，可确定该商品归入品目 84.23。

“吊秤，最大称重为 1 000 千克”，根据子目条文，确定该商品应归入子目 8423.8290，其 8 位数字之和为 36。

本题归类关键是同级子目间的比较，不能按吊秤的列名误归入子目 8423.8930。

4.3 食品类

1. 晒干的莲子,500克袋装

【答案】 1212.9994

【解析】 莲子属于植物,并且仅仅经过"晒干"这样的简单加工,故应在第二类"植物产品"中查找。

因为莲子并不属于蔬菜、水果、谷物等第8章至第11章的产品,故只能按品目12.12"主要供人食用的其他品目未列名的果核、果仁及植物产品"归类。

然后由于在品目12.12项下的一级子目并无莲子的列名,故归入一级子目"其他"。

再归入二级子目"其他"。

同理归入三级子目"其他"。

最后按列名归入四级子目"莲子"。

所以正确的商品编码是1212.9994,其8位数字之和为37。

【提示】 本题关键是不能将莲子按蔬菜归类。

2. 冷藏的中华绒螯蟹

【答案】 0306.2491

【解析】 "冷藏"是一种符合03.06品目条文"带壳或去壳的甲壳动物,活、鲜、冷、冻、干、盐腌或盐渍的"的简单处理加工,所以冷藏的中华绒螯蟹应归入品目03.06。

然后按"冷藏"的条件,归入一级子目"未冻的"。

再按列名归入二级子目"蟹"。

由于题目没有说明该中华绒螯蟹是种苗,故归入三级子目"其他"。

最后按列名归入四级子目"中华绒螯蟹"。

所以正确的商品编码是0306.2491,其8位数字之和为25。

【提示】 冷藏不属于"冻的",不能误归0306.1490。

3. "女儿红"牌米酒(酒精浓度15%),用2升的陶罐盛装

【答案】 2206.0000

【解析】 酒应在第22章"饮料、酒及醋"中查找。

米酒是我们日常生活中常见的一种发酵酒,故应归入品目22.06"其他发酵饮料(例如,苹果酒、梨酒、蜂蜜酒)"。

注意,这里的"饮料"一词是指含酒精饮料,根据第22章章注三的规定,即指按容量计酒精浓度超过0.5%的饮料,因此,酒精浓度超过0.5%的酒就属于含酒精饮料。而我们一般所称的饮料,当酒精浓度不超过0.5%时,归入品目22.02。

所以正确的商品编码是2206.0000,其8位数字之和为10。

【提示】 本题关键是能判断出米酒属于发酵酒。

4. 绿豆汤罐头，由绿豆煮熟并加糖制成，含固形物约 35%

【答案】 2005.5110

【解析】 绿豆经煮熟并加糖，这样的加工已超出了简单加工的范围，故不应归入第 7 章“食用蔬菜、根及块茎”，而应归入第 20 章“蔬菜、水果、坚果或植物其他部分的制品”。

由于绿豆属于蔬菜，又未冷冻，故应归入品目 20.05“其他未冷冻蔬菜，用醋或醋酸以外的其他方法制作或保藏的，但品目 20.06 的产品除外”。

由于绿豆属于菜豆(根据品目 07.13 下的一级子目“豇豆及菜豆”又细分出二级子目“绿豆”，可判断出绿豆属于菜豆)，故应归入一级子目“豇豆及菜豆”。

从生活常识可知，要制成绿豆汤罐头就必须将绿豆脱荚，故应归入二级子目“脱荚的”。

然后归入三级子目“罐头”。

所以正确的商品编码是 2005.5110，其 8 位数字之和为 14。

【提示】 本题关键是根据品目 07.13 下的绿豆的列名，判断出绿豆属于菜豆，而不是因为绿豆未在品目 20.05 下列名就简单地归入 2005.9090“其他”。

5. “龙井”绿茶，150 克塑料袋装

【答案】 0902.1090

【解析】 茶应在第 9 章“咖啡、茶、马黛茶及调味香料”中查找。

然后按列名归入品目 09.02。

再按列名归入一级子目“绿茶(未发酵)，内包装每件净重不超过 3 千克”。

由于不是“花茶”，故归入三级子目“其他”。

所以正确的商品编码是 0902.1090，其 8 位数字之和为 21。

6. 美味鸭舌，一种风味小吃，真空包装，15 克/包

【答案】 1602.3991

【解析】 根据所述条件，该鸭舌已经过一系列的加工成为即可食用的食品，故应在第 16 章“肉、鱼、甲壳动物、软体动物及其他水生无脊椎动物的制品”中查找。

由于鸭舌属于食用杂碎，故应归入品目 16.02“其他方法制作或保藏的肉、食用杂碎或动物血”。

然后，由于鸭属于家禽，故应归入一级子目“品目 01.05 的家禽的”。

由于鸭未在二级子目列名，故归入二级子目“其他”。

又由于 15 克/包的真空包装不是“罐头”，故归入三级子目“其他”。

最后按列名归入四级子目“鸭的”。

所以正确的商品编码是 1602.3991，其 8 位数字之和为 31。

7. 精制的玉米油

【答案】 1515.2900

【解析】　玉米油属于植物油，应到第15章“动、植物油、脂及其分解产品；精制的食用油脂；动植物蜡”中查找。

由于玉米油在品目15.07～15.14没有列名，故应归入品目15.15“其他固定植物油、脂及其分离品，不论是否精制，但未经化学改性”。

然后按列名归入一级子目“玉米油及其分离品”。

由于题目中的玉米油是“精制的”，故归入二级子目1515.2900“其他”。

所以正确的商品编码是1515.2900，其8位数字之和为23。

8.500克袋装的干制的小白蘑菇

【答案】　0712.3100

【解析】　根据第7章章注二的规定，蘑菇属于蔬菜。简单加工的归入第7章，深加工的归入第20章。由于题目中的蘑菇仅经过干制，属于简单加工，故应在第7章“食用蔬菜、根及块茎”中查找。

由于小白蘑菇已经过干制，属于干蔬菜，故应归入品目07.12“干蔬菜，整个、切块、切片、破碎或制成粉状，但未经进一步加工的”。

再按列名归入一级子目“蘑菇、木耳、银耳及块茵”。

由于二级子目并无小白蘑菇的列名，如果不具有专业知识，则无法确定小白蘑菇是否属于“伞菌属蘑菇”，从而无法确定二级子目是归入“伞菌属蘑菇”还是“其他”。

根据品目20.03项下的一级子目“伞菌属蘑菇”包括四级子目2003.1011“小白蘑菇”，可知小白蘑菇属于“伞菌属蘑菇”，故干制的小白蘑菇应归入二级子目0712.3100“伞菌属蘑菇”。

所以正确的商品编码是0712.3100，其8位数字之和为14。

【提示】　本题并非要求掌握小白蘑菇的专业知识，解题关键是掌握HS的结构关系，通过查第20章中小白蘑菇与伞菌属蘑菇的关系，确定本题在品目07.12项下的子目归类。

9.甜杏仁(1 000克塑料瓶装，已炒熟)

【答案】　2008.1999

【解析】　甜杏仁不是坚果而是果仁(从品目12.12也可判断出)，由于该甜杏仁已经过炒熟，即已经过深加工，故应在第20章“蔬菜、水果、坚果或植物其他部分的制品”中查找。由于炒制的果仁未在第20章品目条文中列名，故应归入品目20.08“用其他方法制作或保藏的其他品目未列名水果、坚果及植物的其他食用部分”(果仁属于“其他品目未列名的植物的其他食用部分”)。

然后归入一级子目“坚果、花生及其他子仁，不论是否混合”。

由于二级子目并无甜杏仁的列名，故应归入二级子目“其他”。

按同样方法确定三级、四级子目，故应归入四级子目2008.1999。

所以正确的商品编码是2008.1999，其8位数字之和为38。

【提示】　本题关键是不能直接按列名误归入子目1212.3012“甜杏仁”。

10. 一种可用微波炉加热的方便快餐食品，净含量250克，其中含面条150克、鸡块50克、卷心菜30克、鱿鱼丝20克，食品已预先烧制过，装于一次性泡沫塑料盒中

【答案】 1602.3299

【解析】 该快餐食品中鸡和鱿鱼的含量超过了20%（鸡块加上鱿鱼丝为70克，占28%），根据第16章章注二的规定（"本章的食品按重量计必须含有20%以上的香肠、肉、食用杂碎、动物血、鱼、甲壳动物、软体动物或其他水生无脊椎动物及其混合物。对于含有两种或两种以上前述产品的食品，则应按其中重量最大的产品归入第16章的相应品目。"）以及第19章章注一（一）和第20章章注一（二）的规定，故应归入第16章"肉、鱼、甲壳动物、软体动物及其他水生无脊椎动物的制品"。

然后根据第16章章注二的规定，由于鸡块的重量超过了鱿鱼丝的重量，故应按制作的鸡块归入品目16.02"其他方法制作或保藏的肉、食用杂碎或动物血"。

由于鸡属于家禽，故应归入一级子目"品目01.05的家禽的"。

再按列名归入二级子目"鸡的"。

由于题目中的食品是装于一次性泡沫塑料盒中的，不是罐头，故归入三级子目"其他"。

由于题目中是鸡块，未标明鸡胸肉或鸡腿肉，故归入四级子目1602.3299"其他"。

所以正确的商品编码是1602.3299，其8位数字之和为32。

【提示】 本题关键是运用第16章章注二来判断混合食品的归类。

11. 煮熟的猪肝罐头

【答案】 1602.2000

【解析】 由于猪肝已煮熟，属于已经过深加工的，故应到第16章"肉、鱼、甲壳动物、软体动物及其他水生无脊椎动物的制品"中查找。

由于猪肝属于食用杂碎，故应归入品目16.02"其他方法制作或保藏的肉、食用杂碎或动物血"。

在归一级子目时，猪肝可归入两个一级子目"动物肝"和"猪的"，根据归类总规则三（一）的规定，"列名比较具体的品目优先于列名一般的品目"，由于一级子目"动物肝"的列名比一级子目"猪的"列名更加具体，所以应归入一级子目1602.2000"动物肝"。

所以正确的商品编码是1602.2000，其8位数字之和为11。

【提示】 本题关键是子目归类时首先要确定一级子目，而不能直接按"猪的罐头"误归入1602.4910，其次是确定一级子目时要正确运用归类总规则三（一）"具体列名优先"的原则。

12. 供早餐用的加有少量糖的燕麦片，已经烘炒加工，冲泡后即可食用

【答案】 1904.1000

【解析】 由于燕麦片已经烘炒加工，属于深加工，故应到第19章"谷物、粮食

粉、淀粉或乳的制品；糕饼点心”中查找。

然后按谷物经烘炒制成的食品归入品目19.04“谷物或谷物产品经膨化或烘炒制成的食品……”。

再按子目条文的规定归入一级子目1904.1000“谷物或谷物产品经膨化或烘炒制成的食品”。

所以正确的商品编码是1904.1000，其8位数字之和为15。

【提示】 本题关键是判断已经烘炒加工的燕麦片属于深加工，而不能按简单加工的燕麦片误归入品目1104.1200。

13. 活的淡水小龙虾

【答案】 0306.2990

【解析】 “小龙虾”，属甲壳动物，按照类、章标题索引可归入第3章。

“活的淡水小龙虾”，符合03.06的品目条文，且类、章注释未作特别说明，可确定该商品归入品目03.06。

“活的”即“未冻的”。未冻的淡水小龙虾不属于品目03.06项下未冻的龙虾、大螯虾、小虾及对虾，该品目项下又无“未冻的淡水小龙虾”的列名，且由于题目中并没有说明该淡水小龙虾用做种苗，故确定该商品应归入子目0306.2990，其8位数字之和为29。

本题归类关键是同级子目间的比较，不能误归入子目0306.1919、0306.2399或0306.2190。

14. 日本手卷水果寿司，用紫菜裹以大米饭、少许水果丁和调料后切成小卷

【答案】 1904.9000

【解析】 “寿司”，以大米饭为主制成的食品，按照类、章标题索引，可归入第四类第19章。

大米饭系经蒸煮而得的谷粒制品，符合19.04的品目条文，且类、章注释未作特别说明，可确定该商品归入品目19.04。

因品目19.04项下无该项商品的具体列名，故确定该商品应归入子目1904.9000，其8位数之和为23。

寿司的卷制方法（“日本手卷”）和配料（紫菜、水果丁等），不影响该项商品的归类。

15. 韩式大麦茶，由大麦烘炒磨碎制得，每10克装于纸袋，食用时连袋一起在热水中浸泡

【答案】 1904.1000

【解析】 “大麦茶，由大麦烘炒磨碎制得”，可见“大麦茶”并非“茶”，而属于经加工的大麦制品，按照类、章标题索引，可归入第19章。

“大麦茶，由大麦烘炒磨碎制得”，符合19.04的品目条文，且类、章注释未作特别说明，可确定该商品归入品目19.04，再根据子目条文，确定该商品应归入子目

1904.1000,其8位数字之和为15。

该商品的包装方式("每10克装于纸袋")无实际归类意义,不影响该项商品的归类。

16. 长寿牌西洋参片,干的,50克/盒

【答案】 1211.2010

【解析】 "西洋参",属于药用植物,按照类、章标题索引,可归入第12章。"西洋参片",符合12.11的品目条文,且类、章注释未作特别说明,可确定该商品归入品目12.11。

西洋参片具体列名商品,归入子目1211.2010,其8位数字之和为08。

题中"长寿"牌、"干的,50克/盒",无实际归类意义,不影响该项商品的归类。

17. 液体口香糖,20克/支,成分为食用酒精、香精、巴斯甜、甘油、山梨醇等,使用时喷于口腔,起清新口气的作用

【答案】 3306.9000

【解析】 "液体口香糖",按照类、章标题索引,看似可归入第17章,但因其"成分为食用酒精、香精、巴斯甜、甘油、山梨醇等,起清新口气的作用",故不能按"糖"归类,而应根据其具体组成成分和用途,归入第33章。

"使用时喷于口腔"的"液体口香糖",属口腔卫生用制剂,符合33.06的品目条文,且类、章注释未作特别说明,可确定该商品归入品目33.06。

因品目33.06项下无口腔清洁剂的列名,故确定该商品应归入子目3306.9000,其8位数之和为21。

题中表述"20克/支",无实际归类意义,不影响该项商品的归类。

4.4 医药类

1. 用做局部麻醉的普鲁卡因针剂

【答案】 3004.9090

【解析】 普鲁卡因针剂属于已配定剂量的药品,故应归入品目30.04"由混合或非混合产品构成的治病或防病用药品,已配定剂量或制成零售包装"。

由于未配定剂量也未制成零售包装的普鲁卡因(即普鲁卡因原药)归入子目2922.4991,故可以判定普鲁卡因中不含有抗菌素、激素、生物碱、维生素等成分,故应归入品目30.04项下的一级子目"其他"。

同理,普鲁卡因中也不含有磺胺类的成分,同时普鲁卡因针剂也不是一种中式成药,故应归入三级子目"其他"。

所以正确的商品编码是3004.9090,其8位数字之和为25。

2. 云南白药药粉,含三七等中药原料,有止血、消炎等功效,5公斤(千克,下同)装

【答案】 3003.9090

【解析】 云南白药,有止血、消炎等功效,属于药品,并且含有多种成分,故应先在第30章"药品"中查找。

由于题目中的云南白药是5公斤装的粉,属于既未配定剂量又未制成零售包装,故应归入品目30.03"两种或两种以上成分混合而成的治病或防病用药品(不包括品目30.02、30.05或30.06的货品),未配定剂量或制成零售包装"。

由于云南白药所含成分未在有关一级子目列名,故应归入一级子目"其他"。

由于云南白药的成分中不含磺胺和青蒿素,故归入三级子目3003.9090"其他"。

所以正确的商品编码是3003.9090,其8位数字之和为24。

【提示】 本题关键是不能直接按列名误归入子目3004.9053"白药"。

3. 氯霉素眼药水,10毫升/支

【答案】 3004.2090

【解析】 眼药水属于药品,并且已经制成了零售包装(10毫升/支),所以应在第30章"药品"中查找。

根据30.04品目条文的规定,已制成零售包装的药品应归入品目30.04"由混合或非混合产品构成的治病或防病用药品,已配定剂量或制成零售包装"。

由于氯霉素属于常用的抗菌素,故应归入一级子目"含有其他抗菌素"。

又由于氯霉素未在三级子目列名,故应归入三级子目3004.2090"其他"。

所以正确的商品编码是3004.2090,其8位数字之和为18。

【提示】 本题关键是判断出氯霉素属于抗菌素。

4. 达菲,一种抗H5 N1型禽流感病毒的口服药物(0.25克/粒),化学名称磷酸奥司他韦

【答案】 3004.9090

【解析】 "达菲",一种抗H5 N1型禽流感病毒的口服药物,按照类、章标题索引,可归入第30章。

"'达菲',0.25克/粒",已配定剂量或制成零售包装的药物,符合30.04的品目条文,且类章注释未作特别说明,可确定该商品归入品目30.04。

"达菲,化学名称磷酸奥司他韦",未标明其含有抗菌素、激素、生物碱、维生素等成分的表示,并且显然也不是一种中式成药,故确定该商品应归入子目3004.9090,其8位数之和为25。

4.5 塑料、化工类

1. "美丽"牌柠檬香型亮光液,600毫升压力罐装,使用时喷于家具表面

【答案】 3405.2000

【解析】 亮光液属于化学产品,故应在第六类"化学工业及其相关工业的产品"中查找。

由于喷于家具表面的亮光液符合 34.05 品目条文（“鞋靴、家具、地板、车身、玻璃或金属用的光洁剂、擦洗膏、去污粉及类似制品（包括用这类制剂浸渍、涂面或包覆的纸、絮胎、毡呢、无纺织物、泡沫塑料或海绵橡胶），但不包括品目 34.04 的蜡。”）的规定，故应归入品目 34.05。

然后按列名归入一级子目 3405.2000。

所以正确的商品编码是 3405.2000，其 8 位数字之和为 14。

2. 线型低密度聚乙烯粒子

【答案】 3901.9020

【解析】 聚乙烯属于塑料，故应在第 39 章“塑料及其制品”中查找。

由于是“粒子”状态，根据第 39 章章注六的规定，属于“初级形状”，故应归入品目 39.01“初级形状的乙烯聚合物”。

由于不符合已列名的一级子目，故归入一级子目“其他”。

然后按列名归入三级子目“线型低密度聚乙烯”。

所以正确的商品编码是 3901.9020，其 8 位数字之和为 24。

3. 洗手液，400 毫升塑料瓶装，含有机表面活性剂、杀菌剂、香精等成分

【答案】 3401.3000

【解析】 根据品目 34.01（“洁肤用的有机表面活性产品及制剂，液状或膏状并制成零售包装的，不论是否含有肥皂。”）的规定，由于该洗手液用于洗手，含有机表面活性剂，制成了液体形状并且是零售包装，符合 34.01 品目条文的规定，故应归入品目 34.01。

然后按子目条文的规定归入一级子目 3401.3000“洁肤用的有机表面活性产品及制剂，液状或膏状并制成零售包装的，不论是否含有肥皂”。

所以正确的商品编码是 3401.3000，其 8 位数字之和为 11。

【提示】 本题关键是对品目 34.01 的理解。

4. 乙烯—乙酸乙烯酯—氯乙烯接枝共聚物，其中乙烯单体单元为 36%、乙酸乙烯酯单体单元为 24%、氯乙烯单体单元为 40%，外观为白色粉末，未加增塑剂

【答案】 3904.4000

【解析】 该共聚物属于塑料，应在第 39 章“塑料及其制品”中查找。

由于该共聚物为粉末形状，符合第 39 章章注六“初级形状”的规定，故应在第一分章中查找。

根据第 39 章章注四的规定（“共聚物（包括共缩聚物、共加聚物、嵌段共聚物及接枝共聚物），应按聚合物中重量最大的那种共聚单体单元所构成的聚合物归入相应品目。在本注释中，归入同一品目的聚合物的共聚单体单元应作为一种单体单元对待。”），故应按乙烯—乙酸乙烯酯—氯乙烯接枝共聚物中重量含量最大的单体单元归类。由于氯乙烯单体单元的含量最大（40%），故应归入品目 39.04“初级形状的氯乙烯或其他卤化烯烃聚合物”。

根据子目注释一("在同级子目中有一个'其他'子目")中(二)和(四)的规定,子目 3901.30、3903.20、3903.30 及 3904.30 所列的共聚物,如果该种共聚单体单元含量在整个聚合物中按重量计占 95% 及其以上,即应归入上述子目。

不符合上述(一)、(二)、(三)款规定的聚合物,应按聚合物中重量最大的那种单体单元(与其他各种单一的共聚单体单元相比)所构成的聚合物归入该级其他相应子目。

由于题目中的乙烯—乙酸乙烯酯—氯乙烯接枝共聚物,其中氯乙烯与乙酸乙烯酯单体单元含量在整个聚合物中按重量计只有 64%,未达到 95% 及其以上,故不能归入一级子目 3904.3000"氯乙烯—乙酸乙烯酯共聚物",而只能归入一级子目 3904.4000"其他氯乙烯聚合物"。

所以正确的商品编码是 3904.4000,其 8 位数字之和为 20。

【提示】 本题关键是运用第 39 章章注四和子目注释一(一),不能直接按列名误归入 3901.3000"乙烯—乙酸乙烯酯共聚物"或 3904.3000"氯乙烯—乙酸乙烯酯共聚物"。

5. 液化煤气

【答案】 2705.0000

【解析】 煤气属于矿物燃料——煤的加工产品,应到第 27 章"矿物燃料、矿物油及其蒸馏产品;沥青物质;矿物蜡"中查找。

由于液化煤气仅是将煤气加压液化而成,仍属于煤气,故应按煤气的列名归入品目 27.05。

又由于品目 27.05 项下不再分设子目,故归入子目 2705.0000。

所以正确的商品编码是 2705.0000,其 8 位数字之和为 14。

【提示】 本题关键是不要把液化煤气误按液化天然气归入 2711.1100 或误按液化的其他石油气及烃类气归入 2711.1990。

6. 有机玻璃板(有机玻璃的化学名称为聚甲基丙烯酸甲酯)

【答案】 3920.5100

【解析】 有机玻璃属于塑料(从题目给出的化学名称聚甲基丙烯酸甲酯也能得到提示),故应到第 39 章"塑料及其制品"中查找。

由于板属于已加工的半制品,故应在第二分章"废碎料及下脚料;半制品;制成品"中查找。

然后,由于题目中的有机玻璃仅仅是普通的板状,应视为是非泡沫塑料的板,并且未用其他材料强化、层压、支撑或用类似方法合制,故应归入品目 39.20"其他非泡沫塑料的板、片、膜、箔及扁条,未用其他材料强化、层压、支撑或用类似方法合制"。

再归入一级子目"丙烯酸聚合物制"。

最后按列名归入二级子目 3920.5100"聚甲基丙烯酸甲酯制"。

所以正确的商品编码是 3920.5100,其 8 位数字之和为 20。

【提示】 本题关键是首先按题目给出的化学名称判断出有机玻璃属于塑料，其次是注意加工形状，而不能直接按列名误归入品目3906.1000。

7. 硫酸铵化肥，以每袋5公斤包装

【答案】 3105.1000

【解析】 硫酸铵是一种无机化合物，但由于硫酸铵中含有氮元素，可以用做氮肥，所以应考虑到第28章"无机化学品"和第31章"肥料"中查找。

根据第28章章注三的规定（"本章不包括：(三)第31章注释二、三、四或五所述的产品。"）以及第31章章注二(一)的规定（"符合下列任何一条规定的货品：4.硫酸铵，不论是否纯净。"），所以硫酸铵不能归入第28章而应作为肥料归入第31章。

根据第31章章注二的规定（"品目31.02只适用于下列货品，但未制成品目31.05所述形状或包装。"），由于硫酸铵已制成每袋5公斤（千克，下同）包装，属于品目31.05所述的包装，所以尽管硫酸铵属于氮肥，也不能归入品目31.02"矿物氮肥及化学氮肥"，而应归入品目31.05"制成片及类似形状或每包毛重不超过10公斤的本章各项货品"。

然后按子目条文的规定归入一级子目3105.1000"制成片及类似形状或每包毛重不超过10千克的本章各项货品"。

所以正确的商品编码是3105.1000，其8位数字之和为10。

【提示】 本题关键是注意该硫酸铵是以每袋5公斤包装的，所以不能直接按硫酸铵的列名误归入子目3102.2100。

8. 用机器将回收的废"可乐"饮料瓶粉碎成的细小碎片（该饮料瓶是由化学名称为聚对苯二甲酸乙二酯的热塑性塑料制成的）

【答案】 3907.6090

【解析】 废"可乐"饮料瓶的碎片属于废塑料，应到第39章"塑料及其制品"中查找。

废塑料尽管在品目39.15列名，但是根据第39章章注七的规定（"品目39.15不适用于已制成初级形状的单一的热塑材料废碎料及下脚料（品目39.01～39.14）。"），由于该商品已制成细小碎片（属于初级形状），也只是化学名称为聚对苯二甲酸乙二酯的一种塑料材料（属于单一的），并且该塑料属于热塑材料（题目已告知），所以完全符合第39章章注七的规定，故应归入品目39.01～39.14。

聚对苯二甲酸乙二酯属于聚酯，故应归入品目39.07"初级形状的聚碳酸酯、醇酸树脂、聚烯丙基酯及其他聚酯"。

然后按列名归入一级子目"聚对苯二甲酸乙二酯"。

由于该废塑料是细小碎片形状，未在三级子目列名，故应归入三级子目3907.6090"其他"。

所以正确的商品编码是3907.6090，其8位数字之和为34。

【提示】 本题关键是不能直接按塑料废料归入品目 39.15“塑料的废碎料及下脚料”,而应依据第 39 章章注七归类。

9. 酸性红 B,一种有机合成染料,红色,主要用于化学纤维的染色,25 公斤包装

【答案】 3204.1200

【解析】 “酸性红 B”,染料,按照类、章标题索引,可归入第 32 章。

“有机合成染料”,符合 32.04 的品目条文,且类、章注释未作特别说明,可确定该商品归入品目 32.04;酸性红 B 为酸性染料,根据子目条文,确定该商品应归入子目 3204.1200,其 8 位数字之和为 12。

题中“红色,主要用于化学纤维的染色,25 公斤包装”的表述,无实际归类意义,不影响该项商品的归类。

10. MS 非泡沫板,MS 即甲基丙烯酸甲酯(单体单元占 30%)—苯乙烯(单体单元占 70%)共聚物

【答案】 3920.3000

【解析】 “MS 非泡沫板,MS 即甲基丙烯酸甲酯(单体单元占 30%)—苯乙烯(单体单元占 70%)共聚物”,有机共聚物属于塑料,按照类、章标题索引,可归入第 39 章。

“MS 非泡沫板”,板状半制品,符合 39.20 的品目条文,确定该商品应归入品目 39.20“MS 非泡沫板”中,甲基丙烯酸甲酯单体单元占 30%,苯乙烯单体单元占 70%,根据第 39 章子目注释一(一)4 的规定,该商品应按苯乙烯聚合物归入子目 3920.3000,其 8 位数字之和为 17。

4.6 纸张类

1. 早孕自测卡,纸质,涂有检测试剂,通过与尿液接触后的颜色变化来初步判断是否怀孕

【答案】 3822.0010

【解析】 在纸上涂有试剂,有可能导致归入第 48 章“纸及纸板;纸浆、纸或纸板制品”,但是根据第 48 章章注二(六)的规定(“本章不包括:用诊断或实验用试剂浸渍的纸(品目 38.22)。”),故早孕自测卡应归入品目 38.22。

然后由于检测试剂是涂在纸上的,即检测试剂是附于“纸”这种衬背上的,故应归入三级子目“附于衬背上的”。

所以正确的商品编码是 3822.0010,其 8 位数字之和为 16。

【提示】 本题关键:一是不能归入第 48 章;二是品目 38.22 项下子目的判断。

2.“天天”牌盒装面巾纸,250 张/盒,规格 19 厘米 ×20 厘米

【答案】 4818.2000

【解析】 纸一般应在第48章“纸及纸板;纸浆、纸或纸板制品”中查找。

在第48章中,面巾纸出现在48.03和48.18两个品目,根据本章章注八的规定(“品目48.01及48.03~48.09仅适用于下列规格的纸、纸板、纤维素絮纸及纤维素纤维网纸:(1)成条或成卷,宽度超过36厘米;(2)成张矩形(包括正方形),一边超过36厘米,另一边超过15厘米(以未折叠计)。”),题目中的面巾纸的规格显然不符合该章注的规定,故应归入品目48.18。

然后按列名归入一级子目“纸手帕及纸面巾”。

所以正确的商品编码是4818.2000,其8位数字之和为23。

【提示】 本题关键是不能疏忽面巾纸的规格。

3. 经研光处理的书写纸,A4规格(21厘米×29.7厘米),80克/平方米,用化学木浆制得

【答案】 4802.5600

【解析】 纸应在第48章“纸及纸板;纸浆、纸或纸板制品”中查找。

根据第48章章注三的规定(“除注释七另有规定的以外,品目48.01~48.05包括经研光、高度研光、釉光或类似处理、仿水印、表面施胶的纸及纸板;同时还包括用各种方法本体着色或染成斑纹的纸、纸板、纤维素絮纸及纤维素纤维网纸。”),故经研光处理的书写纸应归入品目48.02。

由于题目中的书写纸是用化学木浆制得的,故应归入一级子目“其他纸及纸板,不含用机械或化学机械方法制得的纤维或所含前述纤维不超过全部纤维重量的10%”。

然后根据该纸的指标(每平方米重量和规格两项指标)归入二级子目4802.5600“每平方米重量在40克及其以上,但不超过150克,成张并以未折叠计,一边不超过435毫米,另一边不超过297毫米的”。

所以正确的商品编码是4802.5600,其8位数字之和为25。

【提示】 本题关键是运用第48章章注三判断出经研光处理的纸不属于特殊加工的纸。

4.7 金属类

1. 宽1米、厚2毫米的非合金钢热轧卷板,表面涂有防锈漆

【答案】 7210.7000

【解析】 钢板属于材料,应到第72章“钢铁”中查找。

根据第72章章注一(十)1的规定,平板轧材包括层叠的卷材。结合其他条件(非合金钢制、宽度在600毫米及其以上,并且表面经涂层处理的),按品目条文归入品目72.10“宽度在600毫米及其以上的铁或非合金钢平板轧材,经包覆、镀层或涂层”。

然后由于题目中的钢板是涂有防锈漆的，故归入一级子目 7210.7000“涂漆或涂塑的”。

所以正确的商品编码是 7210.7000，其 8 位数字之和为 17。

2. 表面镀铬的铜制浴缸用水龙头

【答案】 8481.8090

【解析】 龙头尽管属于贱金属（铜是贱金属）的制品，但是根据第十五类类注一的规定（“本类不包括：（六）第十六类的物品（机器、机械器具及电气设备）。”），由于龙头符合品目 84.81“用于管道、锅炉、罐、桶或类似品的龙头，旋塞、阀门及类似装置，包括减压阀及恒温控制阀”，故不能按贱金属制品归入第十五类“贱金属及其制品”，而应归入品目 84.81。

由于龙头未在一级子目中列名，故归入一级子目“其他器具”。

然后归入三级子目 8481.8090“其他”。

所以正确的商品编码是 8481.8090，其 8 位数字之和为 38。

【提示】 本题关键是熟悉第 84 章的商品，不能按铜制品误归入第 76 章。

3. 表壳镀金的自动上弦的机械手表

【答案】 9102.2100

【解析】 手表应到第 91 章“钟表及其零件”中查找。由于题目中的手表表壳是镀金的，根据第 91 章章注二规定（“品目 91.01 仅包括表壳完全以贵金属或包贵金属制的表。”），故表壳镀贵金属（镀金）的手表不能归入品目 91.01，而应归入品目 91.02。

由于该手表是机械手表，不属于电力驱动，故归入一级了目“其他手表”。

然后按列名归入二级子目 9102.2100“自动上弦的”。

所以正确的商品编码是 9102.2100，其 8 位数字之和为 15。

【提示】 本题关键是区别包贵金属与镀贵金属。

4. 一种工业用的钯基绕组线材，直系 0.15 毫米，按重量计含银 36%、铜 4%，其余为钯

【答案】 7110.2990

【解析】 这是一种含不同金属元素的合金，其中，银、钯属于贵金属，铜属于贱金属，故应到第十四类“贵金属、包贵金属及其制品”和第十五类“贱金属及其制品”中查找。

根据第 71 章章注五的规定，“含有贵金属的合金，只要其中任何一种贵金属的含量达到合金重量的 2%，即应视为本章的贵金属合金”。由于该合金中的贵金属已超过了 2%，故应归入第 71 章。

根据第 71 章章注四（二）的规定（“所称‘铂’，是指铂、铱、锇、钯、铑及钌。”）及章注五的规定（“贵金属合金应按下列规则归类：（一）按重量计含铂量在 2% 及其以

上的合金,应视为铂合金。"),由于该合金中钯的含量为60%(100% -36% -4% = 60%),已超过了2%,故应作为铂合金归类。

再根据章注六的规定("除条文另有规定的以外,本《协调制度》所称贵金属应包括上述注释五所规定的贵金属合金。"),故该铂合金应按铂归类。

由于题目中的合金已加工成线材,属于半制成,故应归入品目71.10"铂,未锻造、半制成或粉末状"。

然后按列名归入一级子目"钯"。

由于半制成未在二级子目列名,故应归入二级子目"其他"。

由于线材未在三级子目列名,故应归入三级子目7110.2990"其他"。

所以正确的商品编码是7110.2990,其8位数字之和为29。

【提示】 本题关键是第71章章注五的运用。

5. 外科手术刀,不锈钢制

【答案】 9018.9090

【解析】 "刀,不锈钢制",贱金属制品,按照类、章标题索引,看似可归入第十五类,但"外科手术刀"属于医疗用器具,根据第十五类类注一(八)的规定,应归入第十八类第90章。

不锈钢制外科手术刀,符合90.18的品目条文,且类、章注释未作特别说明,可确定该商品归入品目90.18。

因品目90.18项下无该项商品的列名,故确定该商品应归入子目9018.9090,其8位数字之和为36。

6. 螺纹钢,由非合金钢经热轧扭曲成表面起螺纹的实心直条状,直径2厘米,长4米

【答案】 7214.2000

【解析】 "螺纹钢",属于钢铁半制品,按照类、章标题索引,可归入第72章。

螺纹钢是经热轧后扭曲的非合金钢实心条。根据第72章章注一(十二)规定,符合72.14的品目条文,可确定该商品归入品目72.14。

根据子目条文,确定该商品应归入子目7214.2000,其8位数字之和为16。

题中表述"直径2厘米,长4米",无实际归类意义,不影响该项商品的归类。

4.8 其他类

1. 装有高压水泵并配有水炮、云梯等装置的救火车

【答案】 8705.3010

【解析】 救火车属于车辆,应在第87章"车辆及其零件、附件"中查找。

由于该救火车装有高压水泵并配有水炮、云梯等装置,属于不是以载人、载物为

主要目的的特种车辆,所以应归入品目 87.05"特殊用途的车辆,但主要用于载人或运货的车辆除外"。

然后按列名归入一级子目"救火车"。

再按列名归入三级子目"装有云梯的救火车"。

所以正确的商品编码是 8705.3010,其 8 位数字之和为 24。

2."鳄鱼"牌牛皮公文包

【答案】 4202.1190

【解析】 公文包符合 42.02 品目条文"衣箱、提箱、小手袋、公文箱、公文包、书包、眼镜盒、望远镜盒、照相机套、乐器盒、枪套及类似容器"的规定,故应归入品目 42.02。

然后归入一级子目"衣箱、提箱、小手袋、公文箱、公文包、书包及类似容器"。

牛皮属于皮革,故归入二级子目"以皮革、再生皮革或漆皮作面"。

最后归入三级子目"其他"。

所以正确的商品编码是 4202.1190,其 8 位数字之和为 19。

3.一种戴在手腕处的装饰品,用樟木制成圆珠状,再用线串成

【答案】 7117.9000

【解析】 根据第 71 章章注十一的规定,这种戴在手腕处的装饰品满足:①个人用小饰物;②不含天然或养殖珍珠、宝石或半宝石及贵金属或包贵金属。故属于"仿首饰",应归入品目 71.17。

由于是用樟木制成,故应归入一级子目"其他"。

所以正确的商品编码是 7117.9000,其 8 位数字之和为 25。

【提示】 本题关键是能够根据条件判断出属于"仿首饰"。

4.海绵橡胶制粉拍,用于化妆时施敷香粉

【答案】 9616.2000

【解析】 由于粉拍未在 HS 前面的有关章中出现,所以只能考虑第 96 章"杂项制品";另一方面,如果考虑按材料(即橡胶)制品归入第 40 章,那么,也要根据第 40 章章注二(五)的规定("本章不包括:第 90 章、第 92 章、第 94 章或第 96 章的物品。"),将粉拍从第 40 章中排除掉。

然后按列名归入 96.16"粉扑及粉拍,施敷脂粉或化妆品用"。

再按列名归入一级子目 9616.2000。

所以正确的商品编码是 9616.2000,其 8 位数字之和为 24。

【提示】 用于化妆的粉拍容易误归入第 33 章"芳香料制品及化妆盥洗品",其实粉拍本身并不是化妆盥洗品,而是化妆时的用品。

5.一次成像平片,未曝光

【答案】 3701.2000

【解析】 一次成像片属于照相用品，应到第37章“照相及电影用品”中查找。

未曝光的一次成像片有两个品目：37.01和37.02。其中，品目37.01是平片，品目37.02是卷片。由于题目中的一次成像片是平片，故应归入品目37.01“未曝光的一次成像感光平片，不论是否分装”。

然后按列名归入一级子目3701.2000“一次成像感光平片”。

所以正确的商品编码是3701.2000，其8位数字之和为13。

6. 上过釉的瓷砖，用于厨房、卫生间的墙面装饰，规格：15厘米×15厘米

【答案】 6908.9000

【解析】 瓷砖属于陶瓷产品，应到第69章“陶瓷产品”中查找。

由于题目中的瓷砖是上过釉的，故应按品目条文归入品目69.08“上釉的陶瓷贴面砖、铺面砖，包括炉面砖及墙面砖；上釉的陶瓷镶嵌砖（马赛克）及类似品，不论是否有衬背”。

然后根据题目中的瓷砖的规格（15厘米×15厘米）归入一级子目6908.9000“其他”。

所以正确的商品编码是6908.9000，其8位数字之和为32。

7. 一种大芯板，厚12毫米，由两面是针叶木包饰面，中间层为碎木料的芯板（厚8毫米）胶合而成

【答案】 4412.9300

【解析】 “大芯板”，属木材，按照类、章标题索引，可归入第44章。

大芯板是由两层饰面和一层芯板多层胶合而成的，符合44.12的品目条文，且类、章注释未作特别说明，可确定该商品归入品目44.12。

由于大芯板中间层为8毫米厚的碎木料板，故应归入子目4412.9992，其8位数字之和为40。

题中的“厚12毫米”、“针叶木”，无实际归类意义，不影响该项商品的归类。

注：本题是2006年题目，按2006版《编码》，该商品应归入4412.9300，其8位数字之和为23。

8. 卧室用家具，红木制

【答案】 9403.5010

【解析】 “家具”，按照类、章标题索引，可归入第94章。

“卧室用家具”，符合94.03的品目条文，且类、章注释未作特别说明，可确定该商品归入品目94.03。

“卧室用家具，红木制”，按列名归入子目9403.5010，其8位数字之和为22。

9. “丰田”轿车用电动天窗

【答案】 8708.2941

【解析】 “车用电动天窗”，属于汽车零件，按照类、章标题索引，可归入第87章

"轿车属于品目 87.03 的车辆,'轿车用电动天窗',符合 87.08 的品目条文(品目 87.01 ~87.05 所列车辆用零件),且类、章注释未作特别说明,可确定该商品归入品目 87.08"。

"轿车用电动天窗",按列名归入子目 8708.2941,其 8 位数字之和为 39。

5

商品归类规律

5.1 查询编码的步骤

第一步:

根据题目提示,找到相应的章。

同一品目:顺序号相同。不同品目:顺序号不同。

第二步:

找到相应的顺序号。

第三步:

标出全部一级子目。

第四步:

标出相应二级子目。

第五步:

标出三级子目。

第六步:

标出四级子目。

第七步:

列出 8 位编码。

第八步:

将 8 位数字相加。

对于初学者来说,要严格按照上述步骤进行,虽然有些麻烦,但是良好的归类规范,对于归类的准确性至关重要。

5.2 商品归类心得

编码查找归类50条

1. 题目提示中的任何一个条件都不能放弃,如果没有使用其中的条件,那么该题货品查找结果很可能出现错误。(例如:颜色、包装等有时未必使用)

[例题] 含棉40%、涤纶短纤40%、桑蚕丝20%的灯芯绒(已割绒),已染色,每平方米250克 5801.3200

2. 要注意冷藏和冷冻的区别。

[例题1] 冷藏的中华绒螯蟹 0306.2491

[例题2] 冷藏的整只火鸡 0207.2400

[例题3] 冷冻的整只火鸡 0207.2500

3. 有些货品看似可以归入某一具体列名,一定要仔细核对申报要素。如果不归入此列名,一般在后面的"其他"中查找。

[例题] 活的淡水小龙虾

[方法] 小龙虾不是指体貌较小的龙虾。一般来说,一种体貌较小的动物——表述为"小的××××",如"小的龙虾"。本题应归为0306.2990。

4. 供人食用的杂碎是指:动物的头、脚、尾、心、舌。

[例题] 鲜的供人食用的鸡心 0207.1329

5. 简单加工到复杂加工的工艺包括均化、罐头、脱脂、烘焙、膨化、做馅(无论是否煮熟、包馅)。

简单加工产品和复杂加工产品的对照如下表所示。

简单加工产品	第2~3章 肉、杂碎、鱼	第4章 乳、蛋	第7~8章 蔬	第9章 茶	第11章 粉
复杂加工产品	第16章 荤的均化、肠、罐头	第19章 素的面食	第20章 带有汁液保存方式的食品	第21章 杂(调料等)	第19章 素的面食

[例题1] 供观赏用的活吞拿鱼 0301.1000

[例题2] 矿泉水浸泡的白肉吞拿鱼罐头 1604.2019

6. 面食,并非是日常理解的小麦磨成的粉(即白面)制成的食品才叫面食。第11章的粉制成的食品也被称为面食。

[例题] 绿豆粉制的干粉丝 1902.3020

7. 对于一些混合有多种蔬菜和肉的食品,如果其中含有两种或两种以上下列产品,即香肠、肉、食用杂碎、动物血、鱼、甲壳动物、软体动物或其他水生无脊椎动物及其混合物，而且含量在20%以上的，则应按其中重量最大的产品归入第16章的相应品目。但是，原属于19.02、21.04的包馅食品，不属于此列。

[例题1] 猪肉占15%、牛肉占20%、马铃薯占65%的罐头食品

[方法] 肉含量超过20%，按照肉归入第16章。所以正确的商品编码是1602.5010

[例题2] 猪肉占30%、白菜占20%、面粉占50%的水饺

[方法] 即使肉含量超过了20%，还应按照原来的章归类，而不是归入第16章。所以正确的商品编码是1902.2000。

8. 规则三优先权的次序为：①具体列名；②基本特征；③从后归类。

[例题] 猪肝罐头。

[方法] 在归一级子目时，猪肝可归入两个一级子目"动物肝"和"猪的"，根据归类总规则三(一)的规定，"列名比较具体的品目，优先于列名一般的品目"，由于一级子目"动物肝"的列名比一级子目"猪的"列名更加具体，所以应归入一级子目1602.2000"动物肝"。所以正确的商品编码是1602.2000。

9. 均化食品是指经精细均化制成供婴幼儿食用或营养用的零售包装食品(每件净重不超过250克)即儿童食品和营养用的零售包装食品。但是，必须是包装重量在250克以内。若超过250克的，就要按一般食品归类。如：1米以下儿童乘车免费，但是1.5米的儿童，即使只有两岁也要买票。

与"均化食品"相关的章有3章，分别是第16章、第20章及第21章。

其共同点如下。

①供婴幼儿食用或营养用；

②零售包装，每件净重不超过250克。

不同点如下。

①第16章：按重量计必须含有20%以上的香肠、肉、食用杂碎、动物血、鱼、甲壳动物、软体动物或其他水生无脊椎动物及其混合物。

②第20章：由蔬菜和果实制成，可以含有少量可见的果、蔬粒。

③第21章：由两种或两种以上(是指不同类的货品)的基本配料，如肉、鱼、蔬菜或果实等均化而成，可以含有少量可见的小块配料。

均化食品分为四种：
- 肉 16.02
- 菜 20.05
- 果酱 20.07
- 混合 21.04

[例题] 猪肉占60%、青菜占30%的加上调料制成的专供婴幼儿食用的均化食品(净重150克包装)

[方法] 纯第一类(即动物)做的均化食品，在第16章；纯蔬菜(第二类)做的均化食品，在第20章；两种原料(不同的类)混合的均化食品，在第21章，不再考虑肉

含量是否超过20%。所以正确的商品编码是2104.2000。

10.酒的归类。

22.03~22.06,为发酵酒;

22.07~22.08,为蒸馏酒。

[例题] "女儿红"牌米酒(酒精浓度15%),用2升的陶罐盛装 2206.0000

11.能够做主燃料的物质,在第27章。

[例题] 液化煤气 2705.0000

12.由混合或非混合产品构成的治病或防病用药品,已配定剂量或制成零售包装的货品,在30.04。这些药品通常是指已经制成了针剂或制成了药片,而且数量单位很小。药店里可以买到,而且马上可以使用,归入30.04。两种或两种以上成分混合而成的治病或防病用药品(不包括品目30.02、30.05或30.06的货品),未配定剂量或制成零售包装,应归入30.03。

- 已配定剂量或已制成零售包装 30.04
- 未配定剂量也未制成零售包装
  - 一种成分:第28章或第29章
  - 多种成分:30.03

[例题] 云南白药药粉,含三七等中药原料,有止血、消炎等功效,5公斤装 3003.9090

13.药品在第30章。如果是零售包装的成品药,只知道药品中的主要成分而不清楚其中是否含有某类成分(青霉素、抗菌素、激素、生物碱、维生素等)时,可以参考第28章或第29章相关品目查找原料,然后再按照原料的成分回到第30章查找。

[例题1] 氢化可的松制剂

[方法] 氢化可的松制剂的主要成分为氢化可的松,但从第30章中找不出氢化可的松的具体列明,可以参考29.34~29.41中是否有氢化可的松的具体列明,确定有氢化可的松在2937.2100,找到他的上级子目2937.2"甾族激素及其衍生物和机构类似物",再确定他的税品目号为29.37"天然或合成再制的激素",然后返回第30章,先确定品目为30.04,然后确定一级子目3004.3含有激素或品目29.37的其他产品但不含抗菌素,再确定二级子目3004.32含有皮质甾类激素及其衍生物和机构类似物。3004.3200即为氢化可的松制剂商品编码。

[例题2] 达菲,一种抗H5N1型禽流感病毒的口服药物(0.25克/粒),化学名称为磷酸奥司他韦 3004.9090

[例题3] 用做局部麻醉的普鲁卡因针剂 3004.9090

14.一般情况下,如果一种化工品是单独的化学元素及单独的已有化学定义的化合物(包括无机化合物和有机化合物),则应归入第28章或29章;如果不符合这一点,而是由几种不同化学成分混合配制而成的,则主要按其用途归类,应归入第30章至38章,如果按其用途找不到相符的品目条文时,则按照未列名化工产品归入子目3824.9090。

[例题] 粗制碳化硅，其中碳化硅含量按重量计大于15% 3824.9090

15. 除供静脉摄入用的滋养品可作为药品归入第30章以外，营养品、糖尿病食品、强化食品、保健食品、滋补饮料及矿泉水，即使具有某些有利于身体健康、抵御疾病的作用，也不能作为药品归入第30章，只能作为食品、饮料而归入第四类。

[例题] 某品牌的运动饮料具有补充运动中流失的维生素和矿物质以及增强体质的作用，应按一般饮料归入2202.9000。

16. 品目33.03～33.07的化妆盥洗品，即使具有治疗及预防疾病的某些作用，也不能作为药品归入第30章，仍应按化妆盥洗品归入第33章。

[例题] 某品牌的洗发水具有去屑止痒的功效，应按护发品归入3305.1000。

17. 化妆品一般按其用途归入品目33.03～33.07。

[例题1] 染发剂 3305.9000

[例题2] 剃须膏 3307.1000

18. "聚"（共聚物、聚合物），一般在第39章"塑料"中查找。39.01～39.14为初级形状：糊、片、粉、粒……

带有"酉"字旁的，一般在第29章"有机化学品"中查找。

[例题1] 用机器将回收的废"可乐"饮料瓶粉碎成的细小碎片（该饮料瓶是由化学名称为聚对苯二甲酸乙二酯的热塑性塑料制成的）

[方法] 聚××一般在第39章，经查找为3907.6090。

[例题2] 线型低密度聚乙烯粒子 3901.9020

19. 当给出某种货物的制作原料，但不能确定是否按照原料归类时，可首先查找原料所在章，此时，必须注意看此章的章注，这样就能找到前四位品目号。

[例题] 早孕自测卡，纸质，涂有检测试剂，通过与尿液接触后的颜色变化来初步判断是否怀孕

[方法] 早孕自测卡的原材料为纸，可以首先在第48章"纸及纸板"中查找，看注释二（本章不包括，其中（六）用诊断或实验用试剂浸渍的纸（品目38.22）），便能快速确定其品日号。

20. 纸制品是按照宽度分类，宽度越窄越靠后。

[例题1] 宽度为120厘米成卷的卫生纸 4803.0000

[例题2] "天天"牌盒装面巾纸，250张/盒，规格19厘米×20厘米 4818.2000

21. 纺织品分为两部分：第一部分为第50章至第55章，是按纤维类别划分的，每章内又按纺织品的加工程度由低到高排列，基本按"纺织纤维—纱线—机织物"的顺序列目，纺织品的顺序按照丝、毛、棉、麻的顺序；第二部分为第56章至第63章，包括以特殊的方式或工艺制成的或有特殊用途的半成品及制成品，并且除品目58.09和59.02外，品目所列产品一般不分纺织原料的性质。

[例题1] 未加捻的生桑蚕厂丝 5002.0011

[例题2] 未梳的棉花 5201.0000

[例题3] 亚麻短纤 5301.3000

22. 对于普通的机织物,应按原料来确定有关章。当纺织纤维进行混纺后,其归类方法如下。

将属于同一章的不同纺织材料的重量相加后进行比较,归入重量大的那一章,如果重量相等则“从后归类”。但由于就纺织纤维的性质而言,第54和第55章同属化学纤维,所以当这两章在与其他章比较时,这两章纺织材料的重量应加在一起。

[例题] 由漂白的棉线和浅黄色的人造棉线织成的平纹机织物,300克/平方米,其中按重量计,棉和人造棉含量各为50% 5516.4300

23. 全棉的意思为含棉量为100%。

[例题] 全棉的漂白平纹机织物,250克/平方米 5209.2100

24. 纱线、织物、服装及纺织制品的归类:三种归入不同章的货品比较时(如棉、涤纶、丝),先比较三个的含量,按照含量大的归类;如果其中两个含量大于另一个且这两个含量相等,则“从后归类”。

[例题] 棉30%、羊毛30%、涤纶短纤25%、腈纶短纤15%的浅黄色平纹机织物,250克/平方米 5515.1300

25. 纺织成品多种成分时,先按天然与化学(人造,合成)分类,再按照含量最多的那个成分查找。注意:含量多少应该按照天然与化学比较。如果化学成分为多种,那么应该相加后与天然比较。

- 化纤
  - 合成
    - 人造聚酯纤维(如:涤纶)
    - 聚酰胺 (如:尼龙)
    - 聚丙烯腈 (如:腈纶)
    - 聚氨酯 (如:氨纶)
    - 聚丙烯 (如:丙纶)
    - 其他
  - 人造
    - 粘胶纤维、醋酸纤维、
    - 铜铵纤维
    - 其他

“××纶”为合成化纤,“××纤维”为人造化纤

[例题] 天丝棉单股纱线,由天丝65%、棉35%混纺而成,其中的天丝(tencel)是一种新型纤维,是由木质浆粕为原料进行再生的纤维素纤维 5510.3000

26. 纺织原料归类。

1)A:一种原料。

2)A+B:两种原料——先比较大小,按含量大的归类;含量相同,从后归类。

3) A + B + C：三种原料——先要确定是否能够合并，如能合并，按照方法 2)；如果不能合并，三者比较大小，按大的归类；相同的，从后归类。

4) A + B + c + d：四种原料——先要确定能否合并；查到章后，要进行二次比较。即：(c + d) + A 与 (c + d) + B 比较。

[例题 1] 按重量计含以下比例纤维的机织物，40% 的合成纤维短纤 35% 的精梳羊毛，25% 的精梳兔毛

[方法] 设合成纤维短纤为 A、精梳羊毛为 b、精梳兔毛为 c。

1) A——55 章；b——51 章；c——51 章。

2) A + (b + c) 二者比较后，按照最大量进入相应的章。所以正确商品编码是 5112.3000

[例题 2] 棉 30%、羊毛 30%、涤纶短纤 25%、腈纶短纤 15% 的浅黄色平纹机织物，250 克/平方米

[方法] 设棉为 A、毛为 B、涤纶短纤为 c、腈纶短纤为 d。

1) A——50 章；B——51 章；c——55 章；d——55 章。

2) A + B + (c + d) 三者比较后，按照最大量进入相应的章。所以正确的商品编码是 5515.1300。

27. 机织物是指尚未制成成品的布，在第 50 章至第 60 章之间。

[例题 1] 未漂白的桑蚕丝机织物 5007.2011

[例题 2] 平纹混纺棉机织物，按重量计，含棉 90%、涤 10%，每平方米重量 90 克(未漂白) 5208.1100

28. 服装的归类步骤：先要考虑区分是针织、钩编的还是非针织、非钩编的服装；然后看是不是婴儿服装；再看是不是用 56.02、56.03、59.03、59.06 或 59.07 的织物制成的服装归入 61.13 或 62.10；如果都排除，才可归入第 61 章、62 章的其他相应品目号内。全棉的或者棉含量相比为最大的，均在第 52 章"棉花"中查找。但是，此法仅限于原料(布)

[例题] 针织束腰胸衣，材质按重量计棉占 90%，莱卡(氨纶)占 10%

[方法] 这是纺织成品类的唯一特例，即没有按照针织物归类。所以正确的商品编码是 6212.3090。

29. 服装及衣着附件的编排规律一般是由外而内，同类服装先男后女，再到不分性别的服装，然后是婴儿服装、其他服装、衣着附件。

[例题 1] 羽绒服，男式，机织面料，按重量计，含棉 40%，涤纶 40%，粘胶 20% 6201.1310

[例题 2] 工装裤，女式，机织面料，按重量计，含棉 30%，涤 40%，粘胶 30% 6204.6300

[例题 3] 婴儿尿布，机织纯棉制 6209.2010

30. 镀贵金属和包贵金属归类：镀金不按照贵金属来归类，而是按照底料归类；包

金则按照贵金属归类。

含有贵金属的合金，只要其中任何一种贵金属的含量达到合金重量的2%，即应视为本章的贵金属合金。在贵金属合金归类时，优先考虑的是铂的含量，其次是金的含量，最后是银的含量。

[例题] 按重量计含铁80%、铜15%、银3%、金2%的金属合金(未经锻造，非货币用)，应按金属合金归类 7108.1200

31.“仿首饰”是用珠宝、贵金属或包贵金属以外的物品制成的，其范围为个人用小饰物(例如，戒指、手镯、项圈、饰针、耳环、表链、表链饰物、垂饰、领带别针、袖扣、饰扣、宗教性或其他勋章及徽章)，应归入品目71.17。

[例题1] 一种戴在手腕处的装饰品，用樟木制成圆珠状，再用线串成 7117.9000

[例题2] 铜制镀金领带夹 7117.1900

32.如果前95章中没有相关的货物制作原料，应归入第96章“杂项”。

[例题] 海绵橡胶制粉拍，用于化妆时施敷香粉 9616.2000

33.能够切割的、带刃的器具，归入82.14“利口器”。

[例题] 钢铁制裁纸刀 8214.1000

34.以电为动能的电器，而且能够明显看出有旋转的，在第84章中。同时要注意货物的重量等限定条件。

以电为动能的电器，而且能够加热、烘干的，在第85章中。同时要注意货物的重量等限定条件。各类磁卡(智能卡)在8542.1000中查找。

[例题1] “可口可乐”饮料自动灌装机 8422.3010

[例题2] “菲利普”牌915型电动剃须刀 8510.1000

35.汽车用的某些系统属于汽车零件，而构成这些系统的配件一般按照配件的材料归类。

[例题] 带充气系统的安全气囊(小轿车用) 8708.9500

36.遇到医疗设备时，要区别是治疗设备还是诊断设备。

[例题] 电子眼压记录仪，通过记录眼动脉压、眼静脉压的变化，对眼睛进行诊断 9018.1990

37.洗涤用品

能留香的(盥洗品、一般为人用)，在第33章中。

化妆品一般按其用途归入品目33.03～33.07。

第33章——留香。

第34章——增光、能除尘的(清洁、洗涤品)。

[例题1] 液体口香糖，20克/支，成分为食用酒精、香精、巴斯甜、甘油、山梨醇等，使用时喷于口腔，起清新口气的作用 3306.9000

[例题2] “美丽”牌柠檬香型亮光液，600毫升压力罐装，使用时喷于家具表面 3405.2000

38. 有些货品虽然被冠以人们日常所理解的一种名称，但题目提示中则给出了其加工原料和加工工艺。此时，一般按照加工原料和加工工艺归类。

［例题］ 人造革，用聚氯乙烯涂布，塑料占55％ 5903.1020

39. 第84章主要包括非电气的机器、机械器具及其零件；第85章主要包括电气电子产品及其零件。

插电之后变凉的，在第84章中；变热的（电热毯除外），在第85章中。

［例题］ 家用分体式空调，具有制冷和制热功能，制冷量为3 200大卡/小时

［方法］ 能够明显看出在旋转的电气，在第84章中。所以正确的商品编码是8415.1021。

40. 过于简单能够查找到并且与题目出入相对较大时，应注意类注、章注。

当翻书时，看到一个要查找的列名时，必须向上反查其各级子目。

［例题］ 美味鸭舌，一种风味小吃，真空包装，15克/包

［方法］ 由于鸭舌属于食用杂碎，故应归入品目16.02"其他方法制作或保藏的肉、食用杂碎或动物血"。

然后，由于鸭属于家禽，故应归入一级子目"品目01.05的家禽的"；由于鸭未在二级子目列名，故归入二级子目"其他"；又由于15克/包的真空包装不是"罐头"，故归入三级子目"其他"；最后按列名归入四级子目"鸭的"。所以正确的商品编码是1602.3991。

41. 第90章的仪器全部为精密仪器。

［例题］ 免疫分析仪，化学发光 9027.8090

42. 床上用品，如果有填充物，在第94章；如果没有填充物，在第63章。

［例题1］ 头枕靠垫，棉麻混纺布与皮革制，内填充腈纶棉 9404.9040

［例题2］ 床罩，亚麻手工钩编 6304.1131

43. 用金属制成的成品，一般按照其相关用途去查找。

［例题］ 表面镀铬的铜制浴缸用水龙头 8481.8090

44. 与"医"有关的，一般在第29章、30章和90章。

［例题1］ 黄胺嘧啶 2935.0010

［例题2］ 医疗外科缝合用丝线 3006.1000

［例题3］ 胸片架，医用，贱金属制 9022 .1400

45. 有特殊用途的某些物品（不能在其他场合适用），应首先考虑该特殊用途，然后再考虑材质等因素。

［例题1］ 外科手术刀，不锈钢制 9018.9090

［例题2］ 电子眼压记录仪，通过记录眼动脉压、眼静脉压的变化，对眼睛进行诊断 9018.1990

［例题3］ 已制成特定形状的B型超声波诊断仪的外壳 9018.1210

46. 只有具体列明应用不了，才可以使用基本特征原则。

[例题] 成套的理发工具,由一个手动的理发推剪、一把木梳、一把剪刀、一把刷子组成,装于一只塑料盒中 8214.9000

47. 不完整品如果具有完整品特征,按完整品来归类

[例题] 已制成特定形状的B型超声波诊断仪的外壳 9018.1210

48. 未制成品如果具有制成品特征,按制成品来归类。

[例题] 经剪裁成手套形,供加工手套用的针织纯棉布 6116.9200

49. 题目看似很难,但又过于明显简单能够查到的,必须要看类注、章注。

[例题1] 汽车用调频调幅立体声收放音组合机 8527.2100

[例题2] 长途客运车辆(50座,柴油发动机)安装的防抱死制动系统 (ABS) 8708.3029

50. 具有考古学意义或具有艺术价值或收藏价值的作品,即使超过一百,也不应归入97.07,而优先归入97.01~97.06。

[例题] 具有艺术价值的雕版画原本 9702.0000

6 商品归类练习题及其答案

6.1 基础题

一、判断题

1. 当货品看起来可归入两个或两个以上品目时,应按“从后归类”的原则归类。

2. 我国进出口商品编码第5、6位数级子目号为HS子目,7、8位数级子目号列为本国子目。

3. “从后归类”的原则是进行商品归类时优先使用的原则。

4. 海关进出口商品归类是海关监管、海关征税及海关统计的基础。

5.《协调制度》目录既适合于作海关税则目录,又适合于作对外贸易统计目录,还可适用于国际运输、保险、生产、贸易等部门的商品分类目录。

6. 手绘的超过百年的古画应归入品目97.06。

7. 装有金首饰的木制首饰盒应归入品目71.13。

8. 装有电动剃须刀的皮套应归入品目85.10。

9. 照相机套如果与照相机同时进口或出口,则照相机套应与照相机一并归类。

10. 装有茶叶的银质茶叶罐应按银制品归入品目71.14。

11. 包装大型机器设备的木板箱、装着玻璃器皿的纸板箱等,包装与被包装物应分别归类。

12. 用以装压缩或液化气体的钢铁容器应与所装物品一并归类。

13. 小汽车的簇绒地毯属于机动车辆的零件、附件,因此应作为汽车配件归入87.08。

14. 虽然电动剃须刀也是家用电动器具的一种,但仍应归入品目85.10而不归入

85.09。

15. 由一个特制的架子(通常为木制的)及几个形状、规格相配的空调味料瓶组成的家用调味架属于HS归类总规则中所规定的“不同部件的组合物”。

16. 在鲜牛奶中添加了少量营养物质,这时,鲜牛奶已不是纯牛奶了,而是一种混合物,所以不应按鲜牛奶归类。

17. 谷物等项商品应归入品目12.09“种植用的种子、果实及孢子”里。

18. 针织或钩编的紧身胸衣等物品应归入第62章“非针织或非钩编的服装及衣着附件”里。

19. 按重量计,含碳量在1.2%及其以下、含铬量在10.5%及其以上的合金钢,不论是否含有其他元素,凡符合以上定义的就归入不锈钢。

20. 表带应归入第42章章注三品目42.03所称“衣服及衣着附件”里。

21. 规则六中所称“同一数级”子目,是指5位数级子目或6位数级子目。

22. 每平方米重180克的全棉染色平纹布应归入5208.32里。

23. 在类、章注释与子目条文或子目注释不相一致的情况时,应先考虑该章章注释而后采用子目注释的规定。

24. 其他部委、部门的文件、出版物中以《协调制度》编码表示的商品归类与海关规定不符的,应以海关的归类为准。

25. 申报机电仪产品时,报关人员应向海关详细提供其结构、原理和功能;申报材料性商品时,报关人员应向海关详细提供其成分和加工方法、加工工艺;申报农产品、未列名化工品时报关人员应向海关详细提供其成分和用途。

26. 毛皮或人造毛皮仅作为装饰用的服装应按服装面料归入相应品目。

27. 包贵金属的覆盖层太薄时应按内部底料归类;表面镀贵金属的贱金属镀层太厚时应按贵金属归类。

28. 武器用的望远镜瞄准具及其他光学装置,如已安装在武器上或与有关武器一同报验的或者单独报验的,应与武器一并归类。

29. 不能区分男式还是女式的服装,应按女式服装归类。

二、单选题

1. 经国务院批准,我国海关自__________起开始采用《协调制度》,使进出口商品归类工作成为我国海关最早实现与国际接轨的执法项目之一。

A. 2001年1月1日　　B. 1992年1月1日

C. 2002年1月1日　　D. 2000年7月8日

2. 只有在不能按照规则三(一)归类时,才能使用规则三(二)进行归类,不能按照前两款归类时,才能运用规则三(三)。因此,其优先权的次序为__________。

A. 具体列名→基本特征→从后归类　B. 从后归类→基本特征→具体列名

C. 具体列名→从后归类→基本特征　D. 基本特征→具体列名→从后归类

3. 一套成套的理发工具,由一个电动理发推子(品目85.10)、一把梳子(品目

96.15)、一把剪子(品目82.13)、一把刷子(品目96.03)及一条毛巾(品目63.02)装于一个皮匣子(品目42.02)组成,则一套成套的理发工具应归入品目________。

A. 42.02　　B. 82.13　　C. 96.15　　D. 85.10

4. 下列货品属于HS归类总规则中所规定的"零售的成套货品"的是________。

A. 包装在一起的一瓶烈性酒及一瓶葡萄酒　　B. 一套成套的理发工具

C. 六把乳酪叉　　D. 一瓶可乐附赠一包面巾纸

5. 下列货品属于HS归类总规则中所规定的"具有制成品基本特征的未制成品"的是________。

A. 常见的杆　　B. 常见的板

C. 机器零件的毛坯　　D. 常见的管材

6. ________是归类申报的最基本要求。

A. 如实申报　　B. 配合查验

C. 提供归类所需资料　　D. 补充申报

7. 下列属于人造纤维的是________。

A. 尼龙、锦纶　　B. 涤纶　　C. 粘胶纤维　　D. 聚氨基甲酸酯

8. 下列属于合成纤维的是________。

A. 醋酸纤维　　B. 铜氨纤维　　C. 藻酸盐纤维　　D. 聚丙烯腈

三、多选题

1. 下列货品属于HS归类总规则中所规定的"零售的成套货品"的是________。

A. 一个礼盒,内有咖啡一瓶、咖啡伴侣一瓶、塑料杯子两只

B. 一个礼盒,内有一瓶白兰地酒、一只打火机

C. 一个礼盒,内有一包巧克力、一个塑料玩具

D. 一碗方便面,内有一块面饼、两包调味品、一把塑料小叉

2. 下列货品进出口时,包装物与所装物品应分别归类的是________。

A. 40升专用钢瓶装液化氮气　　B. 25公斤桶(塑料桶)装涂料

C. 纸箱包装的彩色电视机　　D. 分别进口的照相机和照相机套

3. 杂质的主要类型有________。

A. 未转化原料　　B. 存在于原料中的杂质

C. 所用试剂　　D. 副产品

4. 在《协调制度》中,常用的限定方法有________。

A. 定义法　　B. 列举法　　C. 详列法　　D. 排他法

5. 所谓的"零售的成套货品",必须同时符合的三个条件是________。

A. 零售包装

B. 由归入相同品目号的货品组成

C. 由归入不同品目号的货品组成

D. 用途上是相互补充、配合使用的

6. 在《协调制度》中，规则五(一)仅适用于同时符合________等规定的容器。
A. 制成特定形状或形式，专门盛装某一物品或某套物品的
B. 适合长期使用的；与所装物品一同报验的
C. 通常与所装物品一同出售的
D. 本身并不构成货品基本特征的，容器本身只是物品的包装物，无论是从价值或是从作用看，它都是从属于物品的

7. 下列物品应与所装物品一并归类的是________。
A. 装有金首饰的木制首饰盒　B. 装有电动剃须刀的皮套
C. 装有茶叶的银质茶叶罐　D. 装着玻璃器皿的纸板箱

8. 下列可以归入到品目 84.70 所列的电子计算器的是________。
A. 已装配好的电子计算器
B. 不缺任何零件的未装配的电子计算机套装散件
C. 仅缺少导线的已装配好的电子计算器
D. 仅缺少导线的未装配的电子计算机套装散件

9. 下列货品属于 HS 归类总规则中所规定的“具有完整品基本特征的不完整品”的是________。
A. 一辆汽车缺个门　B. 一辆汽车未安装座位
C. 一台电脑缺个鼠标　D. 一台电脑缺个主机

10. 对进出口货物进行商品归类的主要依据包括________。
A.《中华人民共和国海关法》、《中华人民共和国进出口关税条例》
B.《中华人民共和国海关进出口货物征税管理办法》
C. 海关总署公布下发的关于商品归类的文件、归类决定、归类行政裁定、归类技术委员会决议以及总署转发的世界海关组织归类决定等
D.《中华人民共和国海关进出口税则－统计目录商品及品目注释》、《中华人民共和国海关进出口税则－统计目录本国子目注释》

四、商品编码题

1. “日立”牌彩色等离子电视机(显示屏幕 74 厘米)
2. 装有高压水泵并配有水炮、云梯等装置的救火车
3. 全棉的漂白平纹机织物，250 克/平方米
4. “鳄鱼”牌牛皮公文包
5. 晒干的莲子，500 克袋装
6. “美丽”牌柠檬香型亮光液，600 毫升压力罐装，使用时喷于家具表面
7. 电子眼压记录仪，通过记录眼动脉压、眼静脉压的变化，对眼睛进行诊断
8. 早孕自测卡，纸质，涂有检测试剂，通过与尿液接触后的颜色变化来初步判断

是否怀孕

9. 安放在公共场所的饮料自动售货机(装有制冷装置)

10. 一种戴在手腕处的装饰品,用樟木制成圆珠状,再用线串成

11. 冷藏的中华绒螯蟹

12. “女儿红”牌米酒(酒精浓度15%),用2升的陶罐盛装

13. 由漂白的棉线与黄色的人造棉线织成的平纹机织物,300克/平方米,棉和人造棉含量各为50%

14. 绿豆汤罐头,由绿豆煮熟并加糖制成,含固形物约35%

15. “龙井”绿茶,150克塑料袋装

16. 线性低密度聚乙烯粒子

17. “天天”牌盒装面巾纸,250张/盒,规格19厘米×20厘米

18. 用做局部麻醉的普鲁卡因针剂

19. 美味鸭舌,一种风味小吃,真空包装,15克/包

20. 海绵橡胶制粉拍,用于化妆时施敷香粉

21. 改良种用野马

22. 明矾腌制海蛰

23. 干制海马

24. 猴枣

25. 60%的豆蔻与40%的肉豆蔻组成的混合物

26. 40%的肉桂与60%的八角茴香的混合物

27. 鸦片

28. 通过辐射或其他方法提高其维生素含量的鱼肝油

29. 初榨的豆油

30. 精制的豆油

31. 氢化的豆油

32. 氧化的豆油

33. 混合的豆油

34. 含牛肉22%、萝卜30%、豆18%、茄子30%的食品

35. 含牛肉18%、萝卜30%、豆22%、茄子30%的食品

36. 含牛肉15%、茄子55%、鱼25%、猪肉5%的罐头食品

37. 含牛肉10%、茄子55%、鱼20%、猪肉15%的罐头食品

38. 白巧克力

39. 人造肉

40. 含铅汽油的淤渣

41. 焚化城市垃圾所产生的灰、渣

42. 煅烧过的菱锶矿

43. 未制成定量包装或零售包装可立即使用的硫代硫酸钠
44. 配上其他成分制成定影剂的硫代硫酸钠
45. 化学纯的氯化钠
46. 常用做固定外科敷料的橡皮膏
47. 具有药物作用的伤筋止痛膏
48. 安乃近原药，粉状，5 千克装
49. 安乃近药片
50. 肥料用的氯化铵
51. 医用 X 光卷片
52. 40% 乙烯与 60% 乙酸乙烯酯的共聚物粉末
53. 45% 乙烯、35% 丙烯及 20% 异丁烯的共聚物粉末
54. 粒子状的聚乙烯(密度 0.93)下脚料
55. 以天然皮革或天然皮革纤维为基本原料制成的再生皮革
56. 以每平方米重 210 克的普通机织物为例，含 40% 棉、30% 合成纤维短纤和 30% 人造纤维短纤
57. 按重量计，含 35% 亚麻、25% 黄麻及 40% 棉的漂白机织物
58. 按重量计，含 40% 精梳羊毛、35% 合成纤维长丝、25% 人造纤维短纤的漂白机织物
59. 按重量计，由含 50% 棉、27% 化纤和 23% 羊毛的针织物制成的女式连衣裙
60. 由含 50% 棉和 50% 涤纶短纤的机织物制成的男式衬衫
61. 涤纶弹力丝
62. 以纯棉印花机织布作面料和里料的绗缝丝棉被
63. 成条卷状进口的魔术贴(尼龙搭扣)
64. 已作成制品进口的魔术贴(尼龙搭扣)
65. 按重量计，含铁 80%、铜 15%、银 3%、金 2% 的金属合金(未经锻造，非货币用)
66. IP 可视电话

五、编码(归入类、章及一级子目即可)

1. 未经混合的液体猪油
2. 电动理发推子
3. 梳子
4. 剪子
5. 刷子
6. 毛巾
7. 皮匣子
8. 烈性酒

9. 葡萄酒
10. 橡胶底的旅游鞋，鞋面材料一半是皮革、一半是纺织材料
11. 装有金首饰的木制首饰盒
12. 装有电动剃须刀的皮套
13. 装有茶叶的银质茶叶罐
14. 每平方米重 180 克的全棉染色平纹布
15. 鱼
16. 甲壳动物
17. 软体动物及其他水生无脊椎动物
18. 培养微生物
19. 流动马戏团、动物园或其他类似巡回展出用的动物
20. 不适合供人食用的肉及食用杂碎
21. 由不适合供人食用的肉及食用杂碎制成的细粉、粗粉
22. 动物胃、肠、膀胱
23. 动物血
24. 用鲜、冷、冻或其他方法临时保藏的专供制药的杂碎
25. 经干制的专供制药的杂碎
26. 为临时保藏既可供人食用、又可供制药用的杂碎
27. 干制的既可供人食用、又可供制药用的杂碎
28. 已不宜供人食用的杂碎
29. 刺龙虾
30. 鳄鱼
31. 鲸鱼
32. 甲鱼
33. 卵清蛋白
34. 天然蜂蜜与人造蜂蜜的混合物
35. 加蜂王浆的天然蜂蜜
36. 供制帚、刷用的成束、成簇的材料
37. 用盐腌制的咸鸡
38. 油炸鸡腿
39. 未烘焙的菊苣根
40. 已烘焙的菊苣根
41. 生姜
42. 拼贴画或类似的装饰板
43. 菊苣植物及其根
44. 烧结的镁氧矿

45. 甜菜
46. 甘蔗
47. 草饲料
48. 马铃薯细粉、粗粉、颗粒及团粒
49. 豆制细粉、粗粉
50. 辣椒干、辣椒粉
51. 果粉
52. 用于榨油而不适于人食用的干椰子肉
53. 芥子
54. 芥末粉
55. 啤酒花
56. 虽能作调味香料,但多用于制造香料及药物
57. 混合调味品
58. 咖啡、茶、马黛茶的浓缩精汁,不含咖啡的烘焙咖啡代用品
59. 种植用的种子
60. 生花生仁
61. 水煮花生仁
62. 动、植物油、脂分解产品中的粗甘油
63. 包馅食品
64. 加香料或着色剂的糖浆
65. 白巧克力
66. 干重量在7%及其以上的番茄汁
67. 干重量在7%及其以下的番茄汁
68. 番茄沙司
69. 海水
70. 供食用的蒸馏水等纯净水
71. 非供食用的蒸馏水等纯净水
72. 中药酒
73. 按重量计,浓度超过10%的醋酸
74. 含麦芽配制的啤酒,其酒精按浓度容量计已降至0.5%及其以下
75. 谷物脱粒后所得的谷壳
76. 提纯油类所剩的油脚
77. 精炼糖后所剩下的糖蜜
78. 可可荚、壳及废料
79. 含可可的饮料
80. 普通红葡萄酒是发酵酒

81. 威士忌酒属蒸馏酒
82. 纯氯化钠
83. 精制硫
84. 熔凝的镁氧矿
85. 升华硫磺
86. 沉淀硫磺
87. 胶态硫磺
88. 宝石或半宝石
89. 台球用粉块
90. 未焙烧的黄铁矿
91. 菱镁矿
92. 稀土金属矿
93. 经简单切割的大理石
94. 表面经磨光的大理石
95. 某铜矿砂经化学方法提取出其中的主要成分硫化铜
96. 粗苯
97. 精苯
98. 放射性氯化钠
99. 已制成零售包装供摄影用的硝酸银
100. 供治病用的零售包装胶态硫磺
101. 由金属氧化物、氯化锌、塑料物料组成的配套牙科粘固剂
102. 无化学定义的激素
103. 单独的已有化学定义的乙醇
104. 石灰
105. 盆栽土
106. 不作肥料用的纯净硝酸钠
107. 天然的薄荷油
108. 薄荷醇
109. 香精
110. 含有表面活性剂的洗发香波
111. 雷酸汞
112. 三硝基甲苯(TNT)
113. 闪光灯材料
114. 通过化学发光现象产生光效应的物品
115. 硝化纤维素
116. 军火

117. 生皮边角废料
118. 带羽绒的整张或部分鸟皮
119. 用做机器、机械器具零件的皮带
120. 用做机器、机械器具零件的皮制垫圈
121. 皮革或再生皮革制的服装
122. 毛皮制的服装
123. 毛皮或人造毛皮作面及毛皮或人造毛皮作里衬的服装
124. 天然木地板(又称实木地板)
125. 碎料板制木地板
126. 纤维板制木地板
127. 胶合板制木地板
128. 已拼花木地板
129. 宽度大于36厘米的卷纸
130. 一边超过36厘米,另一边超过15厘米(以未折叠计)的正方形纸
131. 宽度是6厘米的条纸
132. 一边是36厘米,另一边是5厘米(以未折叠计)的矩形纸
133. 成卷状且宽度在45~160厘米之间的壁纸
134. 既可铺地又可作壁纸
135. 铜版纸
136. 涂塑相纸
137. 绝缘纸
138. 热敏纸
139. 我国发行未使用的新邮票
140. 我国发行已使用的旧邮票
141. 外国发行我国不承认其面值且未使用的新邮票
142. 外国发行我国不承认其面值且已使用的旧邮票
143. 马毛及废马毛
143. 经药物浸渍或供零售用的绷带
145. 加工后供制假发或类似品的羊毛
146. 棉短绒
147. 从打麻工序所得的破碎木质碎片
148. 经药物浸渍或制成零售包装的医疗或外科用短纤
149. 碳化纤维长丝制成的碳纤维

150. 截面尺寸(如是非圆形,以最小截面计)超过1毫米的化纤单丝或表观宽度超过5毫米的扁条及类似品

151. 截面尺寸(如是非圆形,以最小截面计)超过1毫米的化纤单丝或表观宽度

超过 5 毫米的编结织物

152. 带鱼钩的钓鱼线的合成纤维单丝
153. 长度不超过 5 毫米的化纤屑
154. 碳纤维及其制品
155. 被褥状纺织产品
156. 以毡呢及无纺织物为底的砂布
157. 粘聚云母
158. 油漆布
159. 以织物为底布加以涂层或盖面的铺地用品
160. 钩编花边
161. 针织地毯
162. 针织或钩编的标签、徽章
163. 针织或钩编的胸罩
164. 针织或钩编的束腰带
165. 针织或钩编的紧身胸衣
166. 针织或钩编的吊裤带
167. 针织或钩编的吊袜带
168. 针织或钩编的束袜带
169. 纺织材料制旅行用品
170. 纺织材料制购物袋
171. 家用洗衣袋
172. 袜袋
173. 鞋袋
174. 手帕袋
175. 睡衣袋
176. 明显已穿用过的旧鞋
177. 石棉帽
178. 旧帽子
179. 丈量用杖
180. 经过漂白、染色、卷曲或波浪形的羽毛
181. 消毒、清洗或防腐的羽毛
182. 石棉织造的服装
183. 石棉织造的鞋帽
184. 贵金属制成的硬币
185. 贱金属制成的硬币
186. 非珠宝、非贵金属制成的仿首饰

187. 汽车专用弹簧
188. 钢铁板桩
189. 焊接的钢铁角材
190. 型材及异型材
191. 铁道及电车道铺轨用钢铁材料
192. 热轧不规则盘卷状非合金钢钢材
193. 热轧直条状非合金钢钢材
194. 冷轧直条状非合金钢钢材
195. 冷加工规则盘卷状的丝
196. 用于钻探且外形直径尺寸在 15 毫米的空心材
197. 平板轧材,宽度大于等于 600 毫米,热轧
198. 平板轧材,宽度大于等于 600 毫米,冷轧
199. 平板轧材,宽度大于等于 600 毫米,镀涂
200. 平板轧材,宽度大于等于 600 毫米,热轧或冷轧
201. 由品目 82.11 中不同种类的刀构成的成套货品
202. 由品目 82.11 中的一把或多把刀具与品目 82.15 中至少数量相同的物品构成的成套货品
203. 由品目 82.15 中不同种类的贱金属货品构成的成套货品
204. 作为冰箱专用零件
205. 冷热水饮用机
206. 灌溉系统
207. 信件分拣系统
208. 农用水泵
209. 利用激光在各种材料上打孔的机床
210. 内燃机用的永磁直流发电机
211. 起动电动机
212. 小于 20 千克食品用切片机
213. 小于 20 千克的电动绞肉机
214. 人于 20 千克的电动绞肉机
215. 不超过 10 千克的家用手摇绞肉机
216. 电扇
217. 排气扇
218. 抽油烟机
219. 离心式干衣机
220. 家用洗碟机
221. 家用洗衣机

222. 家用的电热器具
223. 电动剃须刀及电动理发用具
224. 阳模
225. 投币式自动售货机
226. 电子管
227. 电灯泡
228. 空气调节器
229. 家禽孵卵器
230. 育雏器
231. 变压器
232. 稳压电源
233. 整流器
234. 电感器
235. 家用电动吸尘器
236. 家用电动食品研磨机
237. 家用电动搅拌器
238. 电动剃须刀
239. 电推剪
240. 电磁铁
241. 有线通信设备
242. 传声器
243. 扬声器
244. 扩音机
245. 电铃
246. 防盗或防火报警装置
247. 视觉信号装置
248. 绝缘电线
249. 电缆
250. 安全或交通信号设备
251. 集装箱
252. 未装在车架上的铁道或电车道用机动客车、货车、敞车、煤水车的车身
253. 铁道及电车道铺轨用钢铁材料
254. 电气信号、安全或交通管理设备
255. 作为陆路车辆用的飞机
256. 不以载人、载货为主要目的的特种车辆
257. 以载货为主要目的的特殊用途车辆有冷藏货车、液罐车、自动装卸货车

258. 发动机+底盘的机动车
259. 只有底盘的机动车
260. B 型超声波检查仪
261. 核磁共振成像仪
262. CT 机
263. 机械疗法、氧疗法、臭氧疗法、吸入疗法、人工呼吸及按摩等用的设备
264. 矫形用具、人造假肢及骨折用具(包括兽用)和弥补人体生理缺陷的器具
265. X 射线或其他放射线的应用设备
266. 用于探测 X 射线或 α 射线、β 射线、γ 射线的设备
267. 心电图记录仪
268. 一次性针筒
269. 输液器
270. 内窥镜
271. 外科用手术刀
272. 牙钳
273. 血压计
274. 听诊器
275. 牙钻机
276. 装有牙科器械的牙科用椅
277. 臭氧治疗器
278. 心脏起搏器
279. 助听器
280. X 射线断层检查仪
281. 测试体温的体温表
282. 观察病理切片的生物显微镜
283. 分析、检验血液、组织液、尿液等的仪器设备
284. 眼底照相机
285. 乐器的零件
286. 未包面的床垫,内部用羽绒填塞衬垫或用海绵橡胶或泡沫塑料制成
287. 包面的床垫,内部用羽绒填塞衬垫或用海绵橡胶或泡沫塑料制成
288. 活动房屋
289. 落地灯
290. 有象棋盘桌面的桌子
291. 桌球台
292. 作为缝纫机台架用的家具
293. 褥垫

294. 鸭绒被
295. 棉被
296. 枕头
297. 靠垫
298. 座垫
299. 睡袋
300. 被褥
301. 床罩(内含填充物)
302. 印花税票
303. 邮戳印记
304. 首日封
305. 邮政信

6.2 基础题答案

一、判断题

1. ×	2. √	3. ×	4. √	5. √	6. ×	7. √	8. √	9. √	10. √
11. ×	12. ×	13. ×	14. √	15. √	16. ×	17. ×	18. √	19. √	20. ×
21. √	22. √	23. ×	24. √	25. √	26. √	27. ×	28. ×	29. √	

二、单选题

1. B　2. A　3. D　4. B　5. C　6. B　7. C　8. D

三、多选题

1. AD　2. AD　3. ABCD　4. ABCD　5. ACD
6. ABCD　7. ABD　8. ABCD　9. ABC　10. ABCD

四、商品编码题

1. 8528.1248(38)	2. 8705.3010(24)	3. 5209.2100(19)	4. 4202.1190(19)
5. 1212.9994(37)	6. 3405.2000(14)	7. 9018.5000(23)	8. 3822.0010(16)
9. 8476.2100(28)	10. 7117.9000(25)	11. 0306.2491(25)	12. 2206.0000(10)
13. 5516.4300(24)	14. 2005.5110(14)	15. 0902.1090(21)	16. 3901.9020(24)
17. 4818.2000(23)	18. 3004.9090(25)	19. 1602.3991(31)	20. 9616.2000(24)
21. 0101.1010(04)	22. 1605.9010(22)	23. 0305.5910(23)	24. 0510.0010(07)
25. 0908.3000(20)	26. 0910.9100(20)	27. 1302.1100(08)	28. 1504.1000(11)
29. 1507.1000(14)	30. 1507.9000(22)	31. 1516.2000(15)	32. 1518.0000(15)

续表

33. 1517. 9000(23)	34. 1602. 5090(23)	35. 2005. 9099(34)	36. 1604. 2019(23)
37. 1602. 4910(23)	38. 1704. 9000(21)	39. 2106. 1000(10)	40. 2620. 2100(13)
41. 2621. 1000(12)	42. 2530. 9099(37)	43. 2832. 3000(18)	44. 3707. 9010(27)
45. 2501. 0020(10)	46. 3005. 1010(10)	47. 3005. 1090(18)	48. 2933. 1920(29)
49. 3004. 9090(25)	50. 2827. 1010(21)	51. 3702. 1000(13)	52. 3905. 2900(28)
53. 3902. 3090(26)	54. 3901. 1000(14)	55. 4115. 1000(12)	56. 5516. 4100(22)
57. 5309. 2120(22)	58. 5407. 9100(26)	59. 6104. 4200(17)	60. 6205. 3000(16)
61. 5402. 3310(18)	62. 9404. 9030(29)	63. 5806. 1090(29)	64. 6307. 9000(25)
65. 7108. 1200(19)	66. 8517. 5033(32)		

五、编码

1. 1503	2. 8510	3. 9615	4. 8213	5. 9603
6. 6302	7. 4202	8. 2208	9. 2204	10. 6404
11. 7113	12. 8510	13. 7114	14. 5208	15. 0301
16. 0306	17. 0307	18. 3002	19. 9508	20. 0511
21. 2301	22. 0504	23. 0511 或 3002	24. 0510	25. 3001
26. 0510	27. 3001	28. 0511	29. 0306	30. 0106
31. 0106	32. 0106	33. 3502	34. 1702	35. 2106
36. 9603	37. 0210	38. 1602	39. 1212	40. 2101
41. 0910	42. 9701	43. 0601 或 1212	44. 2519	45. 1212
46. 1212	47. 1214	48. 1105	49. 1106	50. 0904
51. 1106	52. 1203	53. 1207	54. 2103	55. 1210
56. 1211	57. 2103	58. 2101	59. 1209	60. 1202
61. 2008	62. 1520	63. 1902	64. 2106	65. 1704
66. 2002	67. 2009	68. 2103	69. 2501	70. 2851
71. 2851	72. 3004	73. 2915	74. 2202	75. 1213
76. 1522	77. 1703	78. 1802	79. 2202	80. 2204
81. 2208	82. 2501	83. 2303	84. 2519	85. 2802
86. 2802	87. 2802	88. 7102 或 7103	89. 9504	90. 2502
91. 2509	92. 2530	93. 2515	94. 6802	95. 2830
96. 2707	97. 2902	98. 2844	99. 2843	100. 3004
101. 3006	102. 2937	103. 2207 或 2208	104. 252	105. 2503
106. 3102	107. 3301	18. 2906	109. 3302	110. 3305
111. 2838	112. 2904	113. 3707	114. 3824	115. 3912

续表

116.9306	117.0511	118.0511 或 6701	119.4204	120.4204
121.4203	122.4303	123.4303 或 4304	124.4409	125.4410
126.4411	127.4412	128.4418	129.4803	130.4803
131.4810	132.4818	133.4814	134.4815	135.4810
136.4811	137.4811	138.4811	139.4907	140.9704
141.9704	142.9704	143.0503	144.3005	145.6703
146.1404	147.4401	148.3005	149.6815	150.4601
151.4601	152.9507	153.5601	154.6815	155.5811
156.6805	157.6814	158.5904	159.5904	160.5804
161.5705	162.5807	163.6212	164.6212	165.6212
166.6212	167.6212	168.6212	169.4202	170.4202
171.6307	172.6307	173.6307	174.6307	175.6307
176.6309	177.6812	178.6309	179.9017	180.6701
181.0505	182.6812	183.6812	184.7118	185.7118
186.7117	187.7320	188.7301	189.7301	190.7301
191.7302	192.7213	193.7214	194.7215	195.7217
196.7228	197.7208	198.7209	199.7210	200.7211
201.7212	202.8211	203.8215	204.8215	205.8418
206.8516	207.8424	208.8472	209.8413	210.8456
211.8511	212.8511	213.8509	214.8509	215.8438
216.8210	217.8414	218.8414	219.8414	220.8421
221.8422	222.8450	223.8516	224.8510	225.8480
226.8476	227.7011	228.7011	229.8415	230.8436
231.8436	232.8504	233.8504	234.8504	235.8504
236.8509	237.8509	238.8509	239.8510	240.8510
241.8505	242.8517	243.8518	244.8518	245.8501
246.8531	247.8531	248.8531	249.8544	250.8544
251.8608	252.8609	253.8607	254.7302	255.8530
256.8802	257.8705	258.8704	259.8706	260.8708
261.9018	262.9018	263.9022	264.9019	265.9021
266.9022	267.9030	268.9018	269.9018	270.9018
271.9018	272.9018	273.9018	274.9018	275.9018
276.9018	277.9018	278.9019	279.9021	280.9021
281.9022	282.9025	283.9011 或 9012	284.9027	285.9006

续表

286. 9209	287. 9404	288. 9404	289. 9406	290. 9405
291. 9504	292. 9504	293. 8452	294. 9404	295. 9404
296. 9404	297. 9404	298. 9404	299. 9404	300. 9404
301. 9404	302. 9404	303. 9704	304. 9704	305. 9704
306. 9704				

6.3 综合题及其答案

一、练习一及其答案

1. 每袋毛重 10 公斤的过磷酸钙

2. 蕨菜干

3. 丝巾(机织,经折边,非刺绣,65 厘米×45 厘米)

4. 割草机的刀片及刀具

5. 液压千斤顶

6. 完全由同一块合成纤维涤纶机织布缝制的女西服套装(上衣衣身面料纵向由三片缝合而成)

7. 纸制扑克牌

8. 滑翔机(无发动机)

9. 农用拖拉机用变速箱

10. 电磁制动器

11. 结织栽绒地毯。按重量计,栽绒层含羊毛 45%、粘胶纤维 30%、涤纶短纤维 25%

12. 家用电吹风

13. 运输液体的集装箱

14. 按重量计,含有 35% 的合成纤维丝、25% 的合成纤维短纤、40% 的精梳羊毛的未漂白机织物

15. 纯羊毛纱线织造的华达呢织物(150 克/平方米;幅宽 180 厘米)

16. 成卷的半透明纸,宽 30 厘米

17. 石英表里用锂电池

18. 计算机网络通信用的路由器

19. 汽车用的油箱(由贱金属焊接而成)

20. 超过 100 年的油画原件,有收藏价值

答案

1. 每袋毛重 10 公斤的过磷酸钙	3105. 1000
2. 蕨菜干	0712. 9040
3. 丝巾(机织,经折边,非刺绣,65 厘米×45 厘米)	6214. 1000
4. 割草机的刀片及刀具	[illegible]. 4000
5. 液压千斤顶	8425. 4210
6. 完全由同一块合成纤维涤纶机织布缝制的女西服套装(上衣衣身面料纵向由三片缝合而成)	6204. 2300
7. 纸制扑克牌	9504. 4000
8. 滑翔机(无发动机)	8801. 0010
9. 农用拖拉机用变速箱	8708. 4010
10. 电磁制动器	8505. 2000
11. 结织栽绒地毯。按重量计,栽绒层含羊毛 45%、粘胶纤维 30%、涤纶短纤维 25%	5701. 9010
12. 家用电吹风	8516. 3100
13. 运输液体的集装箱	8609. 0090
14. 按重量计,含有 35% 的合成纤维丝、25% 的合成纤维短纤、40% 的精梳羊毛的未漂白机织物	5407. 9100
15. 纯羊毛纱线织造的华达呢织物(150 克/平方米;幅宽 180 厘米)	5112. 1100
16. 成卷的半透明纸,宽 30 厘米	4823. 9090
17. 石英表里用锂电池	8506. 5000
18. 计算机网络通信用的路由器	8517. 6236
19. 汽车用的油箱(由贱金属焊接而成)	8707. 9090
20. 超过 100 年的油画原件,有收藏价值	9701. 1010

二、练习二及其答案

1. 鲜水蜜桃

2. 白豆蔻

3. 氯化钠(符合化学定义)

4. 用于贵重物品包装,一面衬有铝箔的纸板(铝箔厚 0. 18 毫米,纸板厚 1. 00 毫米)

5. 专供安装于车辆仪器面板上的电子钟

6. 钴 60

7. "方太"牌抽油烟机(罩平面尺寸为 80 厘米×45 厘米)

8. 活性酵母

9. 白长丝(未加捻)

10. 以太网络交换器

11. 化妆用眼影

12. 按重量计，含硅 35%、钡 30%、锰 0.04%、碳 0.3% 的铁合金

13. 脲（毛重大于 10 千克；生产脲醛树脂用原料）

14. 按重量计，含羊毛 45%、粘胶短纤 30%、锦纶短纤 25%、每平方米 190 克的色织羡纹精纺机织物（幅宽 180 厘米）

15. 单位集中供暖用的热水锅炉

16. 印度酥油

17. 冷冻煮熟的甜玉米粒，塑料袋装

18. 婴儿均化食品，成分为 21% 猪肉（可见小肉块）、40% 马铃薯、30% 菊苣属蔬菜、9% 其他配料，净重 250 克，零售包装

19. 微电脑用网卡

20. 医用纸口罩

答案

1. 鲜水蜜桃	0809.3000
2. 白豆蔻	0908.3000
3. 氯化钠（符合化学定义）	2501.0020
4. 用于贵重物品包装，一面衬有铝箔的纸板（铝箔厚 0.18 毫米，纸板厚 1.00 毫米）	7607.2000
5. 专供安装于车辆仪器面板上的电子钟	9104.0000
6. 钴 60	2844.4020
7. "方太"牌抽油烟机（罩平面尺寸为 80 厘米 ×45 厘米）	8414.6010
8. 活性酵母	2102.1000
9. 白长丝（未加捻）	5002.0011
10. 以太网络交换器	8517.6232
11. 化妆用眼影	3304.2000
12. 按重量计，含硅 35%、钡 30%、锰 0.04%、碳 0.3% 的铁合金	7202.9900
13. 脲（毛重大于 10 千克；生产脲醛树脂用原料）	3102.1000
14. 按重量计，含羊毛 45%、粘胶短纤 30%、锦纶短纤 25%、每平方米 190 克的色织羡纹精纺机织物（幅宽 180 厘米）	5516.3300
15. 单位集中供暖用的热水锅炉	8403.1090
16. 印度酥油	0405.9000
17. 冷冻煮熟的甜玉米粒，塑料袋装	0710.4000
18. 婴儿均化食品，成分为 21% 猪肉（可见小肉块）、40% 马铃薯、30% 菊苣属蔬菜、9% 其他配料，净重 250 克，零售包装	2104.2000
19. 微电脑用网卡	8471.8000
20. 医用纸口罩	4818.9000

三、练习三及其答案

1. 颗粒状综合营养性专用狗粮,包装袋印刷精美并标出喂食方法,每袋净重 18 千克

2. 供食用的活火鸡(重量大于 2 千克)

3. 绕在卷轴上的光导纤维

4. 手表发条(铜制)

5. 重醋酸

6. 蓝色平纹机织物,按重量计,含棉 40%、粘胶短纤 30%、锦纶短纤 30%(210 克/平方米,幅宽 110 厘米)

7. 电磁式同位素分离机器

8. 偏振光片

9. 石棉制安全帽(帽内衬有纯棉机织物制衬里)

10. 喷墨打印机

11. 装液化丙烷的零售的钢瓶

12. 等离子干法刻蚀机

13. 鲜整头乳猪肉(重量不足 10 千克)

14. 航空用煤油

15. 电磁起重吸盘

16. 仅有机械显示器的电动手表,表壳全部为贱金属为底的包金材料构成

17. ADSL 调制解调器

18. 还原靛蓝(非零售包装)

19. 装入肠衣的熏腌牛肉(未经绞碎、未经调味、供食用)

20. 供儿童骑用的三轮车

答案

1. 颗粒状综合营养性专用狗粮,包装袋印刷精美并标出喂食方法,每袋净重 18 千克	2309.1090
2. 供食用的活火鸡(重量大于 2 千克)	0105.9994
3. 绕在卷轴上的光导纤维	9001.1000
4. 手表发条(铜制)	9114.1000
5. 重醋酸	2845.9000
6. 蓝色平纹机织物,按重量计,含棉 40%、粘胶短纤 30%、锦纶短纤 30%(210 克/平方米,幅宽 110 厘米)	5516.4200
7. 电磁式同位素分离机器	8401.2000
8. 偏振光片	9001.2000
9. 石棉制安全帽(帽内衬有纯棉机织物制衬里)	6812.9100
10. 喷墨打印机	8443.3213

续表

11. 装液化丙烷的零售的钢瓶	7311.0010
12. 等离子干法刻蚀机	8486.2041
13. 鲜整头乳猪肉(重量不足10千克)	0203.1110
14. 航空用煤油	2710.1911
15. 电磁起重吸盘	8505.9010
16. 仅有机械显示器的电动手表,表壳全部为贱金属为底的包金材料构成	9101.1100
17. ADSL 调制解调器	8517.6234
18. 还原靛蓝(非零售包装)	3204.1510
19. 装入肠衣的熏腌牛肉(未经绞碎、未经调味、供食用)	0210.2000
20. 供儿童骑用的三轮车	9503.0010

四、练习四及其答案

1. 船舶动力用汽轮机

2. 单独进口的羊毛针织西服背心

3. 截面为矩形的高速钢材,宽50毫米,厚5毫米,热成形不规则盘卷

4. 奔驰轿车用电动风挡刮雨器

5. 播种机

6. 成套的银制餐叉

7. 人发(经过消毒和染色加工)

8. 染色平纹机织物制女衬衫(布料按重量计,含亚麻50%、涤纶短纤50%)

9. 长途客车辆(50座,柴油发动机)安装的防抱死制动系统(ABS)

10. 零售包装成卷卫生纸(宽度12厘米)

11. 天然沥青(地沥青)

12. 尼龙-66盐

13. 用过的印花税票

14. 零售包装口香糖

15. 截面为矩形的不锈钢材,除轧制外未经进一步加工,钢材的宽度为50毫米,厚度为5毫米,冷成形笔直状报检

16. 菠萝原汁中加入20%的水组成的混合物(白利糖度值小于20;供饮用)

17. 电视机用阴极射线管(彩色)

18. 做饲料添加剂用的天然维生素D浓缩物和天然维生素A浓缩物的混合物(非零售包装、未配定计量)

19. 电动自行车

20. 外科用X射线治疗仪(治疗肿瘤用)

答案

1. 船舶动力用汽轮机	8406. 1000
2. 单独进口的羊毛针织西服背心	6110. 1100
3. 截面为矩形的高速钢材,宽 50 毫米,厚 5 毫米,热成形不规则盘卷	7227. 1000
4. 奔驰轿车用电动风挡刮雨器	8512. 4000
5. 播种机	8432. 3000
6. 成套的银制餐叉	7114. 1100
7. 人发(经过消毒和染色加工)	6703. 0000
8. 染色平纹机织物制女衬衫(布料按重量计,含亚麻 50%、涤纶短纤 50%)	6206. 4000
9. 长途客车辆(50 座,柴油发动机)安装的防抱死制动系统(ABS)	8708. 3920
10. 零售包装成卷卫生纸(宽度 12 厘米)	4818. 1000
11. 天然沥青(地沥青)	2714. 9010
12. 尼龙 -66 盐	2921. 2210
13. 用过的印花税票	9704. 0090
14. 零售包装口香糖	1704. 1000
15. 截面为矩形的不锈钢材,除轧制外未经进一步加工,钢材的宽度为 50 毫米,厚度为 5 毫米,冷成形笔直状报检	7222. 2000
16. 菠萝原汁中加入 20% 的水组成的混合物(白利糖度值小于 20;供饮用)	2202. 9000
17. 电视机用阴极射线管(彩色)	8540. 1100
18. 做饲料添加剂用的天然维生素 D 浓缩物和天然维生素 A 浓缩物的混合物(非零售包装、未配定计量)	2936. 9000
19. 电动自行车	8711. 9010
20. 外科用 X 射线治疗仪(治疗肿瘤用)	9022. 1400

五、练习五及其答案

1. 精梳克什米尔羊绒制针织女式披巾
2. 电磁泵
3. 一次性袖珍气体打火机
4. 溶于挥发性有机溶剂中的丙烯酸聚合物,丙烯酸聚合物占溶液总重量的 45%
5. 山羊绒(未梳)
6. 硬粒小麦
7. 非特殊用途的单镜头反充型数字照相机
8. 氢化可的松(未配定剂量,非零售包装)
9. 电子显微镜
10. 家用称体重用地秤
11. 合成洗衣粉(非零售包装)
12. 自行车用尾灯

13. 尼龙绸制的折叠伞套(单独报检)
14. 经过电镀处理的钛丝眼镜架
15. 石油管道(不锈钢焊缝管)
16. 太阳能电池电子计算器
17. 铝制铆钉(铝壶零件)
18. 锥形滚子轴承
19. 混凝土搅拌机
20. 纯净丙三醇(俗称甘油)

答案

1. 精梳克什米尔羊绒制针织女式披巾	6117.1000
2. 电磁泵	8413.8100
3. 一次性袖珍气体打火机	9613.1000
4. 溶于挥发性有机溶剂中的丙烯酸聚合物,丙烯酸聚合物占溶液总重量的45%	3208.2010
5. 山羊绒(未梳)	5102.1100
6. 硬粒小麦	1001.1000
7. 非特殊用途的单镜头反充型数字照相机	8525.8022
8. 氢化可的松(未配定剂量,非零售包装)	2937.2100
9. 电子显微镜	9012.1000
10. 家用称体重用地秤	8423.1000
11. 合成洗衣粉(非零售包装)	3402.9000
12. 自行车用尾灯	8512.1000
13. 尼龙绸制的折叠伞套(单独报检)	6307.9000
14. 经过电镀处理的钛丝眼镜架	9003.1900
15. 石油管道(不锈钢焊缝管)	7306.1100
16. 太阳能电池电子计算器	8470.1000
17. 铝制铆钉(铝壶零件)	7616.1000
18. 锥形滚子轴承	8482.2000
19. 混凝土搅拌机	8705.4000
20. 纯净丙三醇(俗称甘油)	2905.4500

六、练习六及其答案

1. 集中供暖(包括家用)锅炉用的机械加煤机
2. "飞利浦"牌 HQ 6070 型电动剃须刀
3. 离心式干衣机(干衣量为5千克)
4. 酪蛋白
5. 四缸汽车用内燃发动机,汽缸容量1 500毫升

6. 食用生土豆片(由添加食盐、味精等调味物质的土豆粉制成)

7. 已制成特定形状的 B 型超声波诊断仪的外壳

8. 大型货物轮船用舵机

9. 银制糖果盒

10. 缆车

11. 不规则盘卷状报检的不锈钢材(截面为矩形,宽为 50 毫米,厚为 5 毫米),除热轧外未经进一步加工

12. 用于调频收音机的微调电容器

13. 直流电动机(输出功率 375 千瓦)

14. 隐形眼镜片用药水

15. 针织束腰胸衣,材质按重量计,棉占 90%、莱卡(氨纶)占 10%

16. 船舶弦外发动机(点燃往复式活塞内燃发动机)

17. 合金生铁(初级形状)

18. 元明粉(精制硫酸钠)

19. 装有玻璃镜的衣柜(红木制)

20. 气枪

答案

1. 集中供暖(包括家用)锅炉用的机械加煤机	8416.3000
2. "飞利浦"牌 HQ6070 型电动剃须刀	8510.1000
3. 离心式干衣机(干衣量为 5 千克)	8421.1210
4. 酪蛋白	3501.1000
5. 四缸汽车用内燃发动机,汽缸容量 1500 毫升	8407.3410
6. 食用生土豆片(由添加食盐、味精等调味物质的土豆粉制成)	1902.3090
7. 已制成特定形状的 B 型超声波诊断仪的外壳	9018.1210
8. 大型货物轮船用舵机	8479.8910
9. 银制糖果盒	7114.1100
10. 缆车	8428.6090
11. 不规则盘卷状报检的不锈钢材(截面为矩形,宽为 50 毫米,厚为 5 毫米),除热轧外未经进一步加工	7221.0000
12. 用于调频收音机的微调电容器	8532.3000
13. 直流电动机(输出功率 375 千瓦)	8501.3300
14. 隐形眼镜片用药水	3307.9000
15. 针织束腰胸衣,材质按重量计,棉占 90%、莱卡(氨纶)占 10%	6212.3090
16. 船舶弦外发动机(点燃往复式活塞内燃发动机)	8407.2100
17. 合金生铁(初级形状)	7201.5000

续表

18. 元明粉(精制硫酸钠)	2833.1100
19. 装有玻璃镜的衣柜(红木制)	9403.5010
20. 气枪	9304.0000

7

归类师考试试卷及其参考答案

2005 年归类师考试试卷

一、不定项选择题(每题有一项或多项正确答案,共 10 分)

1. 滑动定位装置,包括滑动套和螺旋轴(钢铁制),用于机床,沿转轴内表面纹道装有滚珠或滚子;这种装置可将旋转运动变成直线运动。该商品应归入品目(　　)。

A. 73. 26　　B. 84. 66　　C. 84. 83　　D. 84. 85

2. 带有计算器辅助功能的手表的正确归类是(　　)。

A. 8470. 10　　B. 8479. 89　　C. 8543. 89　　D. 9102. 10

3. 下列商品不属于品目 84. 19 的是(　　)。

A. 家庭用炉、灶　　B. 集中供暖用锅炉

C. 乳品加工用巴士杀菌器　　D. 家用电热水器

4. 饲料及多种维生素的混合物,应归入商品编码(　　)。

A. 2309. 9090　　B. 2936. 9000　　C. 3006. 8000　　D. 2942. 0000

5. 某汽车制造公司进口四种汽车零件,进口时均归入品目 87. 08 项下,其中归类错误的为(　　)。

A. 汽车起重机底盘　　B. 汽车发动机用曲柄轴

C. 汽车制动系统用液压缸　　D. 小轿车变速箱用行星齿轮机构

6. 三棵针初提物是将植物药材三棵针砍下切片,用稀硫酸溶液浸泡,再加入氯化钠,经搅拌、过虑、沉淀、去杂质、抽干结晶后得到主要成分为盐酸小檗(bo)碱(含量 35% ~55%)的固体物质,归类商品编码为(　　)。

A. 1302.1990　　B. 2939.9990　　C. 3824.9090　　D. 2939.9990

二、填空题(20 分,每空 1 分)

1. 一般适用于家用的电气器具重量不超过______千克。

2. 贱金属的合金按其所含______的金属归类;由十五类贱金属和非本类的元素构成的合金,如果所含______的总重量______所含其他元素的总重量,应作为本类贱金属合金归类,否则,通常归入______;贱金属与贵金属合金,如按重量贵金属含量______,则归第 71 章。

3. 品目 27.07 项下的粗苯、粗甲苯、粗二甲苯是指纯度低于 95% 及含量在______以上的货品。

4. 写出下列物质的官能团,醇______、醛______、酮______、醚______、羧酸______。

5. 归入品目 63.10 的这些产品必须是______、______、______或______的。它们一般是只适于供______(例如,拉松)其纤维(一般供再纺)以及用于制造______、抛光材料(例如:抛光轮)或者作为工业生产上用的揩布(例如,机器揩布)。

6. "冷"、"冷藏",是指产品的温度一般降至______左右,但产品尚未______。

三、简答题(25 分,每题 5 分)

1. 阐述品目 48.04 项下牛皮挂面纸与其他牛皮纸的归类区别要点,为进行区别归类而应注意的报关申报的主要参数包括哪些?

2. 某企业进口一批医疗试剂,经了解该商品实货为放射性诊断试剂盒,成分为含低放射量放射性元素化合物的混合物,用于医疗诊断检测,是否应按医疗用品归入税则第 30 章?为什么?

3. 北京协和医院从德国进口两辆医疗车,规格型号:德国戴姆勒－克莱斯勒公司 MB SPRINTER316CDI 型医疗车,在原产地(德国)专业厂改装,原车型为 27 座客车。车上固定安装的医疗设备有:急救仓空调;可清洗消毒地板,医疗柜,药柜;800W 暖风系统;换气装置;旋转灯及报警系统和麦克风;内装式输氧系统,2 个 10 升氧气瓶;内装式输液架; FERNOX2 滚动上车担架;诊箱。该医院委托天津外总集团公司代理申报,报关员按照商品编码 8705.9040 向海关提出申报,经现场查验关员查验,认为应按照原车型归类,建议归入商品编码 8702.9020。请问现场关员作出的决定是否正确?依据是什么?

4. 遥控接收器,由红外光敏二极管或三极管、放大器等组成。其作用是:接收红外遥控信号,把红外信号转换成带有控制信息电信号并送入电器设备内部的中央处理器,达到通过外部遥控器控制电器设备的功能。遥控接收器可广泛用于电视机、空调、音响等电器设备。该商品应归入的正确商品编码是什么?为什么?

5. A 公司进口摩托车的零件,以商品编码 8714.1900 向海关申报进口,海关审单人员查阅进口商品的明细,发现其中有 2 000 根摩托车传动链条,审单关员认为该传动链条应作为传动装置归入商品编码 8483.9000。请问上述两个商品编码哪个不正确？为什么？

四、辨析题(25分;每题5分,其中观点2分,分析3分)

1. 排气门导管具有特定形状、特定功能,专用于汽车发动机,所以应视为汽车零件,归入品目87.08。

2. 一种橡胶加工用制剂产品,该商品由烷基三甲基氯化胺溶于异丙醇中构成,主要在海绵橡胶制造中用做胶凝剂。成分为:十二烷基三甲基氯化铵45%,十四烷基三甲基氯化铵4.5%,十八烯基三甲基氯化铵0.5%,异丙醇34%,氯化钠1%,水15%。每桶25公斤。根据该商品的成分组成、用途和包装形式等确定,该商品属于橡胶工业用添加剂,应归入品目38.12项下。

3. 装有电动机的减速器,其价格构成为:电动机100美元,减速器1 000美元,据此可以判定,减速器应为主要特征,应按归类总规则二(二)归入品目84.83。

4. 喷漆机器人,手臂可以沿X、Y、Z三个轴运动,装有一个喷枪机器手,在生产线上对产品进行喷漆。该机器人属于税则列名商品,应归入子目8479.50。

5. 某企业进口环氧乙烷,货主向海关申报时认为该商品属于仅含氧原子的杂环化合物,故归入品目29.32项下。

五、简述题(20分,每题10分)

1. 简述西服套装的归类原则及商品编码。

2. 简述机电商品零部件的归类原则。

2007年归类师考试试卷

一、不定项选择题(每题有一个或多个选项,多选、少选、错选均不得分,共12题,每题1分)

1. 可以按照建筑用塑料制品归入品目39.25项下的商品有(　　)。

A. 已安装玻璃的聚氯乙稀制塑钢门窗

B. 塑料制的正方形地板

C. 主要用做建筑物透天温室天花板的中空(内有加强筋)板材(规格2 100毫米×3 600毫米×10毫米,聚碳酸酯制)

D. 大楼伸缩缝填充装置。该装置结构由四部分组成,前后部为塑料材料,中部装有不锈钢弹簧夹,贴墙部分的两边为铝合金并带有固定用的螺旋孔,用于安装在建筑物抗震缝中。产品材料组成比例为:塑料80%,不锈钢弹簧夹9%,铝合金11%

E. 聚氯乙烯制的320升洗涤槽

2. 下列机动车传动装置可归入《中华人民共和国海关进出口税则》第87章的有(　　)。

A. 摩托车专用传动链条　　B. 汽车发动机用凸轮轴

C. 汽车离合器　　　　　　　　　　D. 汽车变速箱

3. 商品规范申报的依据是(　　),在报关单填制中,体现的栏目是(　　)。

A.《中华人民共和国海关进出口税则》

B.《进出口税则商品及品目注释》

C.《中华人民共和国进出口商品规范申报目录》

D. 商品编码　　E. 商品名称　　F. 合同序号　　G. 规格型号　　H. 备注

4. 下列商品不可以按照计算机部件归入品目 84.71 的是(　　)。

A. CPU　　B. 显示器　　C. 键盘　　D. 主机内置电源

5. 下列不应归入品目 97.06 的是(　　)。

A. 达芬奇的油画原件　　　　　　B. 大龙邮票

C. 晚明时期的古家具　　　　　　D. 辛亥革命时期出版的书籍

6. 特种用途的摄像机的特种是指(　　)。

A. 可在高空中拍摄　　　　　　　B. 可在水下拍摄

C. 可在无光线的情况下拍摄　　　D. 可在剧烈颠簸或抖动中拍摄

7. 下列服装不可按套装归类的是(　　)。

A. 同一面料尺寸的针织睡衣裤　　B. 足球运动员的场上球服

C. 同一面料尺寸的男式西服上衣、西裤及一件西服背心

D. 同一面料尺寸的女式西服上衣、西裤及西装裙

8. 橡胶及其制品通常属于《协调制度》第 40 章的有关品目,对下列橡胶制品归类说法正确的有(　　)。

A. 橡胶与塑料材料的混合物属于合成橡胶,故均应按合成橡胶归入品目 40.02 项下

B. 硫化橡胶制的汽车用减震气囊是一种汽车专用零件,安装在车桥上,其原理是在车辆行驶过程中通过阀门控制气囊的进气和出气使车身保持水平,以达到减震效果。该商品应按汽车零件归入品目 87.08 项下

C. 清洗机械上用的橡胶制的刷子应归入品目 40.16 项下

D. 硫化橡胶制的电器绝缘零件应归入品目 40.16 项下

E. 硫化橡胶或硬质橡胶制的印刷机胶辊均应归入品目 84.43 项下

9. 下列货品属于 HS 归类总规则中所规定的"零售的成套货品"的是(　　)。

A. 一个礼盒,内有咖啡一瓶、咖啡伴侣一瓶、塑料杯子两只

B. 一个礼盒,内有一瓶白兰地酒、一只打火机

C. 一个礼盒,内有一包巧克力、一个塑料玩具

D. 一碗方便面,内有一块面饼、两包调味品、一把塑料小叉

10. 下列说法那些正确的是(　　)。

A. 镀金的项链应归 71.13

B. 按重量计,含碳量在 1.2% 及其以下、含铬量在 10.5% 及其以上的合金钢,

不论是否含有其他元素的钢为不锈钢

C. 用一种黑色金属包覆不同种类的黑色金属，应按其中重量最大的材料归类

D. 税则对贱金属粉末的定义为：按重量计，不到90%可从网眼孔径为1毫米的筛子通过，90%及其以上可从网眼孔径为5毫米的筛子通过的产品

11. 狗用洗毛剂应归入的品目为(　　)。

A. 33.05　　B. 33.07　　C. 34.02　　D. 33.02

12. 纯的三氯硅烷(SiHCl3)应归入的品目为(　　)。

A. 29.31　　B. 28.53　　C. 28.12　　D. 29.03

二、辨析题。请辨析题目是否正确并简要说明理由(共5题，每题2分)

1. 由于市场需求，某医疗设备贸易公司进口核磁共振检查仪的专用外壳，因品目90.18项下未列明零件的商品编码，该公司就将该外壳归入核磁共振检查仪整机的商品编码9018.1300中。企业归类是否正确？

2. 装有胶卷的一次性使用的相机，应按《中华人民共和国海关进出口税则》第37章的“未曝光的胶卷”进行归类。

3. 一种“鱼占10%、牛肉占15%、马铃薯占75%”的罐头食品，鱼和牛肉的比例都没有超过20%，但是根据16章章注(二)，不同的动物原料的含量可以相加，鱼加上牛肉合计为25%，超过了20%，由于牛肉比鱼重，是否可以按牛肉来归类，归入到1602.5010。

4. 蛋氨酸 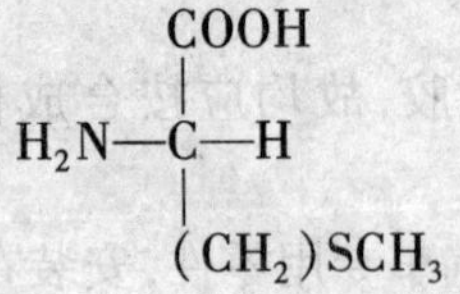 可作为一种氨基酸归入品目29.22“含氧基氨基化合物”项下。

5. “塑料制的眼睛盒”是一种包装容器，应根据《中华人民共和国海关进出口税则》列名归入子目3923.10项下。

三、简答题(共8题，每题6分)

1. 小李是一名报关员，一天他遇到一种货物需要确定商品归类，商品具体情况如下：电射打码机又名激光打标机，是在小型激光器的基础上研发的产品，用于在产品外包装(金属材质)上进行生产日期、产品规格、公司名称等的打印。其工作原理为利用激光具有方向性强和能量集中的特点，将激光照射在物体表面，使物体表面局部高温，令表面的材料燃烧褪去，达到雕刻的效果，通过激光在物体表面的扫描，在物体表面雕刻出线条，以构成图案。根据以上资料，小李认为该商品的功能是刻蚀，属于税则列名商品，应归入品目84.60。你认为小李的思路正确吗？说明你的归类理由并写出6位商品编码。

2. 成套进口的自动遥控车库门，进口状态包括带有遥控功能的驱动装置、滑轨、

铝合金卷帘门、无线电遥控器。该商品应归入的正确商品编码是什么？为什么？

3. 强化木地板是否由强化木制成？请简述理由。

4. 某企业进口摩托车发动机专用零件一批，具体为摩托车离合器盘，主要作用是传递动力和搅入机油，该离合器盘由一个像罩子的钢铁制品并焊接主动齿轮共同组成。企业认为该商品系与摩托车发动机连接使用，且形状、尺寸特殊，具有专用性，因此建议归入发动机零件的商品编码中。请问企业归类正确吗？为什么？

5. 品目 70.05 的条文为：浮法玻璃板、片及表面研磨或抛光玻璃板、片，不论是否有吸收、反射或非反射层，但未经其他加工。此品目条文中"吸收、反射或非反射层"的具体含义是什么？

6. 某公司进口一批不完整的机动车，这些不完整的机动车辆若作为机动车使用，缺少一些零部件，有以下几种情况：

①带有发动机的车身（驾驶室），仅缺少三个门、轮子、散热器护栅、前灯及座位；

②带有轮子、方向盘、制动器、脚蹬、散热器、油桶及所有内部装置的车身（驾驶室），缺少发动机、门和座位（这些零件通常有不同的进口商分别进口）；

③分成两部分进口的机动车，前部分有发动机、仪表板、转向器、前轴及两个轮子，后部分有后轴、一部分座位及行李箱；

④两辆机动车的零部件，包括两个已装配的车身（驾驶室）、两个发动机、两个已装配的离合器及每辆车的四个轮子（未装配在车身上）；

⑤车的前部（底盘不完整）包括一个发动机、两个前门、仪表板、挡风屏及半个车壳。

根据海关总署、发改委、财政部、商务部联合下发的 2005 年 125 号令［令〔2005〕0125］的规定，请分别说明上述商品是否可按照整车归类，并说明理由。

7. 一种合成橡胶与塑料等混合（共混）而成的产品，外观为压制而成的较为规则的板片状态，成分组成（按重量计）为：聚丁二烯橡胶占 50%，聚苯乙烯占 40%，碳黑及二氧化硅占 10%。请根据《协调制度》有关归类原则，阐述应该如何对该商品进行判定归类。

8. 一种版纸，卷装，卷的宽度为 860 毫米，白色，有塑料涂布层，用于复印机复印时制板，每平方米克重小于 150 克。该商品是以 82.5% 的和纸（天然马尼拉麻 85%、PET 纤维 15%）和 2.7% 薄膜粘合剂、14.8% PET 薄膜层复合而成，纸层厚度要远远大于塑料层的厚度。其中和纸的加工工艺过程为：麻原料—蒸煮—打浆—纤维精制—除尘—浆料漂白—浆料洗涤—纤维精制—存储—弹碎—除尘—纤维浆料过滤。和纸制成后再在和纸表面粘合一层 PET 薄膜，即成版纸。

请根据该版纸的制造工艺、结构组成，分析确定出其正确的归类商品编码。

四、论述题（共 2 题，每题 15 分）

1. 下列色织平纹机织物应如何归类：

材质为 40% 的棉纤、10% 的羊毛纤维、25% 的涤纶短纤、25% 的粘胶短纤；克重

185 克/平方米。请简述归类思路。

2. 请对比说明“多功能机器”与“多用途机器”的归类原则。

2005 年归类师考试试卷参考答案

一、不定项选择题(每题有一项或多项正确答案,共 10 分)

1. C　2. D　3. ABD　4. B　5. ABC　6. A

二、填空题(20 分,每空 1 分)

1. 20　2. 重量最大;贱金属 ;等于或超过;38.24;等于或大于 2%　3. 50%　4. -OH ;- CHO ;-CO- ;-O-C ;-COOH　5. 旧损;脏污;破碎 ;小片状 ;回收 ; 纸张或塑料　6. 摄氏零度 ;冻结

三、简答题(25 分,每题 5 分)

1. 答案:牛皮挂面纸区别于其他牛皮纸的要点是:①所含用硫酸盐法或烧碱法制得的纤维不少于全部纤维重量的 80%;②为成卷机器上光或研光的纸及纸板;③每平方米重量超过 115 克,并且最低缪伦耐破度符合下表所示(其他重量的耐破度可参照下表换算):

重　量 (克/平方米)	最低缪伦耐破度 (千帕斯卡)
115	393
125	417
200	637
300	824
400	961

为准确区分牛皮挂面纸的归类,在进出口申报时主要应明确申报以下几项内容:①每平方米克重;②包装状态,即是否成卷;③是否经机器上光或研光;④最低缪伦耐破度;⑤是否漂白。

2. 答案:不归入 30 章,根据第六类类注一(一)规定,对于含有放射性成分的产品应优先归入品目 28.44 或 28.45 项下,而不能归入其他品目。

3. 答案:决定正确。

依据商品编码 8705.9040 的子目注释(“子目 8705.9040 所述医疗车,是特指设有手术室、配有麻醉设备及其他外科器具的流动诊疗车。”)该医院进口的医疗车没有安装相关设备,应按照原车型归类。

4. 答案:品目 85.48。

遥控接收器应属于电气设备的专用零件,但其具有通用性,即通用于不同品目所列的多种电气设备,故应归入品目 85.48。

5. 答案:上述两个商品编码都不正确。

根据十七类类注二(二),十七类零件不包括第十五类类注二所称的通用零件;根据十六类类注一(七),十六类也不包括第十五类类注二所称的通用零件,而第十五类类注二所称通用零件明确写明包含品目 73.15 项下的钢铁链。因此摩托车传动链条不应归入商品编码 8714.1900 和 8483.9000。该摩托车传动链条应归入商品编码 7315.1200。

四、辨析题(25 分;每题 5 分,其中观点 2 分,分析 3 分)

1. 答案:错误。

排气门导管具有特定形状、特定功能,专用于汽车发动机,根据专用零件的归类原则,应视为发动机的专用零件,归入品目 84.09。

2. 答案:错误。

从该商品的成分分析,主要是以表面活性剂为基本成分的配制产品,根据品目 34.02 注释的有关规定并根据该商品的包装状态,应按表面活性剂制品归入商品编码 3402.9000。

3. 答案:错误。

根据《进出口税则商品及品目注释》(以下简称《税则注释》),与动力机装配在一起的齿轮箱或其他变速装置应与动力机一同归类,所以该商品应归入品目 85.01。

4. 答案:错误。

具有某种特定功能的工业机器人应按其功能归类,该喷漆机器人的功能是喷涂,所以应按其功能归入品目 84.24。

5. 答案:错误。

根据 29 章章注七,杂环化合物不包括三节环环氧化合物,故该商品应按列名归入 29.10 项下。

五、简述题(20 分,每题 10 分)

1. 答案:税则中所称"西服套装"是指面料用完全相同的织物制成的两件套或三件套的成套服装。

例如:一件人体上半身穿着的外套或短上衣(除袖子外,其面料数为四片或四片以上);也可以附带一件西服背心(这件背心的前片面料应与套装其他各件的面料相同,后片面料则应与外套或短上衣的衬里料相同);以及一件人体下半身穿着的服装(即不带背带或护胸的长裤、马裤、短裤、裙子或裙裤,但游泳裤除外)。

西服套装各件的面料质地、颜色及构成必须完全相同,其款式、尺寸大小也必须相互般配。

如果数件人体下半身穿着的服装同时报验(例如,两条长裤、长裤与短裤、裙子或裙裤与长裤),构成西服套装下装的应是一条长裤,对于女式西服套装,对应的下装应是裙子或裙裤,其他服装应分别归类。

西服套装也包括不论是否完全符合上述条件的下列配套服装：常礼服、晚礼服（燕尾服）及无燕尾套装夜礼服。

针织男式西服套装应归入品目6103.1项下，针织女式西服套装应归入品目6104.1项下，机织男式西服套装应归入品目6203.1项下，机织女式西服套装应归入品目6204.1项下。

2. 答案：一、首先判断零件是否属于“通用零件”或“专用零件”，如是“通用零件”，应按照通用零件的归类原则归类，即按零件所属材质归入相应品目；二、如属于“专用零件”，应遵循下列原则归类：

①具有具体列名的零件归入相应的列名品目；

②专用于或主要用于某种设备的零件与整机一并归类；

③其他零件归入品目84.85或85.43。

上述三原则的关系是依次递进的，运用时务必要注意顺序。

2007年归类师考试试卷参考答案

一、不定项选择题（每题有一个或多个选项，多选、少选、错选均不得分，共12题，每题1分）

1. AD　2. CD　3. C、EG　4. ABD　5. ABD　6. ABC

7. BD　8. D　9. AD　10. BC　11. B　12. B

二、辨析题。请辨析题目是否正确并简要说明理由（共5题，每题2分）

1. 答案：正确。

第90章零件归类原则：主要或专用于本章已有具体列名的机器、仪器或器具的零附件，则应归入相应整机品目的后面。

2. 正确。

装有胶卷的一次性相机，其主要作用和价值体现在胶卷上，应视作胶卷归类。

3. 答案：可以，归入商品编码1602.5010。依据如题干所述。根据第16章章注（二），不同的动物原料的含量可以相加，鱼加上牛肉合计为25%，超过了20%，由于牛肉比鱼重，可以按牛肉来归类，归入到1602.5010。

4. 错误。虽然蛋氨酸属于氨基酸的一种，但品目29.22项下为含氧基氨基化合物的商品，蛋氨酸的结构中含有硫基，可归入品目“有机硫化合物”的项下，依据第29章注释三的解释，应从后归入品目29.30。

5. 错误。虽然“塑料制的眼镜盒”属于塑料材质的盒子，但在品目42.02项下，眼镜盒属于具体列名商品，而且可以是塑料材质，依据具体列名优先原则，应归入品目42.02项下。

三、简答题(共8题,每题6分)

1. 答案:

①小李的思路不正确。

②该商品看似既可以从功能上归入84.60的雕刻机,又可以从工艺上归入84.56的特种工艺机床,根据章注三的机床类商品"特种优于普通"原则,应归入84.56,而不归入84.60。

③该商品应归入的6位子目为8356.10

2. 答案:

自动车库门不具备第84章或第85章的某个商品编码具体列名的功能,84.79为未列名品目,第16类类注四不适用于该品目,所以成套进口的自动遥控车库门应按照组成部分分别归类。滑轨、铝合金卷帘门应按材质归类,带有遥控功能的驱动装置主要特征为电动机,该商品按电动机归入品目85.01项下相应子目。

3. 答案:

不是。强化木是经物理或化学方法处理的,从而增加了密度或硬度并改善了机械强度、抗化学或抗电性能。强化木通常用于制造齿轮、梭子、轴承及其他机械零件、推进器、绝缘体及其他电气货品,并用于制造化学工业的容器等。强化木应归入商品编码4413.0000。

而强化木地板是指由耐磨层、装饰层、芯层、底层复合而成的非实木地板,应归入品目44.11项下。

4. 答案:

企业归类不正确。

原因:

首先,该商品虽然与发动机连接使用,但不是发动机的组成部分,不属于发动机零件,应视为离合器的零件归类;

其次,该商品为摩托车离合器零件,根据《税则注释》对品目84.83的规定("本品目不包括:专用于或主要用于车辆或飞机的上述传动设备(变速器、传动轴、离合器、差动齿轮等)(第十七类)。"),应将其按摩托车零件归入商品编码8714.1900。

5. 答案:

是指极薄的金属或化合物(例如,金属氧化物)镀层,该镀层可以吸收红外线等光线或可以提高玻璃的反射性能,同时仍然使玻璃具有一定程度的透明性或半透明性;或者该镀层可以防止光线在玻璃表面的反射。(虽然为税则注释原文,但是其文字的位置在章注中,没有在品目70.05项下,需要对税则较为了解的才能迅速找到,难度适中)

6. 答案:

汽车由以下八个汽车总成(系统)组成,即车身(含驾驶室)总成、发动机总成、变速器总成、驱动桥总成、非驱动桥总成、车架总成、转向系统、制动系统等。

根据海关总署、发改委、财政部、商务部联合下发的 2005 年 125 号令[令〔2005〕0125]的规定，下列几种情况可视为整车进口：

a）进口车身（含驾驶室）、发动机两大总成装车的；

b）进口车身（含驾驶室）和发动机两大总成之一及其他 3 个总成（系统）（含）以上装车的；

c）进口除车身（含驾驶室）和发动机两大总成以外其他 5 个总成（系统）（含）以上装车的。

情况①含有驾驶室和发动机，符合 a）的情况，应视为整车。

情况②八大总成中仅缺少发动机和部分车身零件，符合 b）的情况，应视为整车。

情况③含有发动机、转向系统、驱动桥（前后轴之一）、非驱动桥（前后轴之一），符合 b）的情况，可视为整车。

情况④含有驾驶室和发动机，符合 a）的情况，可视为整车。

情况⑤仅含有发动机，其余部分均不完整，不符合上述条件，不能视为整车。

7. 答案：

根据该商品的组成其属于合成橡胶与塑料共混组合物，根据《协调制度》第 40 章注释四关于合成橡胶的规定，该商品可以按合成橡胶对待，但其是否符合合成橡胶的定义，需要看是否满足该注释（一）款关于硫化、延伸及恢复的要求。对该商品进行检测试验，如果其符合第 40 章注释四（一）规定，则应按合成橡胶的板片带归入品目 40. 02 项下，否则，则应按塑料制品归入品目 39. 20 项下。

8. 答案：

根据该商品制造工艺和构成，其应属于一种涂塑纸商品范围，且其纸层的厚度远远大于塑料层，为漂白浆，每平方米克重小于 150 克。根据 48 章总注释和品目 48. 11 注释规定，该商品应归入商品编码 4811. 5990。

四、论述题。（共 2 题，每题 15 分）

1. 答案：

该织物应归入商品编码 5516. 4300。混纺面料的归类参见税则第十一类总注释二的规定：可归入第 50 章至第 55 章的由两种或两种以上的纺织材料混合制成的货品，应按其中重量最大的那种纺织材料归类。当没有一种纺织材料重量最大时，应按可归入的有关品目中最后一个品目所列的纺织材料归类。同一章或同一品目所列的各种不同的纺织材料应作为单一的纺织材料对待。当归入第 54 章及第 55 章的货品与其他章的货品进行比较时，应将这两章作为一个单一的章对待。

2. 答案：

①根据十六类类注三的规定，多功能机器与组合机器，除品目另有规定者外，应按具有主要功能的机器归类，当不能确定主要功能时，应按从后归类原则进行归类。

②具有一种以上用途的机器在归类时，其主要用途可作为唯一的用途对待。同时说明除本章章注二、第十六类类注三另有规定的以外，凡任何品目都未列明其主要用途的机器以及没有哪一种用途是主要用途的机器，均应归入品目84.79。

③见下表。

	多功能机器	多用途机器
第一步	主要功能视为唯一功能，按主要功能归类；	主要用途视为唯一用途，按主要用途归类；
第二步	不能确定主要功能，应“从后归类”	不能确定主要用途，应归入84.79

参 考 文 献

[1] 海关总署报关员资格考试教材编写委员会.2007年报关员资格全国统一考试教材[M].北京:中国海关出版社,2007.

[2] 海关总署报关员资格考试教材编写委员会.2007年进出口商品名称与编码[M].北京:中国海关出版社,2007.

[3] 考前辅导研究小组.2007年报关员资格全国统一考试试题及解析[M].北京:中国海关出版社,2007.